Laura Whitworth · Henry Kimsey-House · Phil Sandahl

Co-aktives Coaching

Laura Whitworth

Henry Kimsey-House

Phil Sandahl

Co-aktives Coaching

Neue Coaching-Techniken für mehr beruflichen und privaten Erfolg

Übersetzt von
Ingrid Proß-Gill, Sankt Augustin

GABAL
management

Die Originalausgabe erschien 1998 unter dem Titel »Co-Active Coaching. New Skills for Coaching People Toward Success in Work and Life« bei Davies-Black Publishing, a division of CPP, Inc., 3803 E. Bayshore Road, Palo Alto, California 94303 USA. Alle Rechte vorbehalten. Übersetzung und Distribution der deutschen Lizenzausgabe durch GABAL Verlag GmbH, Offenbach.

Bibliografische Information Der Deutschen Bibliothek

Die Deutsche Bibliothek verzeichnet diese Publikation
in der Deutschen Nationalbibliografie; detaillierte
bibliografische Informationen sind im Internet über
http://dnb.ddb.de abrufbar.

ISBN 3-89749-507-4

Lektorat: Dr. Michael Madel, Ruppichteroth
Umschlaggestaltung: +malsy Kommunikation und Gestaltung, Bremen
Umschlagfoto: Zefa Visual Media, Hamburg
Satz und Layout: Das Herstellungsbüro, Hamburg
www.buch-herstellungsbuero.de
Druck und Bindung: AALEXX Druck GmbH, Großburgwedel

www.gabal-verlag.de

Dieses Buch ist den Klienten und Coachs gewidmet,
deren Leben wir berührt haben
und deren Leben auch uns berührt haben …
und allen künftigen Klienten und Coachs.

Obwohl die Geschichte von den Seesternen am Strand sehr bekannt ist, möchten wir sie hier noch einmal erzählen – denn sie verdeutlicht anschaulich, worum es beim co-aktiven Coaching geht.

Eines Morgens ging ein Mann in aller Frühe am Strand spazieren und sah zu, wie die Wellen sich am Ufer brachen. Dabei erblickte er etwas höchst Ungewöhnliches: Der Strand war übersät mit Tausenden von Seesternen, die ans Ufer geschwemmt worden waren und jetzt in der Sonne vertrockneten. In der Ferne war eine junge Frau damit beschäftigt, Seesterne aufzuheben und ins Meer zurückzuwerfen, einen nach dem anderen. Als der Mann ihr so nahe gekommen war, dass sie ihn trotz des Rauschens der Wellen hören konnte, sagte er: »Sie verschwenden nur Ihre Zeit! Hier liegen *Tausende* von Seesternen im Sand. Da spielt es doch keine Rolle, ob Sie ein paar zurückwerfen!« Die junge Frau hob wieder einen Seestern auf und schleuderte ihn mit aller Kraft ins Meer zurück. »Für *ihn* hat es eine Rolle gespielt!«, erwiderte sie und bückte sich erneut.

Inhalt

Vorwort

von John Whitmore

Laura Whitworth, Henry Kimsey-House und Phil Sandahl legen hier ein Buch vor, das für alle wichtig ist, die Coach sein wollen – von Eltern bis zu Profis. Im Gegensatz zu manchen Lehrbüchern stellen sie uns ein umfassendes und strukturiertes Konzept zum Einsatz unserer Coaching-Aktivitäten vor, das über bekannte Ansätze hinausgeht. *Co-aktives Coaching* ist aber viel mehr als bloß ein Lehrbuch; Ziel der Autoren war es, die zahlreichen abstrakten Prinzipien, Begriffe und Konzepte des Coachings in leicht verständlicher Sprache zu präsentieren – wahrhaftig keine einfache Aufgabe, doch sie wurde hervorragend gelöst. Ich selbst werde von nun an immer wieder auf verschiedene Teile dieses Buchs verweisen.

Das Coaching ist eine noch junge Technik oder Seinsweise – oder irgendetwas dazwischen, je nachdem, wie man es betrachtet. Dass der Begriff schon so lange mit dem Sport in Zusammenhang gebracht wird, ist seinem Verständnis eher abträglich. Durch das, was im Sport unter diesem Namen in Mode gekommen ist, ist das Coaching nämlich in Verruf geraten. Außerdem gibt es im Sport Coachs, die großartige Ergebnisse erzielen und bei ihren Athleten sehr beliebt sind, aber ganz andere Methoden anwenden als das co-aktive Coaching.

Die neue, auf humanistischen und transpersonalen psychologischen Prinzipien basierende Art des Coachings lehnt einen großen Teil des alten, in Misskredit geratenen Behaviorismus ab. Der Erste, der sie auf den Sport anwendete, war Timothy Gallwey mit seinem Klassiker *The Inner Game of Tennis*. In meinem Buch *Coaching for Performance* habe ich die Anwendbarkeit dieser Prinzipien auf das Geschäftsleben gezeigt, und damit auf denjenigen Bereich des Coachings, der in Europa vorherrscht. *Co-aktives Coaching* ist ein wichtiger Schritt auf dem Weg zur größeren Akzeptanz und Professionalisierung der Rolle und des Wertes des persönlichen Coachs in den USA. Meiner Ansicht nach werden wir bald ein Ineinanderfließen dieser unterschiedlichen Entwicklungen auf beiden Seiten des Atlantiks erleben.

Manche Menschen denken bei Vorgehensweisen wie Beratungs- und Psychotherapie gleich an Krankheiten des Geistes, an geistige Verwirrungen. Mit dem persönlichen Coach dagegen sind keine negativen Beiklänge dieser Art verbunden, und *Co-aktives Coaching* wird viel dazu beitragen, dass das so bleibt. Wir leben nicht nur in einer Welt, die sich unaufhörlich verändert, sondern die Geschwindigkeit der Veränderung nimmt ständig zu; das führt zu Stress und Verwirrung – manchmal mehr, als wir mit unseren vorhandenen Ressourcen bewältigen können. Ein persönlicher Coach beseitigt diese Probleme nicht, geht aber zwei Schritte weiter: Er kann uns helfen, sie in Herausforderungen zu verwandeln, und uns in die Lage versetzen, sie zu überwinden, indem wir Ressourcen in uns nutzen, von denen wir bisher gar nicht wussten, dass wir über sie verfügen. Mit dem Selbstvertrauen, das wir so gewinnen, können wir uns dann neuen Herausforderungen stellen.

Ein Satz in diesem Buch drückt es wunderbar aus: »Die Leute entscheiden sich aus ganz unterschiedlichen Gründen für ein Coaching, doch letztendlich geht es ihnen um Veränderungen.« Das erinnert mich an eines meiner Lieblingszitate, das Konfuzius zugeschrieben wird: »Wenn wir die Richtung nicht ändern, werden wir da landen, wo wir hinsteuern.« Ja, die Welt verändert sich – und wir können wählen: Wollen wir uns ebenfalls ändern – oder wollen wir da stehen bleiben, wo wir uns befinden und auf der Stelle treten? Die Zusammenarbeit mit einem persönlichen Coach könnte eine unserer besten Investitionen in die Zukunft sein; dieses Buch zu lesen – als potenzieller Coach oder Klient – wird ganz sicher eine sein.

John Whitmore
Autor von *Coaching for Performance*

Vorwort

Bei diesem Buch geht es um Coaching. Genauer gesagt: um eine bestimmte Form des Coachings – das berufliche / persönliche. In diesem Bereich hat es in den letzten fünf bis zehn Jahren gewaltige Entwicklungen gegeben. Die Ursprünge dieser Coachingform liegen im Coaching von Führungskräften in großen Organisationen und in Mentor-Programmen. Aber auch das Consulting sowie die Anwendung aktueller Managementtheorien haben zu ihrer Ausgestaltung beigetragen.

So ist ein Berufszweig entstanden, bei dem mit Klienten höchst individuell zusammengearbeitet wird. Ihnen wird dabei geholfen, bessere Ergebnisse zu erzielen und in ihrem Leben und ihrem Beruf immer wieder Veränderungen herbeizuführen. Das berufliche / persönliche Coaching befasst sich mit dem ganzen Menschen; der Schwerpunkt liegt darauf, zum Handeln zu motivieren und Lernprozesse in Gang zu setzen, sodass ein Mensch zu einem erfüllteren und befriedigenderen Leben gelangen, seine Lebensbereiche ausbalancieren und seine Handlungen effektiver gestalten kann.

Ein neuer Coaching-Stil

Gegenstand dieses Buches ist eine neue Art des beruflichen / persönlichen Coachings – ein Coaching-Stil, den wir *co-aktives Coaching* nennen, weil er die aktive Mitarbeit und Beteiligung sowohl des Coachs als auch des Klienten umfasst.

Es gibt heute eine ganze Reihe von Coaching-Modellen. Viele stammen aus der Management- oder Organisationsentwicklung und streben bessere Produktivität, Teambildung und andere in Organisationen wichtige Performance-Ziele an. Einige sind auf der Voraussetzung aufgebaut, dass der Coach der Fachmann ist und neben Ratschlägen auch Unterstützung und Motivation bietet. Bei diesen Modellen sind vor allem die Fachkenntnisse des Coachs von Bedeutung. Außerdem gibt es Coachs, die sich auf bestimmte Bereiche spezialisiert haben: Coachs für das Marketing, für Reden, für das Geschäftsleben, Coachs, die bei der Organisation des Büroalltags helfen ... Manche Coaching-Modelle sind im Grunde nichts anderes als Mentor-Modelle mit einem neuen Label – nämlich »Coach«. In der zersplitterten, enthierarchisierten Arbeitswelt unserer Zeit wird vielen traditionellen Managern jetzt die Rolle eines »Coachs« übergestülpt – in einem Team, das fast wie ein Einzelkämpfer funktioniert. Die Aufgabe des Coachs besteht dabei darin, einen Schlachtplan zu entwickeln und den einzelnen Mitarbeitern diejenige Aufmerksamkeit zu widmen, die sie anscheinend benötigen, um im Team produktiv arbeiten zu können – sie erfüllen damit die Funktion des Coachs im Basketball.

Das co-aktive Coaching-Modell geht von anderen Voraussetzungen aus. Einer der Hauptzwecke dieses Buchs besteht darin, professionelle Coachs (und diejenigen, die es werden wollen) über ein durchdachtes Modell zu informieren und mit verschiedenen Techniken auszustatten, die sich über viele Jahre hinweg bei Hunderten unterschiedlicher Klienten bewährt haben. Modell und Techniken werden bereits von zahlreichen Coachs in der Praxis angewendet. Das Modell umfasst spezifische Techniken und integriert die verschiedenen Aspekte des Coachings in ein ganzheitliches Konzept. In diesem Buch beschreiben wir das Modell ausführlich, definieren die Techniken und Methoden und bieten neben Beispielen aus Coaching-Gesprächen auch praktische Übungen, durch die Sie das Coaching besser verstehen können.

Das co-aktive Coaching-Modell beruht auf unserer Erfahrung als Coachs. Es spiegelt die Welt des *effektiven* Coachings wider, die wir erlebt haben. Seine Struktur entwickelte sich Schritt für Schritt in einer Vielzahl von Workshops und Seminaren, die wir im Laufe der Jahre zu verschiedenen Themen, die direkt oder auch indirekt mit dem Coaching zusammenhängen, durchgeführt haben. In den letzten Jahren bestand diese Arbeit vor allem aus dem Training von Coachs durch das *Coaches Training Institute* (CTI).

Das CTI wurde 1992 von Laura Whitworth und Henry Kimsey-House gegründet. Ein Jahr später stieg Karen Kimsey-House ein. Heute ist das CTI die größte Non-Profit-Organisation in den USA, die sich ausschließlich mit dem Training von Coachs und der Vermittlung von

Coaching-Techniken befasst; es ist auf der ganzen Welt als führendes Coaching-Institut anerkannt. Es veranstaltet Kurse in den USA und Kanada, an denen auch viele Europäer und Asiaten teilnehmen, bietet neben einem umfassenden Trainingsprogramm für Coachs ein sehr angesehenes Zertifizierungsprogramm sowie ein einzigartiges Programm zur Führungsentwicklung und gilt als visionäre Kraft auf dem Gebiet des Coachings.

Wie Sie dieses Buch nutzen sollten

Wir empfehlen Ihnen, zunächst ein Gefühl für die co-aktive Coaching-Beziehung zu entwickeln, indem Sie sich vorstellen, Sie seien selbst Klient bei einem Coach. Die Einführung soll es Ihnen ermöglichen, nachzuempfinden, wie sich der Klient in einer starken co-aktiven Coaching-Beziehung fühlt.

Teil 1 gibt einen Überblick über das co-aktive Coaching-Modell. Das erste Kapitel umreißt die fünf Kontexte des co-aktiven Coachings – Zuhören, Intuition, Neugier, Handeln / Lernen und Selbstmanagement – und beschreibt die drei Prinzipien – Erfüllung, Gleichgewicht und Lebensprozess (damit sind die Lebensumstände des Klienten gemeint, und zwar die derzeitigen, aber auch die seines Lebens in der Gesamtschau) –, die zusammen das Herzstück des Modells bilden, die Agenda des Klienten. Außerdem wird in Teil 1 erläutert, wie man eine Beziehung zwischen Coach und Klient – die Grundlage für die gesamte Coaching-Beziehung – aufbaut.

In Teil 2 werden die einzelnen Kontexte detailliert beschrieben. Dort finden Sie auch Beispiele aus Coaching-Gesprächen sowie Übungen, die die Techniken lebendig werden lassen.

In Teil 3 geht es um die drei Kernprinzipien: die Erfüllung, das Gleichgewicht und den Lebensprozess des Klienten. Da zwischen diesen Bereichen im wirklichen Leben ein enger Zusammenhang besteht, kann es zum Beispiel bei einer nur halbstündigen Sitzung erforderlich sein, alle Ebenen zu berühren. Um Ihnen das gesamte Modell möglichst nachvollziehbar nahe zu bringen, werden sie hier jedoch einzeln behandelt. In diesem Teil des Buches beschreiben wir auch die Praxis des Coachings – *Wie ist es,* Coach zu sein? – und präsentieren Ihnen unsere umfassende Coaching-Vision.

Was ein Buch über das Coaching bewirken kann

Unsere Workshops vermitteln die Erfahrung des Coachings auf eine Weise, die bei einem Buch einfach nicht möglich ist. Wir sagen schon seit Jahren, dass man das Coaching durch die Praxis effektiver lernen kann als durch Gespräche und Bücher. Nicht zuletzt deshalb dauerte es so lange, bis dieses Buch fertig gestellt werden konnte. Außerdem waren wir sehr damit beschäftigt, zu expandieren, um die wachsende Nachfrage nach Coachs und Training befriedigen zu können. Als wir unsere Coaching-Vorstellungen jedoch immer mehr verbreiten konnten – auch räumlich –, wurde uns jedoch klar, dass es noch immer viele Irrtümer und Missverständnisse im Hinblick auf das Coaching und seine positiven Auswirkungen auf die Menschen gibt. Es war einfach an der Zeit, das co-aktive Coaching einem möglichst großen Publikum vorzustellen! Deshalb können Sie dieses Buch jetzt kaufen. Die tatsächliche Erfahrung des Coachings kann es zwar nicht ersetzen, doch Sie werden sich ein Bild davon machen können, worum es beim Coaching geht. Das Buch soll das Coaching an sich bekannter und transparenter machen, vor allem aber das spezielle Modell, dem wir verpflichtet sind. Dieses Modell ist sinnvoll – das wissen wir aus jahrelanger Erfahrung. Wir haben gesehen, dass diese Form des Coachings das Leben von Hunderten von Menschen zum Positiven verändert hat. Wir wissen, dass das Modell funktioniert, denn wir haben es selbst immer wieder erlebt. Werden auch Sie jetzt ein Teil dieser Welt!

Dank

An der Entstehung dieses Buches haben viele Leute mitgewirkt, doch eine Person verdient besondere Erwähnung: Karen Kimsey-House, Direktorin des *Coaches Training Institute* (neben Laura Whitworth und Henry Kimsey-House). Sie setzt sich mit Leib und Seele für das CTI ein und unterstützte sein enormes Wachstum in der Zeit, in der wir dieses Buch schrieben. Seit sie 1993 zum CTI kam, ist sie ein wichtiges Mitglied des Kreativteams. Das Zertifizierungsprogramm des CTI, das als Modell für die Zertifizierung professioneller Coachs anerkannt ist, wurde von ihr entwickelt und umgesetzt. Ihr engagierter Einsatz für das Coaching zeigt sich überall in der Arbeit des CTI, das ständig international wächst; er war uns Ansporn dafür, dieses Buch fertig zu stellen.

Für ihre Beiträge zur Entstehung dieses Buchs und für ihre Unterstützung danken wir außerdem: CJ Hayden, Judy Pike, Judith Cohen, John Vercelli, Thomas Leonard, John Whitmore, unseren eigenen Coachs, den Workshop-Leitern des CTI, all unseren Klienten und unseren Familien.

Einführung

Dass Sie dieses Buch gekauft haben, bedeutet, dass Sie Coach werden oder Ihre Coaching-Techniken verbessern wollen. Zunächst möchten wir Sie aber bitten, darüber nachzudenken, wie die ideale Coaching-Beziehung aus der Sicht des Klienten aussieht.

Stellen Sie sich eine Beziehung vor, die ganz auf Sie fokussiert ist – auf das, was Sie in Ihrem Leben wollen, und auf die Möglichkeiten, wie Sie das erreichen können. Genau so sieht die Coaching-Beziehung aus! Sie ist einzigartig – keine andere Beziehung in unserem Leben bietet uns durchgängig diesen ungewöhnlich hohen Grad an Unterstützung und Ermutigung. Für den Coaching-Stil, den wir »co-aktives Coaching« nennen, trifft das in ganz besonderem Maße zu. Diese Beziehung bedeutet, dass Sie für die Reise Ihres Lebens einen eigenen, persönlichen Navigator haben: jemanden, der Ihnen hilft, Ihren Weg zu finden und auf Kurs zu bleiben.

Das Coaching ist eine sehr starke Beziehung, durch die die Leute wichtige Veränderungen in ihrem Leben vornehmen können. Das hier beschriebene Modell des co-aktiven Coachings liefert einen auf jahrelanger Erfahrung mit Klienten beruhenden Rahmen für effektive Coaching-Beziehungen. Diese Klienten repräsentieren das gesamte Spektrum der Berufe: CEOs an der Spitze großer Unternehmen, Künstler, Manager, Berater, Besitzer kleiner Firmen, Unternehmer. Und es handelt sich durchweg um Menschen, die sich nicht primär aus beruflichen Gründen für ein Coaching entschieden haben.

Stellen Sie sich vor, dass Ihnen jemand zuhört, der nicht nur auf Ihre Worte achtet, sondern auch auf das, was dahinter steht – sogar auf die Abstände zwischen Ihren Worten, auf Ihre Modulation und Aussprache! Jemand, der die Nuancen Ihrer Stimme erfasst, Ihre Gefühle und Ihre Energie; der alles empfangen will, was Sie kommunizieren; der das Allerbeste in Ihnen hört, auch wenn Sie selbst es nicht hören können. Das Zuhören auf dieser Ebene ist eine der wichtigsten Coaching-Techniken, auf die wir uns hier konzentrieren. Diese Techniken werden nicht nur beschrieben, sondern durch praktische Übungen untermauert, die Sie für Ihre eigene Entwicklung als Coach benutzen können; außerdem gibt es Übungen, die Sie bei der Arbeit mit Ihren Klienten verwenden können.

Stellen Sie sich vor, dass jemand Ihnen die Verantwortung überträgt und dafür sorgt, dass Sie sich immer weiter auf Ihre Träume und Ziele zubewegen. Das Feld des Coachings ist in den letzten Jahren so enorm gewachsen, weil es eine sehr wirkungsvolle Struktur bietet, durch die die Leute sich auf spezifische Ergebnisse konzentrieren und auf dem richtigen Kurs bleiben können. Natürlich gehört zur Coaching-Beziehung nicht nur die Verantwortlichkeit; dieses Buch verbreitert die Perspektive des Coachings, sodass Sie seine Stärken sehen und anwenden können.

Es gibt heute eine Reihe von Spezialisten, die die Bezeichnung »Coaching« für ein breites Spektrum von Praktiken benutzen – Coaching-Programme für Führungskräfte oder für Manager, aber auch Programme, bei denen neben dem Coaching ein spezieller Inhalt vermittelt wird (zum Beispiel Programme, durch die man ein erfolgreicher Verkäufer oder Autor wird, sich und seine Arbeit besser organisieren oder überzeugendere Reden halten kann). Das co-aktive Coaching, mit dem wir uns hier befassen, eignet sich für ganz verschiedene Berufe und Bedürfnisse. Es ist ganzheitlich ausgerichtet und betrachtet die Menschen in all ihren Lebensbezügen. Die Menschen nehmen ihren beruflichen Ärger mit nach Hause, in ihre Beziehungen. Ihre Geldsorgen wirken sich auf ihre Freizeit und ihre Arbeit aus. Ihre Bemühungen um persönliches Wachstum können ihre Arbeit und ihre Familie beeinflussen. Deshalb betont das co-aktive Coaching-Modell nicht nur das Gesamtbild, sondern fokussiert die Aufmerksamkeit auf spezifische Aktionspläne.

Stellen Sie sich eine Beziehung zu jemandem vor, der ganz neugierig ist – auf Ihre Träume und Sehnsüchte, Ihre Werte, die Dinge in Ihrem Leben, die Ihnen besonders wichtig sind; zu einer Person, die Ihnen dabei hilft, sich über Ihre Ziele klar zu werden, und Ihnen die Tools für das Handeln und Lernen an die Hand gibt, die zu den Ergebnissen führen, die Sie sich wünschen. Dieses Buch zeigt Ihnen, wie Sie eine effektive Coaching-Beziehung entwickeln können, die anderen hilft, in ihrem Leben und bei ihrer Arbeit Veränderungen mit großen Auswirkungen vorzunehmen; eine Beziehung, die die Klienten motivieren und wieder auf den richtigen Weg bringen kann. Die Leute entscheiden sich aus ganz unterschiedlichen Gründen für ein Coaching, doch letztendlich geht es ihnen um Veränderungen. Sie wollen nicht, dass die Dinge so bleiben wie bisher, und sie haben erkannt, dass diese Veränderungen sich durch ein Coaching bewirken lassen. Der Coach ist da, während sie ihren Lebensalltag bewältigen – er reicht ihnen das Werkzeug und hält die Lampe, sodass sie sehen können, was gemacht werden muss, und dafür beide Hände frei haben.

Stellen Sie sich eine Beziehung zu einer Person vor, die sich manchmal sogar noch mehr als Sie selbst für das einsetzt, was Sie in Ihrem Leben wollen. Stellen Sie sich vor, wie es wäre, wenn jemand Ihre Werte und Ihren Lebenszweck kennen und Ihnen helfen würde, Ihre Prinzipien und Werte nicht zu verraten; jemand, der die Fahne auf dem Gipfel halten würde, der Sie ermuntern würde, weiterzumachen, der Ihre Siege feiern würde, Ihnen aber auch helfen würde, aus Rückschlägen zu lernen. Das Coaching erschafft einen Kontext, in dem die Leute regelmäßig an den wichtigsten Aspekten ihres Lebens arbeiten. In diesem Buch zeigen wir Ihnen spezifische Techniken zur Klärung von Entscheidungen, zur Aufstellung von Aktionsplänen und Überwachung der Ergebnisse. Das Coaching funktioniert jedoch auch auf einer Prozessebene und ermöglicht es den Leuten, zu verstehen, wer sie sind und wo sie in ihrem Leben stehen. Durch unser Buch können Sie anderen helfen, Erfüllung zu finden, Entscheidungen zu klären und ganz im Lebensprozess zu stehen, über alle Wellenberge und -täler an ihr Ziel zu gelangen.

Stellen Sie sich eine Beziehung zu jemandem vor, der Ihnen *rückhaltlos und uneingeschränkt* die Wahrheit sagt – beispielsweise darüber, wo Sie stark sind und wo Sie Ihre Möglichkeiten nicht voll ausschöpfen; zu jemandem, der weiß, dass Sie es schaffen können; der erkannt hat, wie groß Sie sein können, und Ihnen dieses Bild immer vorhält, auch wenn Sie das selbst nicht können. Gibt es in Ihrer Familie oder Ihrem Freundeskreis nicht jemanden, der gerade eine Veränderung durchmacht? Was für ein Geschenk wäre es für den Betreffenden, wenn er einen Coach in seinem Leben hätte – einen Profi, der dafür ausgebildet ist, die Techniken des Zuhörens, des Kommunizierens und der Intuition mit maximalem Nutzen einzusetzen, um anderen zu helfen, ein erfüllendes Leben zu führen! Der Schwerpunkt dieses Buchs liegt auf Informationen und Übungen für das professionelle Coaching, besonders für die langfristige berufliche und persönliche Coaching-Beziehung. Die Techniken und Erkenntnisse, die Sie dadurch kennen lernen und sich aneignen, können Sie aber auch in Ihrem eigenen Leben anwenden, bei Ihren Beziehungen im Beruf, in der Familie und zu Ihren Freunden. Durch diese Techniken und Erkenntnisse können Sie auf vielen Ebenen in Ihrem Leben effektiver, fähiger, zufriedener und produktiver werden.

Stellen Sie sich vor, dass Ihnen jemand zuhört, ohne über Sie zu urteilen; jemand, der Ihnen erlaubt, Ihre Gefühle zu zeigen, und Sie akzeptiert, ohne Sie zu analysieren. Stellen Sie sich vor, dass Sie jede Woche mit dieser Person sprechen, auch wenn Sie gerade ein Chaos angerichtet haben oder großen Erfolg hatten. Diese Gespräche führen Sie regelmäßig, immer wieder ... um auszuruhen, Energie zu gewinnen und mit neuer Kraft weiterzumachen. Gespräche dieser Art gibt es bei uns allen hin und wieder, doch der Vorteil einer Coaching-Beziehung ist ihre Regelmäßigkeit. Der Coach ist da, er wartet auf seinen Klienten, er ist dafür ausgebildet, jede Interaktion zu professionalisieren. Während dieses Prozesses wächst die Coaching-Beziehung, sie entwickelt sich und wird effektiver. Je besser Coach und Klient sich kennen lernen, je vertrauter dem Coach die Stärken, Schwächen, Träume und Sabotageakte – also Handlungen, die er gleichsam gegen sich selbst ausführt und richtet – des Klienten sind, desto wirkungsvoller gestaltet sich das Coaching.

In diesem Buch lernen Sie, die Agenda Ihrer Klienten zu entdecken und zu fördern – und dabei selbst fast unsichtbar zu bleiben, sodass der Erfolg und das Lernen ganz den Klienten gehören; es ist *ihre* Aufgabe und Sache. Wir zeigen Ihnen, wie man anderen effektiv die Verantwortung überträgt und sie Bericht erstatten lässt, und zwar ohne großen Druck. Und wie Sie im co-aktiven Coaching mit Werten, Zielsetzungen, der Lebensbalance und dem Selbstmanagement umgehen.

Stellen Sie sich eine Beziehung vor, bei der Sie endlich jene Gespräche hinter sich lassen, durch die Sie sich im Laufe der Jahre selbst eingeschränkt haben – sodass die Stimmen der Niederlagen und Sabotageakte überhand nahmen und Ihre Stärken immer weniger zum Tragen kamen und Sie entmutigt wurden. Sie wissen, wie schwierig es ist, es ganz allein zu schaffen, dies hinter sich zu lassen – denn das versuchen Sie ja schon seit Jahren. Wir präsentieren hier Coaching-Strategien für die Überwindung der Selbstbeschränkung, die sich oft gerade dann am stärksten zeigt, wenn die Leute den Mut brauchen, um Risiken einzugehen, die in Veränderungsprozessen unumgänglich sind. Es handelt sich um bewährte Strategien, durch die sie auf Kurs bleiben und mit denen sie gegen die innere Sabotage, die sie so oft behindert, angehen können.

Dieses Buch bietet eine umfassende Darstellung des Coachings und seiner Techniken. Es liefert Ihnen ein systematisches Konzept, das durch Beispiele aus dem wirklichen Leben und praktische Übungen zur Entwicklung Ihrer Coaching-Fähigkeiten untermauert wird. Gedacht ist es für alle, die ihr Wissen erweitern und ihre Fähigkeiten in dieser neuen Welt des Coachings entwickeln wollen – durch ein einzigartiges Modell, das co-aktive Coaching.

TEIL 1

Co-aktives Coaching: Die Grundlagen

Das Coaching ist von Anfang an auf das fokussiert, was die *Klienten* wollen. Die Leute entscheiden sich für ein Coaching, weil sie wollen, dass sich etwas ändert, oder weil sie ein wichtiges Ziel erreichen wollen. Ihre Gründe sind individuell und daher ganz unterschiedlich. Sie sind motiviert, bestimmte Ziele zu verwirklichen: ein Buch zu schreiben, eine Firma aufzubauen, einen gesünderen Körper zu haben. Sie lassen sich coachen, um bei der Arbeit effektiver oder zufriedener zu werden oder weil sie sich nach mehr Ordnung und Gleichgewicht in ihrem Leben sehnen. Manchmal wollen die Leute mehr vom Leben – mehr innere Ruhe, mehr Einfachheit, mehr Freude –, manchmal aber auch weniger: weniger Verwirrung, weniger Stress, weniger finanziellen Druck. Die meisten wünschen eine bessere Lebensqualität: größere Erfüllung und Zufriedenheit, ein besseres Gleichgewicht oder andere Lebensumstände, um ihre Lebenswünsche verwirklichen zu können. Wie der individuelle Grund auch aussehen mag – alles fängt beim Klienten an. In Teil 1 wird erklärt, was der *Coach* als Reaktion auf den Klienten in das Coaching einbringt und wie der Prozess des co-aktiven Coachings aussieht. Wir beschreiben die einzelnen Aspekte und zeigen Ihnen, wie sie sich in einem integrativen Modell aneinander fügen. In den späteren Kapiteln behandeln wir diese Hauptkomponenten dann ausführlicher und präsentieren detaillierte und anschauliche Beispiele aus Coaching-Gesprächen.

KAPITEL 1

Das co-aktive Coaching-Modell

Das Wort *co-aktiv* steht für eine Coaching-Beziehung, bei der Coach und Klient aktiv zusammenarbeiten – eine Allianz zwischen zwei gleichgestellten Partnern, die auf die Erfüllung der Bedürfnisse des Klienten ausgerichtet ist.

Die vier Hauptpfeiler

Das co-aktive Coaching ruht auf vier Hauptpfeilern:

1. Der Klient ist von Natur aus kreativ und verfügt über sehr große Ressourcen. Er ist als ganzheitliche Person zu verstehen.
2. Das Coaching befasst sich mit dem ganzen Leben des Klienten.
3. Die Agenda stammt vom Klienten.
4. Die Beziehung ist eine klientenspezifische Allianz.

Die Stärken des Klienten

Grundlage für jedes co-aktive Coaching ist, dass die Klienten die Antworten kennen oder finden können. Vom Standpunkt des co-aktiven Coachs aus ist der Klient nicht krank oder gar eine gebrochene Persönlichkeit, es besteht keine Notwendigkeit, ihn zu »reparieren«. Der Coach liefert keine Antworten, sondern er stellt Fragen. Manchmal *glauben* die Klienten nicht, dass sie die Antworten kennen; sie glauben lieber, dass ihnen jemand anders – ein Experte – die Antworten geben kann. Es ist ganz natürlich, dass sie sich die Antworten lieber in einem Gesamtpaket kaufen wollen, als die Arbeit auf sich zu nehmen, selbst eine Lösung zu finden. Allerdings stehen die Leute am Ende dann jedoch oft mit einem leeren Paket da.

Manchmal gibt es eine starke, überzeugende Stimme, die die Leute sabotiert oder behindert und ihnen erzählt, sie könnten die Antworten nicht selbst finden. Das co-aktive Coaching beruht aber auf der Gewissheit, dass die Klienten die Antworten sehr wohl kennen. Wenn sie mithilfe eines Coachs in ihr Inneres blicken, erkennen sie sich selbst, ihre Stärken und ihre Grenzen. Außerdem entdecken sie, was sie wollen, wovor sie Angst haben, was sie motiviert und was sie zurückhält, wie ihr Lebenszweck und ihre Vision aussehen und in welchen Bereichen sie ihre Möglichkeiten nicht voll ausschöpfen. Vielleicht haben sie noch nie nach der Antwort gesucht, bevor der Coach die Frage stellte, die ihnen den Weg zu ihrer Selbstentdeckung wies – doch diese Antwort ist da! Die Klienten wissen, wie sie ihren Weg finden können, besonders mithilfe ihres Coachs. Das bestätigen jahrelange Erfahrungen mit dem co-aktiven Coaching-Modell. Deshalb sagen wir, dass es die Aufgabe des Coachs ist, Fragen zu stellen – nicht, Antworten zu geben. Es hat sich gezeigt, dass die Klienten mehr Ressourcen nutzen können und effektiver und generell zufriedener sind, wenn sie die Antworten selbst finden. Und weil sie die Antworten selbst entdeckt haben, ist die Chance größer, dass sie dann auch entsprechend handeln.

Beschäftigung mit dem ganzen Leben des Klienten

Wir alle treffen Tag für Tag Dutzende oder sogar Hunderte von Entscheidungen, bestimmte Dinge zu tun oder nicht zu tun. Diese Entscheidungen, selbst die scheinbar ganz unwichtigen, tragen dazu bei, dass unser Leben erfüllender und ausgefüllter (oder nicht so erfüllend) wird und unsere Zufriedenheit stetig zunimmt. Sie führen uns zu einer besseren Lebensbalance oder davon weg. Sie machen unseren Lebensprozess effektiver oder nicht so effektiv. Das co-aktive Coaching ist auf diese drei Klienten-Prinzipien fokussiert: Erfüllung, Balance und Lebensprozess.

Die Agenda des Klienten

Beim co-aktiven Coaching stammt die Agenda vom Klienten, nicht vom Coach. Das ist eines der Hauptmerkmale dieses Coachings. Die Beziehung ist ganz darauf fokussiert, die vom Klienten gewünschten Ergebnisse zu erreichen. Die Agenda gibt der Klient vor; der Coach muss dafür sorgen, dass sie nicht aus den Augen verloren wird. Während sich die Klienten also auf die Veränderungen konzentrieren, die sie in ihrem Leben vornehmen, achtet der Coach auf die Agenda. Er sorgt dafür, dass die Klienten sich immer zur Erfüllung und zum Gleichgewicht hin bewegen und ihren Lebensprozess umgestalten können. Die »Agenda des Klienten halten« ist beim co-aktiven Coaching ein so wichtiges Konzept, dass es in diesem Buch immer wieder auftauchen wird.

Darin unterscheidet sich das co-aktive Coaching beispielsweise vom Consulting, bei dem der Berater Spezialwissen mitbringt und sehr oft derjenige ist, der die Agenda für die Beziehung festlegt. Beim co-aktiven Coaching aber geht es nicht um die Fachkenntnisse des Coachs oder darum, dass er Lösungen liefert. Seine Fachkenntnisse sind vielmehr auf den Coaching-Prozess beschränkt. Seine Aufgabe ist es, den Klienten zu helfen, ihre Träume, Sehnsüchte und Bestrebungen in Worte zu fassen, sich über ihre Mission, ihren Lebenszweck und ihre Ziele klar zu werden, sodass sie sie erreichen können.

Die klientenspezifische Allianz

Beim co-aktiven Coaching wird die Macht allein der Beziehung zwischen den Beteiligten selbst übertragen, nicht dem Coach. Klient und Coach arbeiten zusammen, um eine Allianz zu entwickeln, durch die die Bedürfnisse des Klienten erfüllt werden können. Dabei spielen die Klienten eine ganz wichtige Rolle, indem sie erklären, wie sie sich das Coaching vorstellen. Der Klient kauft kein Programmpaket, sondern er ist daran beteiligt, eine starke Beziehung aufzubauen, die zu seinem Arbeits- und Lernstil passt. Die Beziehung ist auf die Kommunikationsweise, die für ihn am besten geeignet ist, zugeschnitten. In dem Prozess, durch den diese Allianz entwickelt wird, schlägt sich die Verantwortlichkeit von Klient *und* Coach nieder. Dabei lernen die Klienten, dass die Kontrolle über die Beziehung und letztlich auch über die Veränderungen, die sie in ihrem Leben vornehmen, bei ihnen selbst liegt.

Coaching bedeutet Handeln und Lernen

Die Ergebnisse der gemeinsamen Arbeit von Klient und Coach bestehen in Handlungen und Lernprozessen – zwei Kräfte, die zusammen Veränderungen erzeugen. Das *Handeln*, das den Klienten voranbringt, steht beim Coaching stark im Mittelpunkt und gehört zu seinen Hauptzwecken. Die andere Kraft, die beim menschlichen Veränderungsprozess wirkt, ist das *Lernen* – es ist kein bloßes Nebenprodukt des Handelns, sondern eine Kraft, die gleichrangig neben ihm steht und es ergänzt. Das Lernen erzeugt neue Ressourcen, eröffnet größere Möglichkeiten und stärkt die Veränderungskräfte des Klienten.

Viele Leute sind der Ansicht, beim Coaching gehe es nur darum, dass die Dinge erledigt werden. Das ist ein Irrtum, der dazu geführt hat, dass das Coaching oft mit dem Engagieren eines strengen Vaters oder einer nörgelnden Mutter verglichen wurde, die darauf achten, dass man sein Bett macht, seine Hausaufgaben erledigt und sich dasjenige Leben zurechtzimmert, das man sich wünscht. Beim Coaching geht es jedoch nicht nur um das Handeln, sondern auch um kontinuierliches Lernen – und der Coach muss dafür sorgen, dass der Lernprozess immer mehr vertieft wird.

Das Coaching-Modell bietet den Rahmen, in dem Handeln und Lernen stattfinden (Abbildung 1).

Das Herzstück des Modells: Die Agenda des Klienten

Das Coaching ist ganz auf den Klienten fokussiert, die Themen sind seine Bedürfnisse und dringenden Wünsche. Die Beziehung zwischen Coach und Klient hat nur einen einzigen Zweck: sich mit der Agenda des Klienten zu befassen. Daher bildet diese Agenda das Zentrum des Diagramms in Abbildung 1. Bei der Agenda geht es nämlich um die drei zentralen Lebensaspekte des Klienten: die Prinzipien der Erfüllung, der Balance und des Lebensprozesses. Um Prinzipien handelt es sich, weil sie für die Lebendigkeit des Lebens unabdingbar sind – wie Sauerstoff, Brennmaterial und Hitze für Feuer sorgen, so erzeugen und bewirken diese drei Prinzipien gemeinsam das Leben eines Menschen.

Abb. 1: Das co-aktive Coaching-Modell

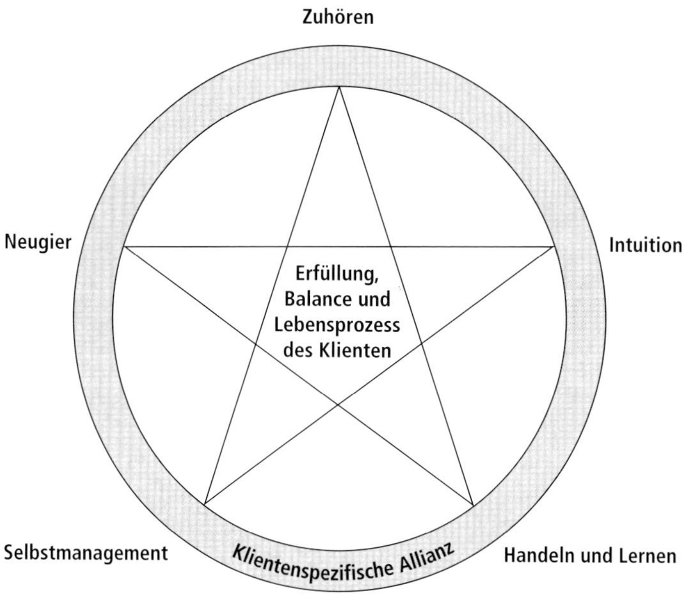

Erfüllung

Was Erfüllung für die Klienten bedeutet, ist immer sehr persönlich. Vor allem anfangs können dazu äußerliche Erfolgsmaßstäbe gehören: ein toller Job, genug Geld, ein bestimmter Lebensstil ... Meistens kommt es beim Coaching dann aber schnell zu einer tieferen Auslegung dessen, was ein erfüllendes Leben ausmacht. Dabei geht es nicht darum, mehr im Portemonnaie oder im Kleiderschrank zu haben, sondern dass Herz und Seele wahrhaft erfüllt sind. Ein im emphatischen Sinne erfüllendes und erfülltes Leben ist eines, das dem Klienten sehr viel bedeutet, und jeder hat seine eigene Definition davon, was ihm wirklich wichtig ist. Falls Risikobereitschaft zu den Werten des Klienten gehört – ist sein Leben gewagt genug? Falls das Familienleben einer seiner Werte ist – vernachlässigt er es, weil er sich zu sehr in seine Arbeit vergräbt? Welchem Wert bleibt er durch seine Arbeit treu? Sich über seine Werte klar zu werden, bedeutet gleichzeitig, sich über die Entscheidungen in seinem Leben klar zu werden; wenn diese Entscheidungen nämlich im

Einklang mit den Werten des Klienten stehen, wird sein Leben befriedigender sein und ihm fast mühelos erscheinen. Das Erreichen eines bestimmten Ziels kann – vor allem wenn es ein wichtiges Ereignis betrifft – zunächst sehr zufriedenstellend sein, doch die meisten Klienten stellen fest, dass dies nicht gleichbedeutend mit der Erreichung der Ziellinie ist, die in der wahren Erfüllung besteht. Auf der tiefsten Ebene geht es vielmehr darum, ein sinnvolles Leben zu führen – und seine Potenziale ganz auszuschöpfen.

Balance

Angesichts des hohen Tempos der heutigen Zeit, mit so vielen Verantwortlichkeiten, verlockenden Möglichkeiten, Anforderungen und Ablenkungen, könnte das Herstellen einer Balance wie ein unerreichbarer Traum erscheinen. So denken zunächst die meisten Leute, die sich für ein Coaching entscheiden. Sie sind unzufrieden, weil ihnen ihr Lebensstandard zu niedrig ist, sie wollen mehr vom Leben und auch mehr zurückgeben. Viele von ihnen setzen sich leidenschaftlich für die Dinge ein, die ihnen wichtig sind, und konzentrieren sich so stark darauf, dass dieser Teil ihres Lebens als mustergültig zu bezeichnen ist – doch der Rest liegt in Trümmern. Sie haben zwar begriffen, wie wichtig ein Gleichgewicht ist, und haben vermutlich schon oft versucht, es zu erreichen (mit dem festen Vorsatz, mehr Sport zu treiben, sich mehr Freizeit zu gönnen oder wieder mehr mit Freunden zu unternehmen), aber feststellen müssen, dass die Wochen und Monate verstrichen, ohne dass sie ihre Vorsätze in die Tat umgesetzt hätten.

Das co-aktive Coaching befasst sich mit dem ganzen Leben des Klienten. Es ist keine Dienstleistung, die es dem Klienten ermöglichen soll, sich in einem Bereich seines Lebens auszuzeichnen, ohne sich um den Rest zu kümmern. Nicht zuletzt aus diesem Grund verschafft sich der Coach fast immer bereits in der ersten Sitzung einen Überblick über das gesamte Leben des Klienten. Nur so kann er beurteilen, in welchen Bereichen Erfüllung, Zufriedenheit und Balance für den Klienten von besonderer Bedeutung sind: Beruf, Gesundheit, Geld, Beziehungen, persönliches Wachstum, Spiritualität und Freizeit. Natürlich gibt es zwischen all diesen Bereichen Verbindungen: Die Gesundheit wirkt sich auf die Arbeit aus, Geld und Freizeit sind miteinander verzahnt, die Beziehungen sind durchgängig miteinander verwoben. Wird einer der Fäden herausgezogen, reißt er fast unvermeidlich zwei oder drei andere mit sich.

»Nicht im Gleichgewicht« – das klingt oft resigniert oder ratlos, als wäre das Leben nun einmal so. So ist die wirkliche Welt ... Das erwarten mein Chef/meine Familie/mein Geschäftspartner/meine Freunde doch von mir ... Als könne man das Leben nur auf diese Weise betrachten, als ob es grundsätzlich schlecht und unbefriedigend verlaufe. Das Coaching zum Erreichen einer Lebensbalance ist jedoch darauf fokussiert, das Spektrum der Perspektiven zu verbreitern, sodass es mehr Entscheidungsmöglichkeiten gibt. Letztendlich geht es beim Gleichgewicht nämlich darum, Entscheidungen zu treffen: zu manchen Dingen »Ja« zu sagen, zu anderen dagegen »Nein« – und das kann sehr schwierig sein. Viele Klienten wollen zu mehr Dingen in ihrem Leben »Ja« sagen – und bedenken nicht, dass sie den dafür notwendigen Raum schaffen müssen, indem sie zu etwas anderem »Nein« sagen. Das führt dazu, dass sie sich ständig gehetzt fühlen – und dass ihr Leben nicht im Gleichgewicht ist.

Die Balance ist ein fließender Zustand und ständig im Fluss – denn das Leben selbst ist voller Dynamik und Bewegung. Zu prüfen, ob der Klient sich auf eine Balance zu- oder von ihr wegbewegt, ist daher sinnvoller, als ihm eine wie auch immer geartete »Balance« als anzustrebendes Ziel anzubieten. Wie sich die Jahreszeiten im ewigen Fluss befinden und auseinander hervorgehen und erst in der Gesamtschau ein Gleichgewicht im Wechsel erkennen lassen, sollte man auch das Gleichgewicht nicht lediglich als momentanen Zustand begreifen, der einmal erreicht und dann festgehalten werden muss. Fest steht: Der Coach wird im Laufe einer Coaching-Beziehung in der ein oder anderen Form immer wieder auf das Problem der Balance stoßen.

Der Lebensprozess

Wir befinden uns ständig in einem Prozess; manchmal sieht er wild und hektisch aus, manchmal elegant. Da man durch das Coaching Ergebnisse erreichen kann, können sich sowohl der Klient als auch der Coach dazu verleiten lassen, sich ganz auf das angestrebte Ziel zu konzentrieren und dabei das prozessuale Fließen der Coachingreise aus dem Auge zu verlieren. Tatsächlich wird der Prozess oft mit einem Fluss verglichen. Während das Leben dahinfließt, gibt es schnelle Perioden mit reißenden, schäumenden Fortschritten, aber auch Zeiten, in denen man nicht vorankommt, sondern in Arbeits- oder Beziehungsstrudeln feststeckt oder in trügerische Teiche zurückgeworfen wird. Es gibt Tage mit stillem, spiegelglattem Wasser, aber auch Tage mit Furcht einflößenden Stromschnellen; Überschwemmungen wechseln mit Dürre. Der Coach muss erkennen, wo der Klient sich in diesem Prozess befindet, er muss ihn darauf hinweisen und bei ihm sein. Er ist da, um den Klienten zu ermutigen und zu unterstützen und ihn bei der Umschiffung der Klippen und Sandbänke zu begleiten, um ihm in den trüben Wassern der Misserfolge beizustehen, aber auch sein Geschick zu loben, wenn es ihm gelungen ist, einem Strudel auszuweichen oder eine schwierige Passage zu bewältigen. Durch das Coaching seines Lebensprozesses kann der Klient eine tiefere Beziehung zu seinem *ganzen* Leben erreichen.

Beim co-aktiven Coaching geht es also um den Klienten als ganzheitliche Person: Erfüllung, Balance und Lebensprozess sind die drei wichtigsten Parameter. Das sind die Kernprinzipien, die das Herzstück des Coaching-Modells bilden. Zusammen erzeugen sie die Wärme und das Licht eines Lebens, das ganz lebendig ist.

Die fünf Kontexte

Das Coaching-Modell lässt sich am besten durch einen fünfzackigen Stern darstellen, wie in Abbildung 1. Die Zacken stehen jeweils für einen Kontext, den der Coach einbringt, für einen Punkt des Kontakts zum Klienten, gleichzeitig aber auch für ein grundlegendes Coaching-Talent und eine Coaching-Technik. In der Praxis setzt der Coach diese Techniken immer wieder ein. Im Laufe der Zeit und durch genug Übung kann er seine Talente so entwickeln wie ein Musiker sein angeborenes musikalisches Talent.

Zuhören

Natürlich achtet der Coach auf die Worte des Klienten, doch sein wahres Zuhören erfolgt auf einer tieferen Ebene. Es geht dabei um die Bedeutung hinter der Geschichte, um den zugrunde liegenden Prozess, um das Thema, durch das sich das Lernen vertiefen lässt. Der Coach hört zu, um die Vision des Klienten, seine Werte und seinen Lebenszweck zu erkennen, aber auch die Widerstände, Ängste und problematischen Aspekte – und die Stimme jenes Saboteurs, des inneren Schweinehunds, der da ist, um sich Veränderungen zu widersetzen, den Klienten auf seine Schwächen und Misserfolge hinzuweisen und Gründe dafür anzuführen, sich zurückzuhalten. (Dieser innere Saboteur hat viele Namen; die Autoren bezeichnen ihn als *Gremlin*, nach dem Buch *Taming Your Gremlin* von Richard Carson; Anmerkung der Übersetzerin.)

Der Coach hört dem Klienten auf vielen Ebenen gleichzeitig zu – um herauszufinden, an welcher Stelle des Entwicklungsprozesses sich der Klient befindet, ob er aus der Balance geraten ist, welche Fortschritte er auf dem Weg zur Erfüllung macht. Und um jenes leichte Zögern zu erkennen, den falschen Klang von etwas, was nicht ganz stimmig ist. Selbst am Telefon hört der Coach nicht nur die Worte der Geschichte, die ihm der Klient erzählt; Tonfall und Rhythmus des Gesprächs übermitteln ihm sehr viele weitere Informationen, vor allem, wenn er den Klienten bereits persönlich kennen gelernt hat.

Diesen wichtigen Kontext kann man am besten verstehen, wenn man sich vorstellt, dass es drei Ebenen des Zuhörens gibt:

- Auf der ersten Ebene ist das Zuhören innerlich. Wir hören die Worte des anderen, konzentrieren uns aber darauf, was sie für uns bedeuten und was sie uns sagen wollen.
- Die zweite Ebene ist das fokussierte und konzentrierte Zuhören. Die Aufmerksamkeit ist ganz auf den anderen gerichtet. Der Coach muss auf dieser Ebene zuhören – und auch auf der dritten.
- Die dritte Ebene ist ein globales Zuhören: Es erfasst die Gefühle, die Körpersprache und die Umgebung.

Auf den ersten beiden Ebenen ist das Zuhören vorrangig auf die Worte ausgerichtet, auf der dritten Ebene dagegen erfasst es auch alles andere, einschließlich sämtlicher Sinneskanäle und der Stimmung, des Rhythmus, der Energie. Wirklich effektive Coachs operieren mühelos auf der zweiten und dritten Ebene und verschaffen sich dadurch zahlreiche und vielfältige Informationen, mit denen sie dann arbeiten können. Das gilt für alle Formen des Coachings – beim Teamcoaching wie beim Einzelcoaching, beim Telefoncoaching wie beim Coaching im persönlichen Gespräch. Beim effektiven Zuhören geht es längst nicht nur um die Worte der Geschichte. Das direkte Coaching ermöglicht zwar auch die nonverbale Kommunikation über die Körpersprache, dies kann aber auch Ablenkungen mit sich bringen. Coachs, die am Telefon arbeiten, entwickeln im Laufe der Zeit eine sehr gute Fähigkeit, die zur dritten Ebene gehörenden Nuancen beim Tonfall und des Sprechrhythmus zu erfassen. Das Coaching am Telefon hat noch andere, vor allem praktische, Vorteile – darauf gehen wir in Kapitel 11 ausführlich ein.

Intuition

Das Zuhören auf der zweiten und dritten Ebene ermöglicht dem Coach auch einen leichteren Zugang zu seiner Intuition – jener nicht zu bestimmenden Stelle, wo sich Bewusstsein und Unterbewusstsein berühren. Die Intuition umfasst ein Wissen, das im Hintergrund liegt und gewöhnlich nicht ausgesprochen wird. Es bleibt im Hintergrund, weil es nicht leicht ist, auf es zu vertrauen. In unserer Kultur gilt die Intuition nicht gerade als zuverlässige Methode, die zu Schlussfolgerungen verhelfen oder zu Entscheidungen führen sollte; daher zögern wir, das auszusprechen, was unsere Intuition uns sagt. Wir behalten es für uns, weil wir nicht Gefahr laufen wollen, als naiv bezeichnet zu werden. Doch seine Intuition gehört zu den stärksten Gaben, die der Coach ins Coaching einbringen kann.

Der Coach erhält vom Klienten sehr viele Informationen; im Moment des Coachings verbindet er sie mit Informationen und Erfahrungen, über die er bereits verfügt und die er nicht nur im Coachingprozess gewonnen hat, sondern auch im Laufe seines Lebens. Und es gibt noch einen weiteren Aspekt: Manchmal wissen wir einfach nicht, woher wir wissen, was wir wissen. In dem Augenblick, in dem wir etwa in einem konkreten Coachingprozess stecken, schickt unsere Intuition uns eine Botschaft. Vielleicht nennen wir sie anders – Gedanke, Ahnung oder Bauchgefühl –, doch es handelt sich um eine Aussage unserer Intuition. Diese Technik müssen die meisten Coachs üben und entwickeln. Sie ist ungeheuer wertvoll, weil sie immer wieder sehr viele Eindrücke ermöglicht und Informationen liefert, und zwar in äußerst verdichteter Form. Hinzu kommt: Sie ist der rationalen Analyse oft nicht zugänglich.

Neugier

Das co-aktive Coaching baut auf der Voraussetzung auf, dass die Klienten neben großen Ressourcen auch über die Antworten auf die entscheidenden Fragen verfügen. Allerdings stellen sie diese Fragen nicht – die Aufgabe des Coachs ist es, diese Fragen zu stellen. Wichtig ist dabei die Tatsache, dass der Mensch von Natur aus neugierig ist und Neugier eine starke Antriebskraft ist. Wie die wissenschaftliche Neugier die tiefsten Gründe der Materie, des Lebens und des Universums erforschen will, erlaubt die Neugier beim Coaching sowohl dem Coach als auch dem Klienten, in die tiefsten Bereiche des Lebens des Klienten vorzudringen, Seite an Seite, einfach nur schauend, neugierig darauf, was sie wohl finden werden.

Da der Coach kein Inquisitor ist, sondern bei dieser Erforschung auf der Seite des Klienten steht, kann er starke Fragen stellen, die die Schutzvorrichtungen aufbrechen, die der Klient oft unbewusst um sich erbaut hat, um sich abzuschotten oder sich mit bestimmten Dingen nicht beschäftigen zu müssen. Wenn der Klient lernt, neugierig auf sein Leben zu sein, steht er nicht mehr unter so großem Druck, und das Risiko ist geringer. Er ist dann eher bereit, auf die dunklen Stellen zu blicken und sich zu überwinden, weil er nun selbst neugierig geworden ist.

Handeln und Lernen

Beim co-aktiven Coaching erfüllt das Coaching-Gespräch zwei sehr wichtige Zwecke: das Handeln voranzubringen und das Lernen zu vertiefen. Dadurch unterscheidet dieses Gespräch sich von allen anderen: Es soll nicht erklären, informieren, unterhalten oder korrigieren, sondern zum Handeln und Lernen führen.

Ein Bereich des Coachings, der die Leute sehr anspricht, ist die Verknüpfung des Aspekts des Handelns mit dem der Verantwortlichkeit – die Klienten übernehmen die Verantwortung für ihr Handeln, ihr Lernen und dafür, besprochene Aktivitäten auch umzusetzen. Der Vorteil: Wenn Leute, die integer sind, jemandem etwas versprechen, arbeiten sie viel härter, um dieses Versprechen auch zu halten (das gehört zum Kulturvertrag).

Durch die Verantwortlichkeit wird der Veränderungsprozess spürbarer, konzentrierter und disziplinierter – und somit auch effektiver. Die Verantwortlichkeit beinhaltet Grundfragen: »Was werden Sie tun?«, »Wann werden Sie es tun?« (oder: »Wie lange?«) und »Wie erfahre ich, dass Sie es getan haben?«. Oft etablieren Coach und Klient für die Verantwortlichkeit zusätzliche Berichtsstrukturen. Die Berichte können in Form täglicher Anrufe, aber auch als Fax oder E-Mail übermittelt werden. Die Regelung der Verantwortlichkeit genießt in der Coaching-Beziehung einen besonderen Stellenwert: Das, was der Klient tut, wird keinem Vorwurf oder Tadel unterworfen. Das Ziel sind Handeln und Lernen, nicht spezifische Ergebnisse – und aus Misserfolgen kann der Klient genauso viel lernen wie aus Erfolgen.

Selbstmanagement

Damit der Coach die Agenda des Klienten wirklich halten kann, muss er sich zurücknehmen, und das ist nicht immer leicht. Das Selbstmanagement ist die Fähigkeit des Coachs, seine persönlichen Ansichten und Vorlieben, seinen Stolz, seine Empfindlichkeit und sein Ego beiseite zu schieben. Er muss »dort« beim Klienten sein statt »hier«, er muss dem Klienten in seiner Situation und bei seinem Kampf beistehen, statt sich mit seinen eigenen Urteilen und Gedanken zu befassen. Selbstmanagement bedeutet, das Bedürfnis, im Coachingprozess eine gute Rolle zu spielen und Recht zu haben, aufzugeben. Für den Coach heißt Selbstmanagement in diesem Zusammenhang, dass er nahezu unsichtbar werden muss.

Außerdem hilft der Coach dem Klienten bei dessen Selbstmanagement – also bei seiner Fähigkeit, gut mit seinen eigenen Urteilen und Ansichten über sich selbst sowie mit denen anderer umzugehen. Und er muss erkennen, wann der innere Schweinehund des Klienten seine Stimme erhebt, und dem Klienten helfen, sich aus dessen Klauen zu befreien.

Die Position des Coachs im Modell

Ist Ihnen aufgefallen, dass der Coach in diesem Modell überhaupt nicht auftaucht? Genau das ist der entscheidende Punkt beim co-aktiven Coaching. Die Rolle des Coachs besteht darin, eine Umgebung zu schaffen, in der die Klienten sich ganz auf ihre Erfüllung, ihre Balance und ihren Lebensprozess konzentrieren können. Coach und Klient entwickeln die Arbeitsbeziehung gemeinsam; der Coach benutzt die fünf Coaching-Kontexte, um Kontakt zum Klienten aufzubauen und ihm das Handeln und Lernen zu erleichtern. Der Klient ist also die Hauptperson, der Coach dagegen unsichtbar. Anders ausgedrückt: Da es sich um ein zweidimensionales Modell handelt, erscheint der Coach in der dritten Dimension – in der Handlung des Coachens.

Die Richtung gibt der Klient vor

Da die Agenda beim co-aktiven Coaching vom Klienten stammt, muss der Coach stets bereit sein, auf das zu reagieren, was der Klient als das Wichtigste bestimmt hat. Was der Klient vorbringt, stellt meist keine Überraschung dar – schließlich existiert die Beziehung seit längerem, und es gibt gewöhnlich einen Hauptpunkt, an dem Coach und Klient arbeiten, und die Verantwortlichkeiten sind geklärt. Doch auch dann liegt der Fokus beim co-aktiven Coaching darauf, Fragen zu stellen, damit der Klient seine eigenen Antworten finden kann; ihm wird keine bestimmte Richtung aufgezwungen, und er bekommt keine Antworten aufgedrängt. Da der Coach nicht über die Antwort verfügt, wartet er stets auf die Antwort des Klienten. Sie bestimmt dann die Richtung der weiteren Coaching-Interaktion. Damit sie effektiv sein können, müssen co-aktive Coachs wirklich aufmerksam und flexibel sein, immer bereit, geschickt zur nächsten Frage überzugehen oder die angemessene Coaching-Technik zu benutzen – ohne vorher zu wissen, welche Technik erforderlich ist. Daher kommt das Tänzerische am co-aktiven Coaching, das auch als »Tanz im Augenblick« bezeichnet wird.

KAPITEL 2
Die co-aktive Coaching-Beziehung

Die Agenda des Klienten wird, wie in Abbildung 1 gezeigt, von der *klientenspezifischen Allianz* bestimmt. Sie ist der Rahmen, der dem Klienten während der Coaching-Beziehung Halt gibt.

Die klientenspezifische Allianz

Die Gestaltung der Coaching-Beziehung beginnt in der ersten Kennenlernsitzung, dem Erstgespräch, das auch als Intake Session bezeichnet wird. Die Beziehung ist ganz auf die besonderen Bedürfnisse des Klienten zugeschnitten. Wir sprechen von einer Allianz, weil beide Beteiligten intensiv dazu beitragen müssen, dass sie erfolgreich abläuft. Den Klienten ist bewusst, dass sie kein Programm für den persönlichen Erfolg von der Stange kaufen, sondern sich auf eine langfristige Beziehung verpflichten.

Die Beziehung hat die Form eines Dreiecks, dessen Ecken der Coach, der Klient und die Beziehung bilden (Abbildung 2). Man sieht, dass es vor allem der Klient ist, der Verantwortung für diese Beziehung übernimmt und ihr Energie verleiht, nicht der Coach. Andererseits gibt die Beziehung aber auch dem Klienten Kraft – die Energie, die Kontrolle zu übernehmen, sein Leben zu verändern und mutig zu sein. Der Coach verleiht der Beziehung ebenfalls Energie, sodass sich bei diesem Modell letztendlich alle Energieströme auf den Klienten fokussieren.

Obwohl es in Abbildung 2 keinen Pfeil gibt, der anzeigt, dass der Coach Energie zurückerhält, kann man sich kaum einen Coach vorstellen, der durch die Coaching-Beziehung keine Kraft gewinnt. Natürlich zieht auch der Coach aus der Beziehung einen Nutzen, denn persönliche Veränderungen mitzuerleben verleiht Kraft und Energie.

Abb. 2: Das Coaching-Dreieck

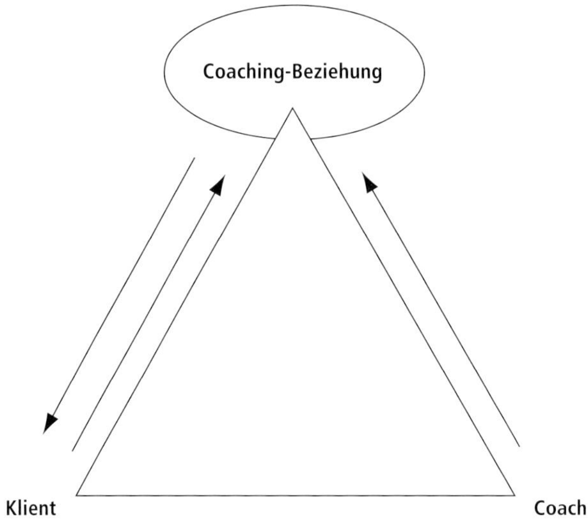

Es kann allerdings auch anstrengend sein – ein weiterer Beweis dafür, wie stark es sich emotional auswirken kann, auf so tief gehende Weise im Leben der Klienten präsent zu sein. Das Diagramm hebt die Einzigartigkeit der Beziehung hervor: dass sie von beiden Beteiligten erschaffen wird, aber völlig auf den Klienten fokussiert ist. Was der Coach auch bekommt, es ist eine Zugabe – eine Zurückstrahlung der Energie.

Tatsächlich muss der co-aktive Coach eine Verschiebung vornehmen: vom »Ich bin stark!« zum »Die Coaching-Beziehung ist stark!«. Bei einem effektiven Coaching geht es nicht darum, ein starker Coach zu sein – es geht um die Energie, die der *Klient* erlebt. Wir können uns die Coaching-Beziehung als eine Aufladestation vorstellen, wo die Klienten die Energiequelle anzapfen, die sie brauchen, um die Hürden in ihrem Leben zu nehmen. Ohne genug Energie können sie das nicht schaffen. Die Energie stammt jedoch nicht direkt vom Coach, sondern aus der Beziehung.

Die Coaching-Beziehung ist sowohl vom Klienten als auch vom Coach losgelöst, und sie ist stärker als jeder von ihnen. Sie gibt ihnen Kraft, wenn sie es allein nicht schaffen können. Wie das geschieht, ist im Fall des Klienten leichter zu erkennen, denn er steckt ja mitten im Kampf um Veränderungen. Die Beziehung kann ihm zwischen den regelmäßigen Sitzungen Kraft verleihen. Und dem Coach, der ja auch nur ein Mensch ist und daher Tage erleben wird, an denen er recht mutlos ist, ebenfalls. Zum Glück hängt die Kraft des Coachings nicht nur von dem Engagement des Coachs ab – die Beziehung selbst ist stark.

Was diese Beziehung für den Klienten so einzigartig macht, ist die wichtige Rolle, die ihm bei ihrer Gestaltung zukommt. Es ist seine Aufgabe, diejenige Beziehung zu entwickeln, die für ihn am besten funktionieren wird. Eine so große Beteiligung des Klienten an der Erschaffung der Beziehung gibt es nur beim co-aktiven Coaching, und sie ist einer der Gründe dafür, dass dieses Coaching für die Klienten effektiv ist, sodass sie Veränderungen von großer Tragweite vornehmen und aufrechterhalten können. Statt versuchen zu müssen, sich an einen von vornherein feststehenden Veränderungsprozess anzupassen, können sie die Bedingungen, durch die sie die besten Ergebnisse erzielen, selbst erschaffen.

Die Umgebung beim Coaching

Für die Durchführung des Coachings gibt es verschiedene Möglichkeiten. Am häufigsten ist das – oft 30 Minuten lange – wöchentliche Telefongespräch, bei dem der Klient den Coach anruft. Diese Gespräche verlaufen inhaltlich kompakt, sie sind effizient, praktisch, und der Wochenrhythmus sorgt dafür, dass die Beziehung nicht an Schwung verliert. Manche Coachs bevorzugen allerdings persönliche Treffen, und selbst im Cyberspace findet Coaching statt. Jedes dieser Medien hat Vorteile, aber auch Nachteile. Die Umgebung, in der das Coaching abläuft, hängt jedoch nicht vom gewählten Medium ab.

Mit Umgebung ist der Coaching-Raum gemeint, in dem die Klienten wachsen, sich ändern, fallen und wieder aufstehen können. Dass dieser Raum im Leben der Leute etwas so Ungewöhnliches ist, liegt daran, dass er ausschließlich für sie geschaffen wird. Er ist vergleichbar mit einem eigens für sie geschaffenen, maßgeschneiderten Workshop, der ganz auf ihre persönlichen Ziele fokussiert ist. Sie kommen regelmäßig an diesen Ort, und zwar zu keinem anderen Zweck, als zu wachsen und sich zu entwickeln. Der erste Schritt beim Aufbau einer effektiven Coaching-Beziehung ist also die Schaffung eines sicheren und mutigen Raums für den Klienten. Wir verwenden das Wort *mutig* hier ganz bewusst, da der Coach den Klienten zwar ermutigen kann, dieser aber in sich selbst den Mut finden muss, einschneidende Veränderungen in seinem Leben vorzunehmen. Wenn das, was er will, leicht zu erreichen wäre, würde er es ja schon längst tun und bräuchte keinen Coach und keine Coaching-Beziehung. Der dafür geschaffene Raum muss so sicher sein, dass der Klient die nötigen Risiken eingehen und mutig sein will und kann. In dieser Umgebung werden die Klienten in der Lage sein, sich ihrem Leben mit Neugier, Interesse, Kraft, Kreativität und Entscheidungsfreude zu nähern. Damit sie sicher und mutig sein kann, muss diese Umgebung bestimmte Bedingungen erfüllen.

Vertraulichkeit

Unabdingbare Grundlage der Coaching-Beziehung ist Vertraulichkeit. Klienten, die sich an einen Coach wenden, sind bereit, ihr Leben tief greifend zu verändern. Das Material, mit dem Coach und Klient dann arbeiten, ist ja das Leben des Klienten. Die Klienten werden es nur riskieren, einschneidende Veränderungen vorzunehmen, wenn sie es wagen können, ohne Einschränkungen über ihr Leben zu sprechen. Diese Offenheit ist ein ganz entscheidender Aspekt, denn sie ist notwendig dafür, dass der Klient es wagt, gemeinsam mit dem Coach zum Wesenskern seines Lebens vorzustoßen. Die Klienten werden aber auch Angst vor ihr haben, besonders am Anfang, wenn sie sich verwundbar fühlen und sich noch nicht an die Coaching-Beziehung gewöhnt haben. Daher muss der Coach den Raum, in dem der Coachingprozess stattfindet, sicher machen. Er kann ein Gefühl der Sicherheit erzeugen, indem er den Klienten immer wieder ermutigt, ihn aber nie verurteilt und seine Ehrlichkeit, seine Bemühungen und Erfolge anerkennt. Auch Vertraulichkeit ist sehr wichtig. Damit die Klienten sich ganz auf die Coaching-Beziehung einlassen können, muss ihnen Vertraulichkeit zugesichert werden. Diesen Punkt muss der Coach so früh wie möglich ansprechen – spätestens am Anfang der Intake Session. Die Vereinbarung sollte präzise und eindeutig sein: »Ohne Ihre Zustimmung werde ich, als Ihr Coach, niemandem Einzelheiten unseres Gesprächs mitteilen.«

Vertrauen

Das Vertrauen beginnt mit der Schaffung eines sicheren, vertraulichen Raums und wird dann allmählich weiter aufgebaut, indem Coach und Klient lernen, dass sie sich aufeinander verlassen können, und der Klient merkt, dass die Beziehung zu positiven Ergebnissen führt. Vertrauen entsteht durch kleine Dinge wie den Anruf zur vereinbarten Zeit, die Unterstützung bei der Erledigung von Aufgaben und das Halten von Versprechen. Für den Coach ist das genauso wichtig wie für den Klienten. Der Coach muss in seinen und durch seine Handlungen Vertrauen aufbauen. Und er muss den Klienten dafür verantwortlich machen, dass er das, was er will, tatsächlich umsetzt. Wir haben ja schon gesagt, dass das Coaching von der Voraussetzung ausgeht, dass die Klienten über die dazu notwendigen Ressourcen verfügen und in der Lage sind, sie einzusetzen. Der Coach demonstriert das, indem er sich darauf verlässt, dass die Klienten sich verantwortungsvoll verhalten. Vertrauen zu erfahren, verleiht den Klienten enorm viel Kraft. Sie sehen, dass ihr Coach wirklich auf ihrer Seite steht, dass er ihre Träume respektiert und bereit ist, um ihretwillen ehrlich und direkt zu sein. Es gibt jetzt jemanden in ihrem Leben, der uneingeschränkt daran glaubt, dass sie das tun können, was sie tun wollen, dass sie der Mensch werden können, der sie werden wollen. Dieses bedingungslose Vertrauen erzeugt eine starke Veränderungskraft.

Wahrhaftigkeit

Ein sicherer, mutiger Raum für Veränderungen muss per definitionem ein Ort sein, an dem man die Wahrheit aussprechen kann. Hier können die Klienten die ganze Wahrheit über das, was sie getan (und nicht getan) haben, erzählen, ohne sich Gedanken darüber zu machen, welche Konsequenzen dies hat. In dieser Umgebung wird nicht geurteilt. Und sie ist ein Ort, an dem der Coach vom Klienten die Wahrheit erwartet, weil sie keine anderen Folgen hat als das Wachstum des lernenden Klienten. Auch der Klient erwartet hier die Wahrheit, weil das genau die Perspektive ist, weswegen er den Coach engagiert hat. Die Klienten sind ihren Lebensumständen jedoch oft so verhaftet, so in ihre Geschichte und ihre Muster verstrickt, dass sie die Wahrheit nicht richtig sehen können. Vielleicht haben sie sich gerade aus diesem Grund für das Coaching entschieden. Sie erwarten von ihrem Coach die Scharfsichtigkeit, die das Chaos bändigt und den Nebel durchdringt. Gerade bei der Coaching-Beziehung müssen die Klienten sich darauf verlassen können, dass man ihnen Ehrlichkeit und Offenheit entgegenbringt.

Der Wille zur Wahrheit muss nicht unbedingt zu einer Konfrontation führen. Dieses Vorgehen steht aber im Gegensatz zur üblichen Vorgehensweise in traditionellen Coachingprozessen, alles stillschweigend zu akzeptieren, was der Klient äußert. Wer die Wahrheit ausspricht, ist nicht geneigt, Ausweichmanöver des Klienten hinzunehmen oder Dinge willentlich zu übersehen. Aber: Die Wahrheit zu sagen, beinhaltet keine Beurteilungen; der Coach spricht lediglich aus, was er sieht. Mit der Wahrheit hinter dem Berg zu halten, würde weder dem Klienten noch der Coaching-Beziehung nützen, denn eine wirkliche Beziehung ist nicht auf Nettigkeiten aufgebaut, sondern auf Ehrlichkeit. Wenn der Coach den Mut hat, die Wahrheit zu sagen, gibt er dem Klienten ein Beispiel für gelebte Wahrhaftigkeit. Und dadurch entsteht noch mehr Vertrauen zwischen Coach und Klient.

Geistige Weite

Eine der Voraussetzungen, die notwendig ist, damit die Beziehung zwischen Coach und Klient funktioniert, ist ihre allumfassende Weite, die sich eher auf einen geistigen Raum bezieht als auf einen tatsächlich vorhandenen. Zum einen wird in der Coaching-Beziehung das ganze Leben des Klienten zum Thema. Zum anderen finden die Gespräche in einem Raum ohne Urteile und Vorschriften statt, an einem Ort, der für Veränderungen und weit reichende Möglichkeiten offen ist, wo die Klienten atmen, experimentieren, träumen und sich Fantasien hingeben können. Das ist eine andere Welt, eine von ihren gegenwärtigen Beschränkungen weit entfernte Galaxie. In diesem Raum können sie ihrem Ärger und ihrer Wut, ihren Problemen und Kränkungen Luft machen. Hier werden Misserfolge als Bausteine des Lernens anerkannt, hier gibt es nichts Absolutes und nur wenige Regeln.

Für den Coach bedeutet jene Weite auch, dass ihn die konkreten Handlungen des Klienten und die Ergebnisse, die dieser erreicht, nicht interessieren. Wichtig sind ihm der Klient, seine Agenda, seine Gesundheit und sein Wachstum, nicht jedoch der Weg, den der Klient einschlägt, um dorthin zu gelangen, die Geschwindigkeit der Reise oder die eventuellen Umwege – vorausgesetzt, der Klient bewegt sich weiterhin auf die Ergebnisse zu, die er erreichen will. Der entscheidende Punkt beim Coaching ist nicht, was der Coach dem Klienten gibt, sondern wie der Klient die Möglichkeiten zum Handeln und Lernen nutzt. Natürlich kann der Coach Vorschläge machen, wie der Klient die gewünschten Ergebnisse erreichen kann; Brainstorming gehört zum Coaching und ist eine wertvolle Ergänzung des Gesprächs. Die Beziehung kann jedoch nur dann in einem umfassenden, immateriellen Sinne weit und geräumig sein, wenn es dem Coach nicht wichtig ist, dass der Klient seine Vorschläge annimmt und es »richtig« macht. Der Klient macht es auf jeden Fall richtig. Paradoxerweise erwartet der Coach von seinen Klienten oft mehr, als diese sich zu erträumen wagen, doch sie erhalten auch dann seine bedingungslose Unterstützung, wenn sie sich für weniger entscheiden. In dieser Beziehung ist also wirklich viel Platz!

Die fünf Aspekte der Intake Session

Im Mittelpunkt der Intake Session, der Kennenlernsitzung, steht eindeutig die Gestaltung der Allianz. Hier erfahren die meisten Klienten, was sie vom Coaching zu erwarten haben. Und sie klären, wo sie sind, wohin sie gehen, welche Stärken sie dafür benutzen wollen und welche Hindernisse ihnen im Weg stehen.

Bei der Intake Session befasst der Coach sich meist mit den folgenden fünf Bereichen, allerdings nicht unbedingt in dieser Reihenfolge:

- Zustimmung
- Entdeckung
- Bild von der Zukunft
- praktischer Ablauf
- Ausstattung des Klienten mit den nötigen Tools

Die Reihenfolge steht im Ermessen des Coachs und hängt oft davon ab, wie sich das Gespräch bei der Intake Session entwickelt. Manche Klienten brennen darauf, zuerst die praktische Seite zu behandeln, andere wollen lieber zunächst ihre Ziele und Verpflichtungen für die Zukunft angeben. In Abbildung 3 werden die fünf Elemente der Intake Session dargestellt.

Abb. 3: Die fünf Elemente der Intake Session

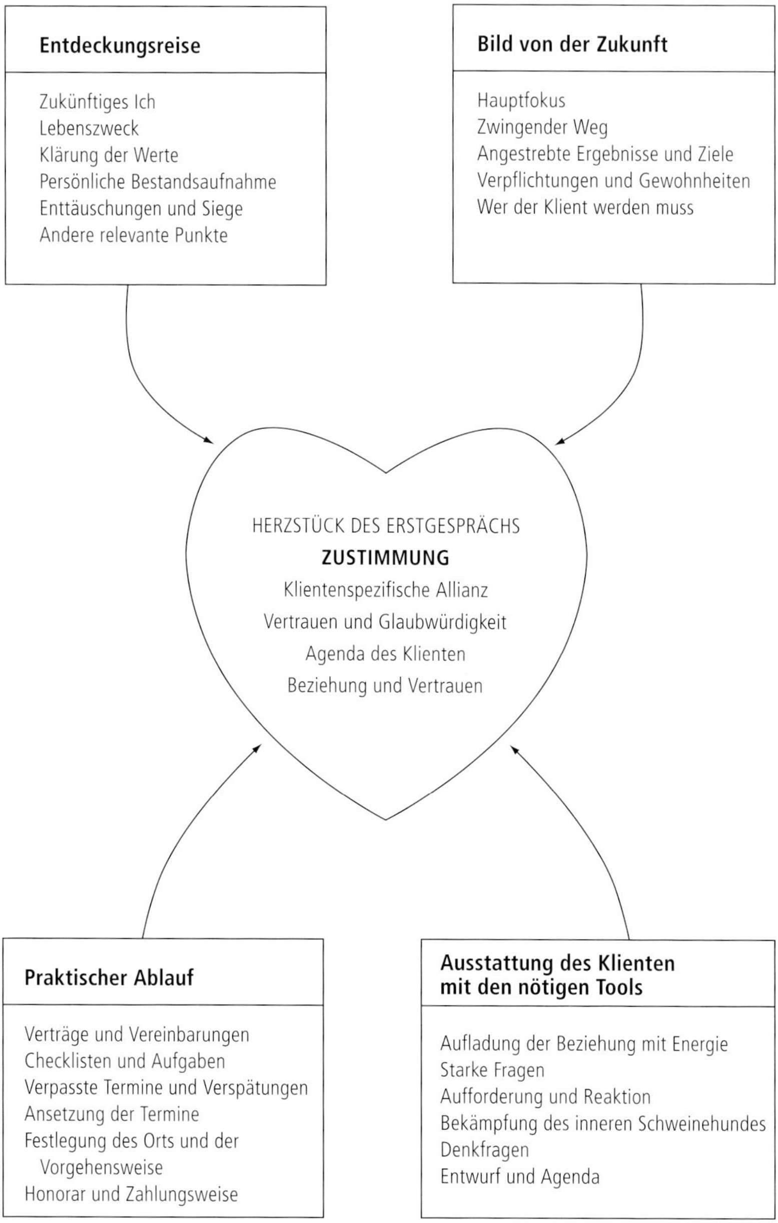

Zustimmung

Die Einzigartigkeit der Coaching-Beziehung beruht nicht zuletzt darauf, dass der Coach den Klienten um seine Zustimmung bittet. Deshalb bildet dieses Element das Herzstück des Intake-Diagramms in Abbildung 3. Dass der Klient seine Zustimmung geben muss, ist ein ausgezeichnetes Beispiel für die Berücksichtigung der Tatsache, dass das Coaching einzig und allein stattfindet, um den Bedürfnissen des Klienten gerecht zu werden. Die Bitte um Zustimmung ist allerdings nicht immer nötig; erfahrene Coachs wissen, wann sie die Zustimmung des Klienten einholen müssen. Dieses Tool sollte vor allem eingesetzt werden, wenn der Coach einen Bereich erforschen möchte, der für den Klienten eine besondere Herausforderung darstellt oder bei dessen Behandlung er besonders empfindlich reagiert. Der Coach könnte seinen Klienten beispielsweise fragen: »Darf ich Ihnen sagen, was ich denke? Ja? Ich glaube, dass Sie sich etwas vormachen.« Oder: »Können wir über Alternativen nachdenken?« Er muss immer bereit sein, ein »Nein« als Antwort zu akzeptieren.

Entdeckungsreise

Die Entdeckungsreise konzentriert sich darauf, herauszufinden, wo der Klient heute steht und wie er dorthin gekommen ist. Was macht den Klienten aus? Was treibt ihn an? Was behindert ihn? Bei diesem Aspekt der Intake Session kann es um den Lebenszweck oder die Mission des Klienten gehen, um seine Werte, Prinzipien oder persönlichen Überzeugungen. Für den Entdeckungsprozess gibt es keine »richtige« Vorgehensweise. Gewöhnlich benutzt der Coach ein Tool wie das Lebensrad (Abbildung 4; zur Verwendung von Tools für die Entdeckungsreise siehe die »Tools für den Coach«), um sich einen Gesamteindruck davon zu verschaffen, wie zufrieden der Klient in seinen verschiedenen Lebensbereichen ist.

Um eine Vorstellung davon zu bekommen, wo der Klient bereits einen hohen Grad an Zufriedenheit erreicht hat und welche Strategien er für den Umgang mit Rückschlägen und Misserfolgen benutzt, kann der Coach mit ihm über frühere Enttäuschungen und Erfolge sprechen. Oft bringt der Klient noch andere Erfahrungen oder Aspekte seines persönlichen Hintergrunds in den Entdeckungsprozess ein, die

Abb. 4: Das Lebensrad

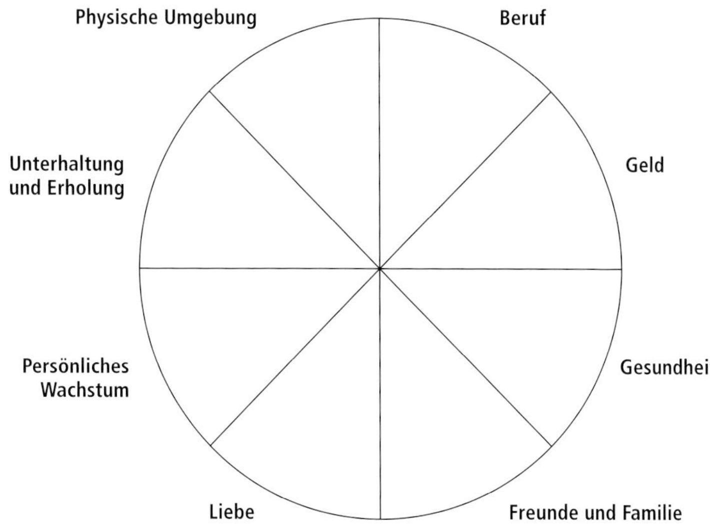

für die weitere Zusammenarbeit wichtig sind. Für den Coach beginnt hier der Prozess, den Klienten wirklich kennen zu lernen: die hellen Stellen wie die dunklen, die effektiven wie die nicht so effektiven.

Der Coach kann Übungen oder Tools zur Beurteilung einsetzen, doch im Herzen des Entdeckungsprozesses stehen einfache, starke Fragen: »Wo in Ihrem Leben wollen Sie Veränderungen vornehmen?«, »Was ist Ihnen bei Ihren Beziehungen zu anderen am wichtigsten?«, »Was funktioniert bei Ihnen, wenn es Ihnen gelingt, Veränderungen vorzunehmen?«, »Wo sehen Sie Hindernisse?«, »Was motiviert Sie, wenn Sie feststecken?«, »Wie gehen Sie mit Erfolgen und Misserfolgen um?«, »Wie weit tun Sie das, was Sie tun wollen, tatsächlich?«. Durch die Antworten auf solche Fragen kann der Coach den Klienten wirklich verstehen lernen, und auch der Klient lernt sich selbst besser kennen.

Die Antworten geben auch sehr deutliche Hinweise für die Gestaltung einer möglichst effektiven Coaching-Beziehung. So zeigt die Antwort auf die Frage »Wo sehen Sie Hindernisse?«, wo sich der Klient in der Regel in eine Sackgasse hineinmanövriert. Die nächste Frage könnte dann lauten: »Wie soll ich, als Ihr Coach, reagieren, wenn Sie feststecken?«. Fragen, durch die der Klient dazu gebracht wird, die Rolle des Coachs zu definieren, ziehen sich durch die ganze Intake Session und die Coaching-Beziehung; sie erinnern den Klienten immer wieder an seine Verantwortlichkeit bei der Gestaltung der Allianz.

Bild von der Zukunft

Im Mittelpunkt der Intake Session steht zudem die Frage, aus welchem Grund der Klient sich primär für ein Coaching entschieden hat. Der Coach muss den Klienten dazu bringen, ihm zu beschreiben, was in seinem Leben anders werden soll. Damit die angestrebten Veränderungen Wirklichkeit werden können, muss der Klient Ziele erreichen, Verpflichtungen einhalten, seine Gewohnheiten ändern und eine Lebensvision haben. Der Coach erforscht, wer der Klient werden muss, um sich eine neue Zukunft erschaffen zu können. Dafür gibt es verschiedene Möglichkeiten.

Hauptfokus: Wahrscheinlich wird der Klient bei der Intake Session zahlreiche Hinweise darauf geben, in welche Richtung sich das Coaching entwickeln sollte. Der Entschluss, Veränderungen vorzunehmen, führt nicht selten zu einer beinahe rauschhaften Euphorie und dem Drang, alles, was er sich wünscht und womit er nicht zufrieden ist, sofort und gleichzeitig in die Coaching-Beziehung einzubringen. Die Erfolgschancen sind aber besser, wenn der Coach alle Möglichkeiten mit dem Klienten durchgehen kann und sich beide für vier oder fünf Veränderungsaspekte entscheiden. Es kann sehr hilfreich sein, diese Aspekte auf einem Blatt Papier aufzulisten. Die Notizen stellen gleichsam einen Masterplan dar; er legt fest, was wichtig ist, und hilft dem Klienten, wieder auf den richtigen Kurs zurückzukehren, wenn er durch unerwartete Ereignisse seine Ziele aus den Augen verliert. Außerdem kann es enorm befriedigend sein, mithilfe der Notizen zu zeigen, welche Erfolge der Klient beim Umgang mit den wichtigsten Punkten in seinem Leben bereits hatte. Natürlich werden im Laufe der Zeit manche Punkte aus dieser Liste herausfallen, weil sie abgeschlossen wurden oder an Bedeutung verloren haben, und andere werden hinzukommen. Ein typisches Arbeitsblatt zur Festlegung des Hauptfokus finden Sie in den »Tools für den Coach« im Anhang des Buches.

Angestrebte Ergebnisse und Ziele: Die Klienten kommen mit dem Wunsch nach Veränderungen zum Coaching. Das gewünschte Ergebnis kann glasklar oder auch sehr verschwommen sein – es ist den Klienten jedenfalls noch nicht gelungen, es zu erreichen, und deshalb wird es oft Gegenstand des Coachings. Manchmal besteht das angestrebte Ergebnis aus einem konkreten Ziel, manchmal wollen die Klienten einen bestimmten Seinszustand wie »im Gleichgewicht sein«, »bei der Arbeit glücklich sein« oder »erfülltes Familienleben« erreichen. Die Intake Session befasst sich damit, die gewünschten Ergebnisse zu klären und – was häufig nötig ist – aus den allgemein gehaltenen Wünschen spezifische Ziele abzuleiten: Was soll passieren? Bis wann? Und woher wird der Klient wissen, dass er sein Ziel erreicht hat? Coach und Klient arbeiten gemeinsam daran, die Ziele zu klären und Strategien für ihre Erreichung auszuwählen. Obwohl die Zielsetzung als wichtiger Aspekt des Coachings erscheinen könnte, gibt es Klienten, die kaum spezifische Ziele angeben. Sie identifizieren lieber allgemeine Bereiche, die beim Coaching bearbeitet werden sollen. Vorausgesetzt, der Klient kann die Fortschritte erkennen, kann das Coaching auch ohne spezifische Ziele effektiv im Sinne der Bedürfniserfüllung des Klienten sein.

Ein zwingender Weg: Was treibt uns voran? Das können Termine, Erwartungen und Aufgabenlisten sein; der Wunsch nach Geld oder Erfolg; Versprechen, die wir gemacht haben … Es kann aber auch die Anziehungskraft eines »zwingenden Weges« sein. Diese Anziehungskraft kann dazu führen, dass wir die Kraft gewinnen, uns aus den Fesseln der Lethargie und der Angst befreien zu können. Der zwingende Weg – die Vorstellung, dass uns etwas dazu *zieht*, Dinge zu tun – setzt oft ungeahnte Kräfte frei und verleiht unseren Handlungen neue Energie. Die gegenwärtige berufliche Tätigkeit Ihres Klienten mag Lichtjahre von seinem Ideal – der Tätigkeit, die er eines Tages haben und die wirklich seinem Lebenszweck gerecht wird – entfernt sein. Im Augenblick kämpft er noch darum, ein klares Bild davon zu bekommen, wie diese ideale Tätigkeit aussieht. Trotzdem kann seine Arbeit ihn schon heute ausfüllen. Er muss sich nun seine gegenwärtige Situation ansehen und überlegen, wie diese ideale berufliche Tätigkeit konkret ausschaut. Letztendlich fragt der Coach: »Was würde diese Tätigkeit so anziehend machen, dass Sie richtig gern zur Arbeit gehen?« Wie würde der zwingende Weg aussehen? Die Klienten können diesen Weg beispielsweise finden, indem sie ihn an ihre Werte oder an ihre Vision von einem erfüllenden Leben koppeln. Falls es also zur Vision eines Klienten gehört, mehr Zeit für seine Familie zu haben, sollte eine Möglichkeit gefunden werden, die es ihm erlaubt, seine Arbeit mit einem erfüllten Familienleben in Einklang zu bringen. Und selbst wenn er sich dann für eine Arbeit entscheidet, die seinen Vorstellungen nicht vollkommen entspricht: Wichtig ist, dass sie es ihm erlaubt, genügend Zeit mit seiner Familie zu verbringen. Und falls das Lernen ein wichtiger Wert für ihn ist, sollte dieser Wert so in die derzeitige Arbeit des Klienten integriert werden, dass er sich trotz seiner beruflichen Tätigkeit ständig weiterbilden kann.

Verpflichtungen und Gewohnheiten: Zwischen Zielen und Verpflichtungen besteht ein grundlegender Unterschied: Ein Ziel ist das äußerliche, sichtbare Ergebnis; eine Verpflichtung dagegen ist der innere Antrieb, der hilft, das Ziel auch zu erreichen. Die Frage »Wodurch werden Sie angetrieben?« bringt den Klienten eher dazu, über sich nachzudenken, als die Frage »Was ist Ihr Ziel?«. Manchmal muss man seinen inneren Antrieb verstehen lernen, bevor Ziele gesetzt werden können. In anderen Fällen führt die Klärung der Verpflichtung zu einer Änderung der Ziele.

Tägliche oder wöchentliche Gewohnheiten sind von Bedeutung, weil sie auf einen größeren Zusammenhang hinweisen: Sie zeigen oft an, was dem Klienten wirklich wichtig im Leben ist. Solange man sie nicht in diesem Kontext betrachtet, sind Gewohnheiten eigentlich nur lästige Punkte auf einer endlosen Liste noch nicht erledigter Aufgaben – kaum sind sie bearbeitet, stellen sie sich wieder aufs Neue. Wer jeden Tag seinen Schreibtisch aufräumen will, scheint großen Wert auf ein geordnetes und planbares Leben zu legen.

Wer der Klient werden muss: Die klassische Definition des Wahnsinns lautet: die Dinge weiter so machen wie bisher, aber andere Ergebnisse erwarten. Die Wahrheit ist: Wenn sich nichts ändert, ändert sich nichts. Eine äußerliche Veränderung hat ihre Wurzel stets in einem inneren Veränderungsprozess. Damit die Zukunft anders wird als die Vergangenheit, muss der Klient sich innerlich ändern. Durch den Prozess des Lernens und der Veränderung gewinnen die Klienten Kraft und setzen brachliegende Ressourcen frei, sie finden Stärken in sich, von denen sie bis dahin gar nichts wussten. Um die von ihnen angestrebten Ergebnisse zu erreichen, müssen sie aber wahrscheinlich ihre Einstellungen, Paradigmen oder Grundüberzeugungen ändern. Solche inneren Veränderungen vornehmen zu müssen, kann Angst einflößen; wenn es leicht wäre, hätte der Klient es ja schon längst gemacht. Am Anfang der Coaching-Beziehung ist es besonders wichtig herauszufinden, wer der Klient werden muss.

Praktischer Ablauf

Bei der Intake Session sollten bestimmte Grundregeln und Verfahrensweisen abgesprochen werden: die Ansetzung der Termine; was passiert, wenn der Klient sich verspätet oder gar nicht kommt beziehungsweise lediglich anruft; wann und wie er zahlt; welche Aktivitäten er zwischen den Terminen angehen soll; wie er mit den Aufforderungen des Coachs umgehen soll. Bei dieser Gelegenheit kann der Coach sich mit dem Klienten auch die Arbeitsblätter und Checklisten ansehen, die für den Klienten von Interesse sein könnten (siehe die »Tools für den Coach« im Anhang des Buches).

Je besser der Coach vorbereitet ist und je offener er spricht, desto glaubwürdiger wird er in der Beziehung sein. Die Botschaft, die der Klient empfangen sollte, lautet: »Dieser Coach weiß, was er tut. Er ist professionell, erfahren und zuverlässig. Auf diese Beziehung kann ich mich verlassen.«

Ausstattung des Klienten mit den nötigen Tools

Die Intake Session ist auch der geeignete Zeitpunkt, um den Klienten über die einzigartigen Tools des Coachings zu informieren, damit er weiß, was er erwarten kann. Die Coaching-Beziehung unterscheidet sich von anderen Beziehungen. Das wird der Klient zwar im Laufe der Zeit selbst merken, doch es ist einfacher, ihn gleich am Anfang auf die Unterschiede hinzuweisen. So wird es vorkommen, dass der Coach den Klienten mitten in seiner Geschichte durch eine pointierte Frage unterbricht. Bei »normalen« Gesprächen würde man das als sehr unhöflich betrachten, doch es ist ein wichtiger Aspekt des Coaching-Gesprächs, durch Fragen das Gespräch voranzutreiben. Durch solche Fragen will der Coach nämlich zum Kern der Dinge vorstoßen. Wenn die Klienten das verstehen und damit rechnen, beantworten sie die Frage einfach, ohne über die Unterbrechung verärgert zu sein.

Eine andere besondere Coaching-Technik sind die Aufforderungen. Manchmal fordert der Coach den Klienten an irgendeinem Punkt des Gesprächs zu bestimmten Handlungen auf – zum Beispiel: »Ich fordere Sie auf, bis Freitag zwölf Anrufe bei Neukunden zu machen.« Das ist kein Ultimatum, sondern eine Aufforderung. Und wie bei allen Aufforderungen des Coachs hat der Klient mindestens drei Antwortmöglichkeiten: »Ja, das mache ich«, »Nein, das mache ich nicht« oder »Hier ist mein Gegenangebot«. Die Antwort könnte aber auch lauten: »Das muss ich mir erst noch überlegen. Ich gebe Ihnen Mittwoch Bescheid.« Der Coach sollte den Klienten darauf vorbereiten, dass die Aufforderungen ihm vielleicht nicht immer passen werden, und ihm sagen, dass er sie dann nicht einfach ablehnen, sondern über ein Gegenangebot nachdenken solle. Andererseits muss der Coach bereit sein, ein »Nein« des Klienten zu akzeptieren; ansonsten würde es sich ja gar nicht um eine Aufforderung handeln, sondern um einen Befehl. Aufforderungen sind eine sehr wirkungsvolle Technik; der Klient sollte lernen, auch selbst Aufforderungen an sich zu richten.

Zu diesem Zeitpunkt sollte auch darüber gesprochen werden, dass der Klient der Beziehung Energie verleihen muss und dass die Allianz zwischen Coach und Klient langfristig ausgerichtet sein sollte. Außerdem könnte der Coach dem Klienten erklären, was er bei den Aufgaben (auch »Feldarbeit« genannt) zwischen den Terminen zu erwarten hat und welche Rolle die Denkfragen – als offene Fragen, über die der Klient eine Zeit lang nachdenkt – im Coachingprozess spielen.

Der Coach wird auch über den Umgang des Klienten mit Misserfolgen sprechen. Den Klienten auf Misserfolge vorzubereiten, ist am Anfang eine seiner wichtigsten Aufgaben. Der Klient, der sich ja für ein Coaching und für Veränderungen entschieden hat, hat viel in den Erfolg investiert. Wenn er dann den ersten Misserfolg oder die erste Enttäuschung erlebt, wenn er zum ersten Mal ein Ziel nicht erreicht, könnte er vermuten, dass das Coaching nicht zu den angestrebten Ergebnissen führt. Der Coach muss ihn auf diesen Augenblick vorbereiten und ihm vermitteln, dass er aus Misserfolgen genauso viel lernen kann wie aus Erfolgen – oft sogar mehr, weil ein Misserfolg ein Ereignis ist, das ihn sehr berührt. Die meisten Klienten gestehen Misserfolge nicht gern ein, doch der angemessene Umgang mit Misserfolgen ist wichtig für das Coaching, und die Klienten müssen dies früh erkennen.

Die Intake Session ist auch ein guter Zeitpunkt, um darüber zu sprechen, was der Klient im Laufe der Coaching-Beziehung zu erwarten hat: Höhen und Tiefen, Perioden großer Erkenntnisse, Ereignisse, die sich förmlich überschlagen, dann wieder Wellentäler, Flauten ... Die meisten Klienten erleben zwischen der dritten und achten Woche des Coachings einen Durchhänger, weil die Veränderungen nicht schnell genug erfolgen oder die Anfangseuphorie verflogen ist. Dem Klienten wird dann klar, dass es etwas ganz anderes ist, über Handlungen zu sprechen, als tatsächlich zu handeln. Dass für Coaching-Beziehungen üblicherweise eine Dauer von mindestens drei Monaten vereinbart wird, liegt nicht zuletzt daran, dass es dem Klienten ermöglicht werden soll, diesen Durchhänger zu überwinden.

Bekämpfung des inneren Schweinehundes

Der Durchhänger kann auch durch die Sabotagearbeit des inneren Schweinehundes des Klienten bedingt sein – jener inneren Stimme, die Veränderungen verabscheut und das Festhalten am Ist-Zustand verlangt, die sagt: »Das ist dumm, oder zu riskant, oder du bist noch nicht so weit, oder dafür bist du nicht geeignet ...« Sie kennen diese Stimme wahrscheinlich aus eigener Erfahrung. Sobald der innere Schweinehund merkt, dass eine wichtige Veränderung im Leben ansteht, zeigt er sich und bringt unzählige Gründe dafür vor, dass dieser Veränderungsprozess nicht voranschreiten darf. Darauf muss der Coach den Klienten schon bei der Intake Session hinweisen, damit er sich davor schützen kann.

Der innere Schweinehund ist nicht etwa gemein, er hat keine bösen Absichten – er will einfach nur den gegenwärtigen Zustand bewahren. Eine ähnliche Stimme hat uns schon oft davon abgehalten, dumme oder gefährliche Dinge zu tun. Das Problem ist, dass der innere Schweinehund gerade dann, wenn die Leute Risiken eingehen und Veränderungen vornehmen *müssen,* unversehens auftaucht. Und da die Klienten zu Ihnen kommen, damit Sie ihnen bei der Bewältigung *wichtiger* Veränderungen in ihrem Leben helfen, wird dem Klienten und Ihnen der innere Schweinehund immer wieder begegnen.

Der innere Schweinehund benutzt stets die gleichen Argumente: »Ich bin nicht stark genug ... Ich brauche das doch gar nicht ... Es wird niemandem gefallen, wenn ich das mache … Allein kann ich es nicht schaffen … Ich kenne die Antworten nicht … Ich habe nicht das Talent/die Erfahrung/das, was Sie verlangen …« Es gibt unendlich viele Möglichkeiten, die der innere Schweinehund nutzt, um sich bemerkbar zu machen. Immer, wenn der Klient Handlungen ins Auge fasst, die auch nur mit dem geringsten Risiko behaftet sind, ertönen die vertrauten Argumente seines inneren Schweinehunds: »Was habe ich mir da nur gedacht? Das ist dumm! Es ist zu gefährlich, und ich könnte dabei verletzt werden … Was werden Sie von mir denken? Ich habe mich schon viel zu weit vorgewagt!«

Meistens hat der innere Schweinehund Angst. Besonders beängstigend ist es aber, wenn er anfängt, beinahe vernünftig zu klingen: »Ich werde produktiver sein, wenn ich bis Montag warte … Schließlich muss ich mir ja meinen Lebensunterhalt verdienen … Ich sollte noch einmal darüber nachdenken – es ist nicht nötig, die Dinge zu überstürzen.« Unser innerer Schweinehund ist immer da und weist uns auf unsere Schwächen, unsere Ängste und unsere Misserfolge hin – um uns in den Urteilen, durch die wir uns selbst Grenzen setzen, zu bestärken. Er ist da, um uns zurück- und niederzuhalten.

Da der innere Schweinehund so hartnäckig und kreativ ist und sich so schlecht fassen lässt, müssen Coach und Klient sich schon in der ersten Sitzung mit ihm beschäftigen. Sie müssen gleich von Anfang an über die Verhaltensweisen sprechen, die zur Selbstsabotage führen. Obwohl der innere Schweinehund durchaus ernst zu nehmen ist, lässt sich das Thema am besten behandeln, wenn Sie in der Intake Session mit Humor und Mitgefühl darüber reden. Geht man es zu technisch oder zu psychologisch an, reagieren die Klienten oft mit Widerstand.

Der entscheidende Punkt ist: Unser innerer Schweinehund schert sich nicht darum, ob wir unseren Werten treu bleiben. Er will das, was er will, sofort haben. Unsere Werte sind ihm nur dann wichtig, wenn wir ihnen nicht auf die Weise treu bleiben, wie wir es uns vorgenommen haben. Dann sagt er nämlich: »Siehst du, du hast kein Rückgrat. Du kannst nicht durchhalten. Gib's doch einfach auf!« Denken Sie daran, dass der innere Schweinehund uns unser ganzes Leben lang begleitet; wir können ihn nicht endgültig loswerden. Deshalb ist es so wichtig, dass Coach und Klient ein Gespür dafür entwickeln, wenn er sich zeigt. Das ist der erste Schritt zur Befreiung.

Machen Sie sich nichts vor – es ist nicht möglich, den inneren Schweinehund des Klienten zu coachen. Er ist einfach zu schlau, zu schnell und hat zu viel Erfahrung bei diesen Spielchen, als dass er sich durch Coaching-Fragen außer Gefecht setzen ließe. Ignorieren darf man ihn aber auch nicht, denn von selbst wird er nicht – zumindest zeitweise – verschwinden. Eine der besten Strategien besteht darin, ihn zur Kenntnis zu nehmen und beim Namen zu nennen. Wenn man ihn aus dem Schatten holt, beginnt er nämlich, seine Macht zu verlieren. Ist er erst einmal erkannt, verliert er an Stärke.

Es ist jedoch möglich, den Klienten zu coachen und *seinen inneren Schweinehund dabei außen vor zu lassen und zu umgehen*. Stellen Sie sich folgende Situation vor: Sie und Ihr Klient haben sich seit Wochen auf einen wichtigen Schritt konzentriert – der Klient muss mit einem Angestellten sprechen, dessen Leistung zu wünschen übrig lässt. Genau in dem Augenblick, als der Klient im Begriff ist, diese neue Handlungsrichtung einzuschlagen, sagt er: »Ich bin noch nicht so weit«, »Das kann ich nicht machen!« oder »Ich muss erst noch viel stärker werden!«. An diesem Punkt können Sie die Einflüsterungen seines inneren Schweinehunds umgehen, indem Sie die ursprüngliche Vision des Klienten stärken: »Denken Sie an Ihre Begeisterung, Ihre Verpflichtung, Ihre Berufung! Verlassen Sie sich auf Ihre Leidenschaft dafür! Sie sind schon auf dem richtigen Weg.« Sie können dem inneren Schweinehund aber auch direkt entgegentreten: »Spricht da Ihr innerer Schweinehund? Hallo, Schweinehund! Dich hat niemand gerufen! Willst du wieder eine deiner altbekannten Botschaften loswerden? Das hatten wir doch schon – vielen Dank!«

Ergebnisse der Intake Session

Genauso wichtig wie die Ergebnisse der Intake Session – Zielsetzung, Besprechung der praktischen Seite, sich kennen lernen, Klärung der Erwartungen – ist das Interaktionsmodell, das der Klient dabei erlebt. Er erfährt, was es bedeutet, ein gleichwertiger Partner zu sein. Er erkennt, dass der Coach ihn für kompetent hält und überzeugt ist, dass er über große Ressourcen verfügt und eigene Lösungen erarbeiten kann. Und dass der Coach bereit ist, ihm zu helfen, der zu werden, der er sein will. Dass der Coach ihm so viel Vertrauen entgegenbringt, verleiht dem Klienten Kraft. Leider kommt es aber nur selten dazu: Allzu oft steht der Klient am Ende der Intake Session bei traditionellen Coachings mit einer enormen Verantwortung da – gegenüber sich selbst und den Ergebnissen, die das Coaching liefern kann. In den Coachings, die wir durchführen, beschäftigt sich der Coach jedoch intensiv mit der Entdeckung der Ziele und Träume des Klienten, er ermutigt ihn zum eigenständigen Handeln und hilft ihm, seine Vision zu verwirklichen.

Für die Intake Session gibt es keine feste Verfahrensweise. Vorausgesetzt, dass – spätestens in den ersten Coaching-Sitzungen – die fünf genannten Hauptaspekte abgedeckt werden, ist der Prozess vollständig. In diesem Kapitel haben wir die Elemente des Intake-Prozesses besprochen, aber keinen bestimmten Coaching-Stil vorgeschrieben. Klient und Coach ist am besten gedient, wenn der Coach seinen eigenen Coaching-Stil und -Prozess entwickelt; dazu gehört auch, dass die Gestaltung der Intake Session auf seine Talente und Vorlieben zugeschnitten wird.

Die Intake Session ist das Fundament für die Coaching-Beziehung. Dort erlebt der Klient die auf ihn zugeschnittene Allianz zum ersten Mal, dort beginnt das Coaching. Die Klienten merken, dass sie bei der Coaching-Beziehung Partner sind, die Verantwortung tragen, und dass sie für ihr Leben voll verantwortlich sind. In der Intake Session erfahren sie, dass der Coach zwar auf ihrer Seite steht und sich für ihre Lösungen einsetzt, dass sie aber selbst dafür verantwortlich sind, das Leben, das sie wollen, zu erschaffen. Nur dann können sie die Ergebnisse später für sich beanspruchen.

Die Klienten entscheiden sich für das Coaching, weil sie bessere oder durch sie allein nicht erreichbare Ergebnisse bewirken wollen; sie sagen, dass sie eine einschneidende Veränderung in ihrem Leben vornehmen wollen. Wenn das wirklich stimmt, steht sehr viel auf dem Spiel. Deshalb ist es so wichtig, dass die Klienten begreifen, was bei der Allianz passieren wird und was nötig ist, um die angestrebten Veränderungen zu erreichen. Das kann aufregend und inspirierend sein und ihnen Kraft verleihen. Es wird aber nicht einfach sein. Der Coach setzt sich dafür ein, dass der Klient seine Ziele erreicht, und das bedeutet, dass er den Klienten herausfordert, anfeuert, motiviert, ermutigt und manchmal verlangt, dass er stark ist. Das Coaching ist kein Plauderstündchen, sondern es stößt zum Kern der Sache vor. Es stellt Fragen und fordert eine Verpflichtung, durch die sich das Leben des Klienten verändern wird.

Das Coaching läuft in einer Umgebung ab, in der die Klienten bereit sind, Zeit, Geld und Energie zu investieren und sich ganz einzubringen. Schon durch den Entschluss des Klienten, sich auf ein so großes Spiel einzulassen, ist Ihr volles Engagement im Coachingprozess gerechtfertigt. Wenn die Klienten das Coaching-Spielfeld betreten, überschreiten sie die Schwelle zu einer neuen Welt voller Möglichkeiten und Herausforderungen. Sie wissen, dass der Coach sich dort ganz für sie und ihr Bestreben, sich ein reiches, erfülltes Leben zu erschaffen, einsetzt.

TEIL 2

Techniken für das co-aktive Coaching

Die Anwendung der Coaching-Techniken lässt sich am besten verstehen, wenn man sie im Rahmen der fünf Coaching-Kontexte betrachtet:

- Zuhören
- Intuition
- Neugier
- Handeln / Lernen
- Selbstmanagement

In den folgenden Kapiteln finden Sie ausführliche Erläuterungen zu diesen fünf Kontexten und zu den spezifischen Techniken. Außerdem enthält jedes Kapitel Gespräche aus der Praxis, um die Anwendung der Techniken zu verdeutlichen, sowie entsprechende Übungen.

KAPITEL 3
Zuhören

Dass uns jemand zuhört, ist eine beeindruckende Erfahrung – nicht zuletzt, weil es so selten vorkommt. Wenn jemand ganz bei uns ist, sich zu uns neigt, sich für jedes einzelne Wort interessiert und Empathie zeigt – wenn wir wissen, dass uns jemand zuhört –, wachsen wir und entwickeln mehr Präsenz, wir fühlen uns sicherer und geborgener und können dem anderen vertrauen. Sie sehen also, dass das Zuhören beim Coaching ganz wichtig ist – und deshalb besprechen wir diesen Kontext zuerst.

Das Zuhören ist eine Begabung, über die wir im Prinzip alle verfügen. Leute, die Coach werden, sind meistens begnadete Zuhörer. Das Zuhören ist aber auch eine Technik, die man üben und entwickeln kann. Wirklich gute Coachs haben diese Gabe sehr weit entwickelt und benutzen sie mit der gleichen unbewussten Eleganz und Selbstverständlichkeit wie Musiker beim Musizieren.

Die meisten Leute hören nur auf einer Ebene zu, die nicht besonders tief reicht. Für ihre täglichen Verrichtungen genügt ein sehr niedriges Niveau – so, wie die meisten von uns auch bei der körperlichen Fitness nur ein durchschnittliches Niveau erreichen: Da wir keine Spitzensportler sind, brauchen wir keine Muskelpakete. Unser übliches Zuhören ist primär auf die Worte ausgerichtet – auf das, was *der andere* gesagt hat und was *wir* gesagt haben. Denken Sie nur an all die Auseinandersetzungen, die Sie selbst schon über den genauen Wortlaut einer Äußerung geführt haben: »Nein, das hast du *nicht* gesagt …«, »Das habe ich aber so gemeint …«, »Gesagt hast du das aber *nicht!*« Es kommt auch vor, dass wir die Worte hören und sie dann von dem Gespräch abkoppeln, indem wir sie innerlich verarbeiten. Wir fangen an, darüber nachzudenken, was wir als Nächstes sagen wollen; wir suchen nach einer vergleichbaren oder noch dramatischeren Geschichte: »Wenn Sie *das* aufregend finden, will ich Ihnen von … erzählen.« Wir verstricken uns in unseren eigenen Gefühlen, wir hören nur auf einer oberflächlichen Ebene zu – und gleichzeitig beurteilen wir das Gehörte.

Die meisten von uns würden wohl sagen, unsere Freunde seien im Allgemeinen gute Zuhörer, weil sie bereit sind, nicht vorschnell über uns zu urteilen, und uns manchmal sogar schweigend zuhören. Trotzdem passiert es – wenn wir eigentlich nur wollen, dass man uns *zuhört* – immer wieder, dass unsere Familie, unsere Freunde und Kollegen nicht nur zuhören, sondern das Problem (mit den allerbesten Absichten), das uns beschäftigt, gleich auch lösen oder sich um unsere Gefühlslage kümmern wollen. Wer jedoch ein wirklich effektiver Coach sein will, muss sich zunächst einmal ganz und gar auf das aufmerksame Zuhören an sich beschränken, er muss sich ganz auf den Klienten einstellen und aus dem Prozess des Zuhörens heraus eine Interaktion mit dem Klienten entwickeln. »Interaktion« ist hier das richtige Wort, weil das Zuhören nicht nur ein passives Aufnehmen der Worte umfasst, sondern auch Handlungen impliziert.

Aufmerksamkeit und Wirkungen

Beim Coaching hat das Zuhören zwei Aspekte. Der eine besteht aus unserer Aufmerksamkeit und vollen Konzentration – gemeint ist das Aufnehmen von Informationen durch das, was wir mit unseren Ohren hören, aber auch ein Zuhören mit allen unseren Sinnen und mit unserer Intuition. Wir hören, sehen und erfahren Laute, Worte, Bilder, Gefühle, Energie. Wir achten auf alle Informationen, die wir mit unseren Sinnen aufnehmen können. Unsere Aufmerksamkeit ist auf diese Informationen ausgerichtet: auf die Worte, Eindrücke, Energieverschiebungen. Wir haben zahlreiche unterschiedliche Rezeptoren zur Aufnahme von Informationen: Wir bemerken den Atemrhythmus des anderen, wenn wir telefonieren, sein Redetempo, die Modulation seiner Stimme. Wir spüren den Druck hinter den Worten – ob die Stimme sanft oder schneidend ist, zögernd oder wütend. Wir hören nicht nur der Person zu, sondern gleichzeitig allem anderen, was in der Umgebung geschieht. Wir erspüren die Körpersprache. Am Telefon spüren wir die Emotionen und können die zusammengebissenen Zähne oder den sorgenvoll gebeugten Kopf gleichsam »sehen«. Das alles sind Informationen, denen wir unsere Aufmerksamkeit widmen.

Während der erste Aspekt den Prozess des Zuhörens selbst meint, betrifft der zweite *die Folgen* unseres intensiven Zuhörens, speziell die Wirkungen, die das Zuhören des Coachs auf den Klienten hat. Als erfahrener Coach müssen Sie sich bereits während des Coachings der Wirkungen bewusst sein, die das Zuhören hat, und sie reflektieren können. Die Bewusstmachung dieser Folgen während des Zuhörens ist schwierig, gilt Ihre Aufmerksamkeit doch immer Ihrem Klienten. Stellen Sie sich vor, dass Sie ein Degengefecht austragen. Ihre Aufmerksamkeit ist ganz auf Ihren Gegner fokussiert, ständig treffen Sie Augenblicksentscheidungen, Sie reagieren, parieren, greifen selbst an. Ihre Aufmerksamkeit ist nicht auf die Entscheidungen gerichtet, die Sie treffen – denn dadurch würden Sie Ihre Konzentration stören, und das würde schlimme Folgen für Sie haben. Sie handeln einfach, ohne darüber nachzudenken, wie die Handlungen zustande kommen. Genau auf dies Weise hört man in der Regel zu, ohne sich die Struktur und die Auswirkungen des Zuhörprozesses bewusst zu machen. Nach dem Gefecht können Sie dann den Ablauf rekapitulieren und über die von Ihnen getroffenen Entscheidungen nachdenken. Ein professioneller Coach aber ist in der Lage, bereits während des konzentrierten Zuhörens zu reflektieren, welche konkreten Prozesse dabei abgelaufen sind. Wenn Sie auf diese Weise zuhören, läuft das Zuhören hyperbewusst und unbewusst zugleich ab.

Um den Prozess der Aufmerksamkeit und der Wirkungen richtig verstehen zu können, stellen Sie sich bitte vor, dass Sie sich mit vielen anderen Menschen in einem Raum befinden und Rauch riechen. Es könnte brennen ... Ihre Aufmerksamkeit wird von dem Rauch angezogen, Sie bemerken ihn – das ist der erste der genannten Aspekte. Dann entscheiden Sie sich, was Sie mit dieser Information machen. Sie können »Feuer!« rufen oder den Gastgeber beiläufig auf den Rauch hinweisen. Sie können sich einen Feuerlöscher schnappen und sich durch die Menge drängen, um das Feuer heldenhaft zu bekämpfen, oder sich durch die Hintertür davonstehlen. Jede dieser Entscheidungen wird eine andere Wirkung haben. Auf irgendeiner Ebene müssen Sie sich dieser Wirkungen bewusst werden und erkennen, dass Sie dafür verantwortlich sind – dies ist die zweite Ebene. Selbst wenn Sie scheinbar gar nichts tun, wird das eine Wirkung haben. So etwas haben Sie sicher auch schon einmal beim Zuhören erlebt. Erinnern Sie sich nur an einen Streit mit einem Menschen, der Ihnen nahe steht: die Fäuste geballt, hervortretende Adern, Worte, die wie Speerspitzen treffen. Dann hört der andere plötzlich auf zu sprechen und verlegt sich darauf, zu schweigen; Sie reden weiter, jetzt vielleicht noch lauter: »Du bist so verdammt nervig!« Und der andere kontert gelassen: »Ich sage doch gar nichts – ich höre bloß zu!« Haben Sie die Wirkung gespürt? – Ein professioneller Zuhörer nun bewegt sich auf beiden Ebenen und ist in der Lage, jene Wirkungen bereits während des Prozesses des aufmerksamen Zuhörens zu bedenken.

Das Zuhören ist also ganz offensichtlich kein rein passiver Prozess, schon gar nicht in der Coaching-Beziehung. Vielleicht haben Sie bereits einiges über das »aktive Zuhören« gelernt, zum Beispiel in einem Kommunikationstraining. Diese Trainings vermitteln meist ein besseres Verständnis des Zuhörprozesses und stellen auch Tools dafür bereit. Oft gehört es zum aktiven Zuhören, zu klären, was der andere sagt, auf seine Körpersprache zu achten, sich der Gefühle, die hinter seinen Worten stehen, bewusster zu werden und den Kontext des Gesprächs besser aufzunehmen. Das Zuhören des Coachs umfasst alle diese Komponenten – die wir gleich ausführlich besprechen werden – und noch viel mehr. Bei unserem Modell des Zuhörens gibt es drei Ebenen. Wer als Coach diese drei Ebenen kennt und beherrscht, wird zum professionellen Zuhörer.

Erste Ebene: Das innere Zuhören

Auf der ersten Ebene gilt unsere Aufmerksamkeit uns selbst. Wir hören den Worten des anderen zu, doch der Fokus liegt darauf, was sie für uns bedeuten. Der Scheinwerfer ist auf uns selbst gerichtet: auf unsere Gedanken, unsere Beurteilungen, unsere Gefühle, unsere Schlussfolgerungen im Hinblick auf uns selbst und andere. Das, was mit dem anderen geschieht, kommt durch eine Diode zu uns zurück: durch eine Energiesperre, die zwar Informationen herein-, aber nicht hinauslässt. Wir nehmen durch unser Zuhören Informationen auf, halten sie fest und recyceln sie sozusagen. Auf der ersten Ebene gibt es nur eine einzige Frage: Was bedeutet das für mich?

In vielen Situationen ist das durchaus angebracht. Wenn Sie beispielsweise allein in eine andere Stadt fliegen, dürften Sie sich die meiste Zeit über auf dieser Ebene aufhalten – Sie denken darüber nach, wo Sie einchecken wollen, ob Sie Ihr Ticket auch nicht vergessen haben, wie viel Zeit Ihnen noch bis zum Abflug bleibt; über Ihre Abneigung gegen das Fliegen, Ihre Meinung vom Essen im Flugzeug, Ihr Bewusstsein, dass der Passagier, der hinter Ihnen sitzt, Ihnen ständig die Knie in den Rücken rammt ... Ihre ganze Aufmerksamkeit ist auf Sie selbst gerichtet, und das sollte auch so sein. Ein weiteres Zeichen dafür, dass Sie auf der ersten Ebene operieren, ist ein starkes Verlangen nach mehr Informationen – Sie wollen Antworten, Erklärungen, Einzelheiten, Daten. Das innere Gespräch könnte etwa so ablaufen: Der Abflug verzögert sich? Aber dann komme ich doch zu spät! Wann fliegen wir denn endlich ab? Wann kann ich etwas essen? Wie kann ich den Leuten, die auf mich warten, mitteilen, dass ich erst später komme? Gibt es noch einen anderen Flug? Habe ich mir denn genug zum Lesen mitgenommen? Auf dieser Ebene hat die Informationsbeschaffung den Zweck, Ihre eigenen Bedürfnisse zu erfüllen.

Eine andere typische Situation für die erste Ebene ist ein Restaurantbesuch. Ihr Bewusstsein und Ihre Aufmerksamkeit sind auf Sie selbst gerichtet, und die Wirkungen des Zuhörens betreffen nur Sie selbst. Wollen Sie schon etwas zu trinken bestellen, bevor Sie sich für ein Gericht entscheiden? Gibt es eine Tageskarte? Ist der Stuhl bequem? Zieht es? Sitzen Sie zu nahe an der Küche? Wie sind die Preise? Ist das Essen auch nicht zu teuer? Sie sind sich Ihrer Gedanken und Gefühle bewusst. Bei Ihren Entscheidungen und Beurteilungen geht es nur um Sie. Sie mögen bestimmte Sorten Fisch – aber nicht, wenn der Fisch unzerteilt serviert wird und die toten Augen Sie vom Teller aus anstarren. Sie denken daran, dass Sie abnehmen wollen, und entscheiden sich daher für einen Salat mit fettarmem Dressing. Ihr inneres Gespräch läuft hier in Höchstgeschwindigkeit ab. Selbst wenn Sie jemandem gegenübersitzen, in den Sie wahnsinnig verliebt sind, könnte Ihre Aufmerksamkeit auf der ersten Ebene liegen, solange Sie Ihre Bestellung noch nicht aufgegeben haben.

Die erste Ebene informiert uns über uns selbst und über das, was um uns herum geschieht. Dort werden wir uns darüber klar und verstehen es. Das ist sehr wichtig! Die Klienten befinden sich gewöhnlich auf der ersten Ebene. Genau das ist ihre Aufgabe: sich selbst und ihr Leben zu betrachten – zu verarbeiten, zu überdenken, zu verstehen. Der Coach jedoch sollte sich definitiv *nicht* längere Zeit auf dieser Ebene aufhalten, auf der er sich vor allem mit sich selbst beschäftigt: Das eigentliche Coaching findet auf der zweiten Ebene statt.

■ **Dialog auf der ersten Ebene**

KLIENT: *In meinem neuen Haus herrscht das pure Chaos! Überall stehen Kartons herum. Ich schaffe es kaum, von der Haustür ins Bad zu kommen!*

COACH: *Wie wichtig ist es Ihnen, dass in Ihrem Haus alles dorthin kommt, wo es hingehört? Geschäftlich ist doch jetzt gerade die produktivste Zeit, seit Sie angefangen haben.*

KLIENT: *Ja, das Geschäft läuft auf Hochtouren. Es ist wirklich aufregend! Andererseits macht es mich verrückt, in dieser Unordnung zu leben.*

COACH: *Diese Unordnung ist doch ein vorübergehender Zustand. Lassen Sie sich dadurch nicht von der Hauptsache ablenken – dass Ihr Geschäft den Schwung nicht verlieren darf.*

KLIENT: *Dieses Chaos macht mich aber wirklich wahnsinnig!*

COACH: *Ich habe diese Situation selbst schon erlebt. Glauben Sie mir – das ist keine große Sache! Sie werden eine Möglichkeit finden, aufzuräumen. Lassen Sie uns inzwischen zu Ihrem Geschäftsplan zurückkehren.*

KLIENT: *Gut – wenn Sie sicher sind …*

Zusammenfassung: Der Coach hört ganz offensichtlich auf der ersten Ebene zu – er achtet mehr auf seine eigenen Beurteilungen und Ansichten und verfolgt seine eigene Agenda. ■

Zweite Ebene: Fokussiertes Zuhören

Auf der zweiten Ebene gibt es eine starke Fokussierung auf den anderen. Dass Leute auf dieser Ebene kommunizieren, kann man an ihrer Haltung erkennen: Wahrscheinlich haben sich beide vorgebeugt und sehen sich intensiv an. Die ganze Aufmerksamkeit ist auf den anderen gerichtet, die äußere Welt dagegen wird kaum wahrgenommen.

Wir wollen zu unserer Szene im Restaurant und unserem Liebespaar zurückkehren. Ihre Augen sind aufeinander fokussiert, auf nichts anderes. Sie wollen sich ganz nahe sein und eins werden. Die äußere Welt gerät für sie so sehr in Vergessenheit, dass diese Szene des totalen Ineinander-versunken-Seins zu einer Karikatur geworden ist, die in Werbespots verwendet wird.

Beim Zuhören auf der zweiten Ebene ist der Coach völlig auf den Klienten konzentriert. Im Gegensatz zu unserem Liebespaar geht es bei seiner Aufmerksamkeit und der Beurteilung der Wirkungen nicht um ihn selbst, sondern sein Bewusstsein ist ganz auf die Klienten fokussiert. Er hört ihren Worten zu, aber auch ihrem Ausdrucksverhalten, ihren Gefühlen, allem, was sie mitbringen. Er bemerkt, was sie sagen und wie sie es sagen – und auch, was sie nicht sagen. Er sieht, dass sie lächeln, und er hört die Tränen in ihrer Stimme. Er will ihre Werte hören; ihre Vision und was ihnen Energie verleiht; was sie in der Coaching-Sitzung auch innerlich erleben und was dazu führt, dass sie verstummen oder sich zurückziehen.

Die Energie und die Informationen kommen vom Klienten und werden auf ihn zurückgeworfen. Auf dieser Ebene wirkt das Zuhören auf den Sprecher. Der Coach ist wie ein perfekter Spiegel, der keinerlei Licht absorbiert; alles, was vom Klienten kommt, erhält dieser zurück. Der Coach ist sich ständig der Wirkungen seines Zuhörens auf den Klienten bewusst.

Das Coaching läuft, wie schon gesagt, ganz überwiegend auf der zweiten Ebene ab. Das ist die Ebene der Empathie, der Kreativität, der Klärung und Zusammenarbeit. Jetzt gibt es zwischen Coach und Klient eine direkte Verbindung. Der Coach befasst sich nicht mit sich selbst, mit seiner Agenda, seinen Gedanken oder Ansichten. Er ist so auf den Klienten fokussiert, dass sein inneres Gespräch praktisch zum Erliegen kommt und das Coaching fast spontan wird. Er denkt nicht mehr über seinen nächsten Schritt als Coach nach. Falls Sie damit beschäftigt sind, sich zu überlegen, was Sie als Nächstes sagen könnten – welche brillante Frage Sie dem Klienten stellen könnten –, ist das ein eindeutiges Zeichen dafür, dass Sie auf der ersten Ebene zuhören: innerhalb Ihrer eigenen Erfahrung.

Als Coach, der auf der zweiten Ebene zuhört, hören Sie den Klienten sprechen. Sie hören die Worte, aber noch viel mehr: den Tonfall, den Rhythmus, das zum Ausdruck gebrachte Gefühl. Sie bemerken alles, was in Form von Informationen zu Ihnen kommt. Dann entscheiden Sie sich, auf was und wie Sie reagieren; Sie achten auf die Wirkung Ihrer Reaktion auf den Klienten und nehmen auch diese Information auf. Im Grunde hören Sie zweimal zu, bevor der Klient wieder antwortet – Sie hören dem zu, was er ursprünglich sagt, und seiner Reaktion auf Ihre Antwort. Sie erhalten also zweimal Informationen, und genau das macht das Zuhören auf dieser Ebene aus.

■ **Dialog auf der zweiten Ebene**

KLIENT: *In meinem neuen Haus herrscht das pure Chaos! Überall stehen Kartons herum. Ich schaffe es kaum, von der Haustür ins Bad zu kommen!*

COACH: *Wie wichtig ist es Ihnen, dass in Ihrem Haus alles dorthin kommt, wo es hingehört? Geschäftlich ist doch jetzt gerade die produktivste Zeit, seit Sie angefangen haben.*

KLIENT: *Ja, das Geschäft läuft auf Hochtouren. Es ist wirklich aufregend! Andererseits macht es mich verrückt, in dieser Unordnung zu leben.*

COACH: *Was können Sie gegen die Unordnung tun, ohne dass Ihr neues Geschäft dadurch an Schwung verliert?*

KLIENT: *Im Augenblick habe ich einfach nicht die Zeit, mich darum zu kümmern.*

COACH: *Wofür haben Sie denn Zeit?*

KLIENT: *Am liebsten würde ich eine ganze Woche lang nur aufräumen, aber das geht nicht.*

COACH: *Und was könnten Sie stattdessen tun?*

KLIENT: *Wenn ich abends nach Hause komme, könnte ich noch ungefähr eine Viertelstunde lang Kisten auspacken.*

Zusammenfassung: Hier hört der Coach auf der zweiten Ebene zu – er geht auf den Klienten ein, hört aktiv zu und fragt nach. ■

Dritte Ebene: Globales Zuhören

Auf der dritten Ebene hört der Coach allumfassend zu – gleichsam in einem Bereich von 360 Grad –, als würde er sich mit dem Klienten im Zentrum des Universums befinden und von überall her gleichzeitig Informationen empfangen, als wäre er von einem Kraftfeld umgeben, das ihn selbst, den Klienten und einen Raum des Wissens enthält. Die dritte Ebene schließt alles ein, was Sie mit Ihren Sinnen wahrnehmen können: was Sie sehen, hören, riechen und fühlen, also sowohl die taktilen als auch die emotionalen Wahrnehmungen. Zu dieser Ebene gehören Handeln und Interaktion.

Wenn die zweite Ebene verdrahtet ist, funktioniert die dritte über ein Funkfeld. Die Funkwellen sind völlig unsichtbar, doch wir wissen, dass es sie gibt, denn wir hören ja, dass Musik aus dem Radio kommt. Die dritte Ebene ist mit den Funkwellen vergleichbar: Die Wellen erreichen unsere Antenne und verwandeln sich in Informationen, die wir benutzen können. Für die Wellen der dritten Ebene braucht man jedoch einen besonderen Empfänger. Die meisten Leute müssen das üben, weil sie nur selten so auf dieser Ebene zuhören müssen wie die Coachs. Für viele ist das eine ganz neue Welt des Zuhörens. Denken Sie aber an das Erstaunen, als sich herausstellte, dass Guglielmo Marconi (1874–1937, Pionier der drahtlosen Telekommunikation) Recht hatte: Es reisen tatsächlich Signale auf unsichtbaren Wellen durch die Luft, und man kann sie mit einer Antenne und einem Empfänger empfangen.

Das Zuhören auf der dritten Ebene bringt Ihnen nicht zuletzt den Vorteil eines besseren Zugangs zu Ihrer Intuition. Von Ihrer Intuition empfangen Sie Informationen, die nicht direkt zu beobachten sind, und diese Informationen nutzen Sie genauso wie die Informationen, die sie durch die Äußerungen des Klienten erhalten. Auf der dritten Ebene bedeutet die Intuition schlicht ein Mehr an Informationen. Sie als der Coach nehmen die Informationen auf und antworten. Dann achten Sie auf die Wirkung: Wie ist Ihre Antwort angekommen? Was haben Sie in dieser Hinsicht beobachtet?

Das Zuhören auf der dritten Ebene schließt die Umgebung ein. Man bemerkt die Temperatur, die Energieebene, die Helligkeit oder Dunkelheit, sowohl im wörtlichen als auch im übertragenen Sinn. Sprüht der Klient vor Energie oder ist seine Energie schwach? Ist er gelassen oder steht er unter großer Anspannung? Das erfahren Sie, wenn Sie auf der dritten Ebene zuhören. Sie lernen dann, in dieser Hinsicht Ihren Sinnen zu vertrauen; außerdem können Sie sich Ihre Wahrnehmungen immer vom Klienten bestätigen lassen: »Ich habe den Eindruck, dass Sie sich zurzeit an einem sehr dunklen Ort befinden. Stimmt das? Worum geht es dabei?« Darstellende Künstler entwickeln das Zuhören auf der dritten Ebene fast bis zur Perfektion. Komiker, Musiker, Schauspieler, aber auch Trainer – sie alle haben die Fähigkeit, die Schwingungen auf der dritten Ebene wahrzunehmen und zu verfolgen, wie sie sich als Reaktion auf das, was sie tun, verändert. Das ist ein sehr gutes Beispiel für die Wahrnehmung der Wirkungen des eigenen Verhaltens. Künstler, Coachs, Führungskräfte, Mediatoren – alle, denen es gelingt, Leute zu führen, beherrschen die Technik des Zuhörens auf der dritten Ebene. Diese Menschen haben die Fähigkeit, die Wirkungen ihres Verhaltens zu lesen und es entsprechend anzupassen und zu verändern.

Um auf der dritten Ebene zuzuhören, muss der Coach sehr offen und genau im richtigen Maße fokussiert sein, schon auf die winzigsten Reize reagieren und bereit sein, mit all seinen Sinnen Informationen zu empfangen – in seiner eigenen Sphäre, in der Welt um ihn, in der Welt um den Klienten. Wenn Sie auf dieser Ebene zuhören, entstehen Wirkungen in Ihrem Umfeld und in dem Ihres Klienten, wie kleine Wellen auf einem Teich, die sich ausbreiten und auf unterschiedliche Weise das Ufer berühren. Die dritte Ebene ergibt selbst dann einen Sinn für Sie, wenn Sie nicht verstehen, was die Informationen bedeuten. Der Schlüssel zum Zuhören auf dieser Ebene ist, die Informationen aufzunehmen, mit ihnen zu spielen und abzuwarten, was sich daraus ergibt.

Dialog auf der dritten Ebene

KLIENT: *In meinem neuen Haus herrscht das pure Chaos! Überall stehen Kartons herum. Ich schaffe es kaum, von der Haustür ins Bad zu kommen!*

COACH: *Wie wichtig ist es Ihnen, dass in Ihrem Haus alles dorthin kommt, wo es hingehört? Geschäftlich ist doch jetzt gerade die produktivste Zeit, seit Sie angefangen haben.*

KLIENT: *Ja, das Geschäft läuft auf Hochtouren. Es ist wirklich aufregend! Andererseits macht es mich verrückt, in dieser Unordnung zu leben.*

COACH: *Weshalb denn? Ich merke, dass Sie ziemlich aufgeregt sind.*

KLIENT: *Die Kisten brauchen so viel Platz! Sie stehen mir wirklich im Weg.*

COACH: *Höre ich da, dass Sie irgendetwas blockiert? Ich denke, dass ich das an Ihrer Stimme hören kann – es ist fast wie ein Würgen.*

KLIENT: *Ich glaube, es liegt nicht nur an den Kisten mit den Büchern und dem Geschirr. Im Grunde ist es wohl etwas in meiner Beziehung, dem ich mich bisher nicht gestellt habe. Es ist wie die alten Kisten, die sich jetzt im neuen Haus stapeln – es steht im Weg.*

COACH: *Was wollen Sie in dieser Sache unternehmen?*

KLIENT: *Bisher habe ich* versucht, *mich daran vorbeizudrücken oder darüber zu steigen, aber das scheint nicht zu funktionieren. Ich denke, es ist an der Zeit, sich hinzusetzen und die Sache zu lösen – sozusagen alles auszupacken.*

Zusammenfassung: In diesem Fall befindet sich der Coach auf der dritten Ebene: Er nimmt die Feinheiten des Raums zwischen ihm und dem

Klienten wahr – über die Worte hinaus –, einschließlich der ganzen Energie und der (teils unausgesprochenen) Gefühle.

Anmerkung: Bei unseren Dialogbeispielen wurde das Gespräch so aufgebaut, dass die Unterschiede zwischen den drei Ebenen hervortraten. In echten Gesprächen wechselt der Coach natürlich ständig zwischen der zweiten und der dritten Ebene. ■

Der Coach hört zu

Beim Coaching hängt alles vom Zuhören ab. Der Coach sollte dabei besonders die Agenda des Klienten im Blick behalten: Lebt der Klient im Einklang mit seiner Vision? Berücksichtigt er seine Werte? Wo steht er heute? Der Coach hört zu, um herauszufinden, welche Entscheidungen der Klient trifft und wie diese Entscheidungen ihn einem Gleichgewicht näher bringen oder ihn davon entfernen. Natürlich will der Coach auch Widerstände und Turbulenzen bei diesem Prozess erkennen.

Das Zuhören entscheidet über das Wohl und Wehe des gesamten Coachings. Man kann sagen, dass alle anderen Kontexte vom Zuhören auf der zweiten und dritten Ebene abhängig sind – das Zuhören ist also das Tor, durch das jedes Coaching gehen muss.

Während der Coach zuhört, trifft er Entscheidungen, die Richtung und Fokus des Coachings verändern. Das meinen wir, wenn wir von den »Wirkungen« des Zuhörens sprechen. Diese Wirkungen zeigen sich beispielsweise bei der spontanen Entscheidung, welche Coaching-Technik als nächste zu benutzen ist. Natürlich ist es notwendig, dass der Coach alle Techniken des Zuhörens beherrscht, doch manche sind für diesen Kontext besonders wichtig.

Coaching-Techniken

Effektives Zuhören ist eine unabdingbare Voraussetzung für den Einsatz aller Coaching-Techniken, doch die hier besprochenen eignen sich besonders für den Kontext des Zuhörens.

Artikulieren

Beim Zuhören auf der zweiten und dritten Ebene sind Ihre Aufmerksamkeit und Ihr Bewusstsein aufs Äußerste geschärft; Sie haben ein Bild davon, was in diesem Augenblick in Ihrem Klienten vorgeht. Wenn Sie das mit Ihrem Wissen über den Klienten verbinden, verfügen Sie über eine ungeheure Menge an Informationen. Dann ist Ihre Fähigkeit gefragt, prägnant zu beschreiben, was geschieht, es in Worte zu fassen, zu artikulieren. Die Klienten selbst können oft gar nicht sehen, was sie tun oder sagen. Oder sie können zwar die Details erkennen, nicht aber den Gesamtzusammenhang. Durch die Technik des Artikulierens können Sie ihnen Ihre Beobachtungen so klar wie möglich, aber ohne Beurteilung mitteilen – Sie sagen Ihren Klienten einfach, was Sie sie tun sehen. Wenn es dabei um etwas Unangenehmes geht, kann die Artikulierung durchaus auch konfrontativ sein: »Ich sehe, dass Sie immer noch viel Zeit am Abend und an den Wochenenden ohne Ihre Familie verbringen. Sie haben aber gesagt, dass Ihre Familie für Sie hohe Priorität hat, und dazu passen diese Überstunden einfach nicht. Was ist los?« Oder: »Sie haben den Bericht also nicht rechtzeitig fertig bekommen. Sieht so aus, als hätten Sie es vermasselt!« Unangenehmen Dingen und Problemen nicht auszuweichen, ist Bestandteil der Beziehung zwischen Coach und Klient. Und das Artikulieren – auch das Hinweisen auf Probleme – gehört zu den Aufgaben des Coachs. Lösen muss die Probleme dann der Klient.

Das Artikulieren ist auch ein Aspekt des aktiven Zuhörens. Der Coach muss für den Klienten widerspiegeln, was dieser gerade zu ihm gesagt hat und welche Gefühle dahinter stecken. Zum Beispiel: »Ich spüre, dass Sie dieses Geschäft unbedingt aufbauen wollen. Obwohl Sie sehr viel Zeit dafür aufwenden, wächst es aber nicht so stark, wie Sie es sich erhoffen.« Oder: »Das klingt so, als würde es Ihnen allmählich wirklich Spaß machen, morgens zunächst einmal Sport zu treiben.«

Das Artikulieren ist eine Technik, die den Klienten bestätigt. Wenn Ihre Klienten Ihnen etwas mitteilen und Sie diese Äußerungen mit Ihren eigenen Worten wiedergeben, ist das für die Klienten eine große Bestätigung. Sie haben dann das Gefühl, dass Sie ihnen wirklich zuhören, dass Sie mit ihnen zusammenarbeiten und sie anerkennen. Außerdem können sie besser erfassen und verstehen, was geschieht. Manchmal werden Sie das, was Ihre Klienten gesagt haben, erneut

»abspielen«, damit sie ihre eigene Erfahrung einfach noch einmal hören. Das ist vergleichbar mit der Erhöhung der Lautstärke. Wenn der Coach das, was sein Klient gesagt hat, wiederholt – vor allem mit dem gleichen Ton und Gefühl –, ist der Klient manchmal ganz überrascht: »Das habe ich gesagt?«

■ **Beispieldialog**

KLIENT: *Ich bin mir also nicht sicher, ob ich bleiben oder gehen soll. Irgendwie scheine ich in der Mitte festzusitzen.*

COACH: *Ich höre Sie sagen, dass Sie in einem Konflikt stecken: zwischen Ihrer Loyalität gegenüber Ihrem Arbeitgeber – der Ihnen geholfen hat, als Sie wirklich Hilfe brauchten – und Ihrem Wunsch, sich selbstständig zu machen.*

KLIENT: *Die Entscheidung fällt mir wirklich nicht leicht. Es geht dabei aber nicht um Loyalität oder Unabhängigkeit. Ich kann Dick auch auf andere Weise für seine Hilfe danken.* ■

Klären

Viele von uns neigen dazu, auf der Grundlage verschwommener oder unvollständiger Gedanken und unbearbeiteter Gefühle zu handeln. Wir ziehen oft vorschnelle – oder gar, wenn unsere Informationen unzureichend sind, falsche – Schlussfolgerungen, weil wir nicht gründlich über die Dinge nachgedacht haben. Andererseits können wir manchmal besonders gut denken, wenn wir die Möglichkeit haben, unsere noch unklaren Ideen und Gefühle jemandem mitzuteilen. Der Coach steht als Begleiter dieser Reflexionsprozesse seinen Klienten zur Verfügung, damit diese zu mehr Klarheit gelangen.

Manchmal schweifen die Klienten vom Thema ab; sie verfangen sich in ihren Geschichten, sie irren durch Nebel, ihr Denken bleibt verschwommen, ihre Betrachtungsweisen sind der Situation nicht angemessen, sie benutzen gewissermaßen längst veraltete Landkarten. In solchen Situationen muss der Coach den Klienten helfen, das zu sehen, was sie allein nicht sehen können. Die Technik der Klärung ist eine Kombination von Zuhören, Fragen, Artikulieren, Reframing – vielleicht auch einfach nur die Erprobung unterschiedlicher Perspektiven: »Was ich höre, ist … Habe ich damit Recht? … Das klingt, als würden Sie … wollen.« Denken Sie daran, dass der Klient die Antwort selbst finden muss! Die Klärung dient dazu, das Bild schärfer zu stellen, damit Details sichtbar werden, das Bild zur Betrachtung hochzuhalten, sodass der Klient sagen kann: »Ja, das ist es!«, oder: »Nein, das ist es überhaupt nicht – es geht hier um eine ganz andere Sache!« Manchmal muss der Coach dem Klienten Blau zeigen, damit dieser erkennen kann, dass er die ganze Zeit an Grün gedacht hat.

Beispieldialog

KLIENT: *Ich scheine einfach nicht zu einer Entscheidung kommen zu können, die sich richtig anfühlt.*

COACH: *Mit diesem Problem schlagen Sie sich ja schon seit Wochen herum. Es hört sich an, als würden Sie wirklich gern eine Entscheidung treffen, das aber noch nicht können.*

KLIENT: *Im Augenblick bin ich zu nahe dran, als dass ich die Perspektive haben könnte, die ich brauche.*

COACH: *Ich wäre bereit, Ihnen zu beschreiben, was ich von außen sehe. Würde Ihnen das weiterhelfen?*

KLIENT: *Ganz bestimmt!*

COACH: *Wenn Sie den Teilzeitjob annehmen, bringt Ihnen das mehr Geld. Das Geld ist bei Ihnen knapp, daher könnten Sie das zusätzliche Einkommen gut gebrauchen. Diese Form der Sicherheit ist für Sie aber kein hoher Wert. Sie sind früher schon große Risiken eingegangen und haben die finanzielle Sicherheit aufgegeben.*

KLIENT: *Das stimmt. Meine Eltern halten mich manchmal für verrückt.*

COACH: *Wenn Sie den Teilzeitjob annehmen, bleibt Ihnen praktisch keine Freizeit mehr – gar keine Zeit für Ihre Kunst und kaum welche für Ihre Freunde oder eine neue Beziehung. Kreativität ist für Sie aber ein wichtiger Wert. Ich plädiere nicht für die eine oder die andere Entscheidung – ich weise Sie nur auf das hin, was Sie mir über Ihre wirklichen Werte erzählt haben.*

KLIENT: *Danke! Das hat mir geholfen, die Dinge in die richtige Perspektive zu rücken.* ■

Meta-Perspektive

Steigen Sie mit Ihrem Klienten in einen virtuellen Hubschrauber, gehen Sie auf eine Höhe von 2000 Metern und blicken Sie auf das Leben des Klienten hinab! Das ist die Coaching-Technik der Meta-Perspektive. Sie ist besonders nützlich, wenn der Klient im immer gleichen Trott fortfährt und neben sich jeweils nur etwa einen Meter unwegsames Gelände sehen kann. Die Meta-Perspektive präsentiert das Gesamtbild und schafft Platz für neue Sichtweisen. Der Coach könnte seinen Klienten dann fragen: »Was sehen Sie von hier oben? Welche Wahrheit, die Sie dort unten nicht sehen konnten, können Sie aus dieser Höhe erkennen?«

Die Meta-Perspektive stellt wieder eine Verbindung der Klienten zu ihrer Vision von sich selbst und einem erfüllten Leben her. Wenn sie sich am Fuß des Berges abmühen und zu all der Arbeit aufblicken, die sie schaffen müssen, ermöglicht die Meta-Perspektive es ihnen, über allem zu schweben und eine neue Sichtweise zu gewinnen – einen Schnappschuss von dem Gesamtbild, während sie mitten in einer schwierigen Periode stecken.

Man kann sich die Meta-Perspektive auch als den Blick von einer erhöhten Plattform vorstellen – von einem Platz in der Höhe, wo der Coach stehen und das Leben des Klienten mit all seinen Lebensumständen und Problemen betrachten kann. Von diesem »Aussichtspunkt« aus kann er mehr sehen als der Klient, und genau das ist seine Aufgabe: die Klarheit der Perspektive zu bewahren und das Gesamtbild hochzuhalten. Diese Plattform ermöglicht es dem Coach, von einem Standpunkt jenseits der Einzelheiten des unmittelbaren Gesprächs zu reden. Falls der Klient beispielsweise Probleme mit einem Kollegen hat, könnte der Coach sagen: »Diese Geschichte erinnert mich an Ihr Gespräch mit Ihrem früheren Chef und an die Situation mit Ihrer Schwester. Gibt es hier ein Muster?« Ein anderes Beispiel sind jene Klienten, die sich offensichtlich wirklich anstrengen, aber nie etwas erreichen. Zu ihnen könnte der Coach sagen: »Sie scheinen sich sehr abzumühen – was bringt Ihnen die ganze Plackerei?« Im letzten Fall erfolgt die Meta-Perspektive von einer höheren Ebene aus und erfasst das Grundthema. Die Meta-Perspektive präsentiert ein Panoramabild.

Manchmal vergisst der Coach, sich eine Meta-Perspektive von der Situation des Klienten zu verschaffen, und lässt sich in die Einzelheiten der augenblicklichen Situation verwickeln. Nehmen wir an, dass ein Klient einen Mitarbeiter entlassen muss und befürchtet, deshalb zur Zielscheibe der Kritik zu werden. Dann sollte der Coach ihn auffordern, die Situation aus der Meta-Perspektive zu betrachten – vom Standpunkt der Gesamtentwicklung des Unternehmens etwa –, statt sich auf verletzte Gefühle oder Proteste zu konzentrieren. Was würde es die Firma kosten, den Betreffenden *nicht* zu entlassen? Wie würde die Entlassung sich letztendlich auf die Kommunikation unter den Kollegen und das Vertrauen zwischen ihnen auswirken?

Metaphern

Durch die Verwendung einer Metapher kann der Coach Bilder und Erfahrungen nutzen, um dem Klienten zu einem schnelleren und leichteren Verstehen zu verhelfen. »Haben Sie sich im Nebel verirrt?« spricht den Klienten auf einer effektiveren emotionalen Ebene an als die Frage »Sind Sie durcheinander?«, die sich nur an den Verstand des Klienten richtet. In das Bild, sich im Nebel verirrt zu haben, können die Klienten gleichsam eintreten. Sie wissen, wie das aussieht und wie es sich anfühlt; es ermöglicht eine ganzheitliche Erfahrung. Oft liegt die Wahrheit für den Klienten nicht in seinem Kopf, sondern in seinem Herzen oder seinem Bauch. Metaphern umgehen die Analyse meist und zielen auf diese gefühlsorientierten Bereiche ab. Sollte die Metapher einmal nicht zu Erkenntnissen führen, kann der Coach es immer noch mit etwas anderem probieren. Diese Technik können Sie sich am besten aneignen, indem Sie es immer wieder versuchen, sie immer wieder einsetzen, auch wenn Sie manchmal scheitern. Sie haben das Recht, aus Ihren Fehlern zu lernen. Die permanente praktische Anwendung ist übrigens der Weg, den wir Sie bei jedem Coaching-Lernprozess zu gehen bitten.

Anerkennung

Durch die Coaching-Technik der Anerkennung wird der Klient gestärkt, sodass er aufrechter stehen kann. Die Technik zielt darauf ab, wer der Klient *ist*. Das Lob und die Anerkennung können verschiedene Aspekte hervorheben: was die Leute machen (»Dieser Bericht ist gute Arbeit, Robert!«), die Ansicht desjenigen, der das Lob ausspricht, oder die Wirkung auf die Person, von der es kommt (»Ich fand Ihre Präsentation gut durchdacht und anregend!«). Wenn Sie nicht nur das, was der Angesprochene getan hat, anerkennen, sondern zugleich die innere Einstellung, die dahinter steht, gewinnt ein Lob an Relevanz: »Robert, Sie haben gezeigt, dass Ihnen das Lernen wirklich wichtig ist!«; »Sie sind ein großes Risiko eingegangen!«; »Darin kann ich Ihre Liebe zur Schönheit sehen!«. Oft betont die Anerkennung, dass der Klient durch sein Handeln einem seiner Werte treu geblieben ist: »Sie haben dafür gesorgt, dass es Ihnen wirklich Spaß gemacht hat. Dazu möchte ich Ihnen gratulieren. Ich weiß, dass Sie dafür ein Risiko eingehen mussten« (wenn Spaß einer der Werte des Klienten ist). Oder: »Das haben Sie großartig gemacht! Sie haben sich für Ehrlichkeit und Authentizität eingesetzt, und das war nicht leicht« (wenn Ehrlichkeit zu den Werten des Klienten gehört).

Die Anerkennung ist beinahe zu den genannten Kontexten des Coachings zu zählen. Auf einer bestimmten Ebene unterstützen wir stets das, was unsere Klienten sein müssen, um die von ihnen gewollten Veränderungen vornehmen zu können. Der Klient musste bereit sein, gegen seine Angst anzukämpfen, er musste mutig sein oder um einer Beziehung willen Ausdauer beweisen. Die Technik der Anerkennung feiert die inneren Stärken der Klienten. Sie hilft ihnen, das in sich zu sehen, was sie manchmal aus Gründen einer falsch verstandenen Bescheidenheit abqualifizieren oder gar nicht erst sehen. Wenn Sie diese Stärken anerkennen, ermöglichen Sie Ihren Klienten den Zugang zu ihnen. Die Klienten wissen, dass die Anerkennung ehrlich ist und zutrifft. Wenn sie die Wahrheit erkennen, die Sie hervorgehoben haben, verfügen sie von da an über mehr Ressourcen, über mehr Energie. Sie können Ihre Anerkennung in folgende Worte kleiden: »Sehen Sie sich doch nur an, was Sie zu Ihrem Chef jetzt sagen konnten! Denken Sie daran, welche Fortschritte Sie in den letzten vier Monaten gemacht haben! Ihre Fähigkeit, sich klar auszudrücken und das zu verlangen, was Sie wollen, ist viel größer geworden. Sie haben wirklich bewiesen, dass Sie Ihre Angst überwinden und Ihre Ansichten konsequent vertreten können.« Anerkennung trifft in den Kern – dorthin, wo der Klient wächst und stärker wird (und oft das Bedürfnis nach Bestätigung hat). Dadurch verleihen Sie Ihrem Klienten die Kraft, weiter zu wachsen.

Beim co-aktiven Coaching hat die Anerkennung immer zwei Komponenten. Die erste haben wir schon besprochen: das Aussprechen der Anerkennung. Die andere ist wiederum die Beobachtung der Wirkung auf den Klienten. Auf diese Weise kann der Coach überprüfen, ob seine Anerkennung wirklich ins Ziel getroffen hat. Achten Sie auf die Reaktion des Klienten! Auf der dritten Ebene werden Sie hören und merken, ob Sie das, was Sie in einer konkreten Situation für den Klienten durch Ihre Anerkennung leisten wollten, tatsächlich bewirkt haben. Die Anerkennung wird mit Sicherheit auf eine Weise ankommen, die Sie hören, spüren und sehen können. Für die Klienten ist es ungeheuer bewegend, so gesehen und anerkannt zu werden – und es ist selten. Das ist die Kraft der Anerkennung!

■ **Beispieldialog**

KLIENT: *Vielleicht hätte ich einfach den Mund halten sollen. Am Ende stand ich wie ein Idiot da!*

COACH: *Mit dieser Situation hätten Sie auf viele unterschiedliche Arten umgehen können. Tatsächlich sind Sie für Ihre persönliche Weiterentwicklung eingetreten – obwohl Sie wussten, dass Sie das einiges kosten würde. In jenem Augenblick musste Ihnen Ihre Entwicklung wichtiger sein, als gut auszusehen. Genau so sind Sie!*

KLIENT: *Danke! Nun weiß ich, dass ich richtig und im Sinne meiner Weiterentwicklung gehandelt habe.* ■

Was es bedeutet, gehört zu werden

Das persönliche Wachstum ist ein kreativer Prozess – als würde man sich selbst die Haare schneiden. Das Zuhören liefert den Spiegel: die Reflexion, durch die die Arbeit erledigt werden kann. Ob es für den Klienten nun gut oder schlecht läuft, ob es sich um das Haareschneiden oder etwas ganz anderes handelt – einer der stärksten Aspekte der Coaching-Beziehung ist das Zuhören. Nirgendwo sonst im Leben der Klienten hört ihnen jemand so zu wie Sie, wenn sie mit Ihnen sprechen.

Übungen

1. Zuhören auf der ersten und zweiten Ebene

Ziel dieser Übung ist es, ausschließlich auf der ersten Ebene zuzuhören – dass Sie sich also ganz auf Ihre eigenen Gedanken und Ansichten fokussieren. Bitten Sie einen Freund oder Kollegen, sich für die Spiele zum Zuhören auf den ersten beiden Ebenen etwa eine halbe Stunde Zeit zu nehmen.

Erste Ebene:
Beschreiben Sie Ihrem Partner das Zuhören auf der ersten Ebene und bitten Sie ihn, Ihnen von einer Reise zu erzählen, die er gemacht hat – von den Dingen, die gut abliefen, und von denen, wo etwas nicht geklappt hat. Ihre Aufgabe besteht darin, den Worten Ihres Partners zuzuhören und seine Geschichte im Lichte Ihrer eigenen Erfahrungen zu interpretieren. Teilen Sie ihm Ihre Ansichten mit. Was hätten Sie bei dieser Reise anders gemacht? Was geht in Ihnen vor, während der andere spricht? An welche Ereignisse in Ihrem eigenen Leben erinnert Sie diese Geschichte? Welchen Rat würden Sie Ihrem Partner geben? Wie können Sie seine Geschichte verbessern?

Erzählen Sie sich nach etwa 15 Minuten gegenseitig, wie es war, auf der ersten Ebene zuzuhören beziehungsweise gehört zu werden.

Zweite Ebene:
Arbeiten Sie erneut etwa 15 Minuten lang mit Ihrem Freund oder Kollegen und der Geschichte. Seien Sie neugierig, beschreiben Sie Ihrem Partner die zweite Ebene aber nicht. Stellen Sie Fragen, klären Sie Dinge und artikulieren Sie, was Sie sehen. Achten Sie darauf, welche Werte Ihres Partners in der Geschichte zum Ausdruck kommen. Bleiben Sie ganz auf ihn konzentriert, hören Sie ihm auf der zweiten Ebene zu und reagieren Sie auch auf dieser Ebene.

Erzählen Sie sich dann gegenseitig, wie es war, auf der zweiten Ebene zuzuhören beziehungsweise gehört zu werden. Inwiefern unterscheiden sich diese Prozesse von denen, die auf der ersten Ebene abgelaufen sind?

2. Zuhören auf der dritten Ebene

Machen Sie ein oder zwei Exkursionen an Orte, wo Sie mit hoher Wahrscheinlichkeit auf der dritten Ebene zuhören können: eine Bücherei, die Rezeption in einem Hotel, das Wartezimmer in einer Notaufnahme, eine Bar an einem Flughafen. Konzentrieren Sie Ihre Aufmerksamkeit und Ihr Bewusstsein darauf, die Gefühle der Leute (wütend, frustriert, erfreut, gelangweilt, entspannt, besorgt …) wahrzunehmen. Was fällt Ihnen sonst noch an der Umgebung auf? Wie ist der Geräuschpegel? Achten Sie darauf, wo die Energie in dem Raum liegt und wie sie sich verschiebt, wenn Leute gehen oder andere hereinkommen. Schreiben Sie Ihre Eindrücke auf. Versuchen Sie dann, mit geschlossenen Augen auf der dritten Ebene zuzuhören. Was ist jetzt anders? Bemerken Sie Dinge, die Ihnen mit offenen Augen entgangen waren?

Eine Variante: Bitten Sie einen Freund, mit deutlichen Anzeichen der Wut ins Zimmer zu kommen, und achten Sie auf der dritten Ebene darauf, ob und wie sich die Atmosphäre ändert. Oder lassen Sie zwei Freunde hereinkommen und ein lautes, heftiges Gespräch führen. Achten Sie wieder darauf, was sich atmosphärisch verändert.

3. Meta-Perspektive

Betrachten Sie folgende Situationen aus der Meta-Perspektive:

- ein neues Leben beginnen
- in einem Übergangszustand sein
- sich mit Veränderungen herumschlagen
- auf dem Meer treiben
- persönliche Weiterentwicklung

Wie sieht Ihr eigenes heutiges Leben in der Meta-Perspektive aus?

Schreiben Sie die Namen von zehn engen Freunden und Bekannten auf. Wie sieht ihr Leben zu diesem Zeitpunkt in der Meta-Perspektive aus?

4. Metapher

Überlegen Sie sich jeweils eine Metapher, die geeignet ist, die folgenden Situationen zu beschreiben, in denen sich Ihre Klienten befinden:

- Feststecken zwischen zwei verlockenden Möglichkeiten
- vor dem Eintritt in eine aufregende neue Periode mit vielen Unbekannten
- nach einer langen ereignislosen Phase passiert plötzlich alles auf einmal
- chaotische Arbeitsumgebung

- zwei neue Liebesbeziehungen
- finanzielle Verluste aufgrund von Missmanagement
- erst zu wenig Sport, jetzt zu viel
- nach großen Fortschritten gerät der Aufbau des Geschäfts plötzlich ins Stocken
- Erfolg
- Traurigkeit
- eine Reihe unverhoffter Glücksfälle
- Erschöpfung
- etwas leugnen

5. Anerkennung

Überlegen Sie sich für fünf Freunde anerkennende Worte. Thema: Wer sie heute sind oder wer sie sein mussten, um dorthin zu kommen, wo sie jetzt stehen. Schreiben Sie dann eine Anerkennung für sich selbst.

KAPITEL 4
Intuition

Haben Sie so etwas nicht auch schon einmal erlebt? Sie fahren durch eine ländliche Gegend, wo es kaum Wegweiser gibt. Als Sie an eine Kreuzung kommen, biegen Sie intuitiv nach rechts ab. Oder Sie hatten sich mit einem Freund zum Essen verabredet. Alles war normal, das Gespräch floss wie üblich dahin. Doch plötzlich fragten Sie Ihren Freund: »Was ist los? Gibt es etwas, was du mir erzählen musst?«

Vielleicht haben Sie spontan einen Menschen angerufen oder ihm eine Karte geschrieben. Sie waren sich damals nicht ganz sicher, warum Sie das gerade in jenem Moment taten – später erkannten Sie jedoch, dass der Zeitpunkt aus irgendeinem Grund wichtig war. Manche Leute haben wunderbare Ahnungen im Hinblick auf Investitionen, andere erahnen die Antworten auf wichtige Fragen, auch wenn sie zunächst einmal nicht viel Sinn zu ergeben scheinen. Bei gewissen Dingen verlassen sie sich lieber auf ihren Instinkt, weil das Gefühl so viel stärker ist als die Fakten. All das sind Beispiele für unsere Intuition, für die Gewinnung nichtempirischer Informationen – gewöhnlich als Antwort auf eine (nicht selten unausgesprochene) Frage. Wohin soll ich mich wenden? Was passiert mit dem Freund? Für welche Investition soll ich mich entscheiden? Welcher Job ist besser für mich geeignet? Weshalb verschwand der Klient während unseres Gesprächs einfach? Unsere Intuition liefert uns eine Antwort.

Aus der Intuition heraus zu sprechen, ist beim Coaching von unschätzbarem Wert. Es steht direkt neben der Fähigkeit, gut und tief gehend zuzuhören. Obwohl wir die Bedeutung von Wörtern in eine Definition fassen können, lässt sich die *Erfahrung* der Intuition manchmal nur schwer erklären – und deshalb können manche sie auch nur schwer akzeptieren. Für viele fängt das Problem damit an, dass die Intuition sich oft nicht leicht verifizieren lässt. Manchmal gibt es für die Schlussfolgerung keine sichtbaren Beweise; nicht selten stehen die Schlussfolgerungen, die Leute aus ihrer Intuition ziehen, sogar im Gegensatz zu den sichtbaren Tatsachen. Menschen, die ihrer Intuition vertrauen, sagen Dinge wie: »Ich weiß das, weil mir meine Intuition bei solchen Sachen gewöhnlich das Richtige sagt.«

Diejenigen, denen es schwer fällt, an die Intuition zu glauben, betrachten sie oft als bloßes Rate- oder Glücksspiel. Sie verstehen die Intuition einfach nicht und wollen sich nicht auf sie ein- und verlassen. Fakten, die man messen, aufzeichnen, wiederholen und an die man sich erinnern kann – die meisten Leute sagen, dass sie solche Fakten benötigen, wenn sie eine Entscheidung treffen müssen –, das ist es, worauf die meisten Menschen vertrauen. Die Leute machen sich sogar oft über die Intuition lustig: »Sie hat sich auf ihre weibliche Intuition verlassen.« (Dazu sagen wir hier lieber nichts mehr.) Die meisten verschweigen nach Möglichkeit, dass sie ihre Intuition benutzt haben. Selbst diejenigen, die in großem Maße über das Talent der Intuition verfügen, setzen es oft nur ungern ein und geben das noch seltener zu. Daher verkümmert die Intuition in uns allen, und das ist schlimm, denn sie ist beim Coaching ungeheuer wertvoll.

Das bekannte und das unbekannte Universum

Heute glauben die meisten von uns, dass das bekannte Universum gleichsam mit Händen zu greifen ist. Es handelt sich um eine Welt, die innerhalb des Gesichtsfelds, der Hörweite, des Bereichs der fünf Sinne liegt. Wir glauben etwas zu wissen, wenn andere unsere Wahrnehmungen und Urteile bestätigen und zu den gleichen Ergebnissen kommen. Die Intuition aber lässt sich nicht direkt beobachten, ihre Ergebnisse allerdings manchmal schon. Sie ist wie der Wind in den Bäumen – wir können ihre Wirkungen sehen und hören, auch wenn wir sie selbst nicht sehen können. Deshalb wird die Intuition auch als »sechster Sinn« bezeichnet. Sie ist ein Empfindungsvermögen, das über die physische Welt hinausgeht.

Nehmen wir an, dass jemand sagt: »Wir bekommen heute noch Regen!« Sie fragen ihn: »Woher wollen Sie das wissen?« Die Antwort könnte dann lauten:

»Ich habe den Wetterbericht im Radio gehört.«
»Heute gab es ein starkes Morgenrot.«
»Das Barometer in meinem Wohnzimmer ist den ganzen Vormittag über stark gefallen.«
»Der Wind kommt von Osten, und im Westen ziehen sich Wolken zusammen.«
»Ich kann es in den Knochen spüren.«
»Ich weiß es einfach.«

Natürlich spüren manche Leute aufziehenden Regen tatsächlich in ihren Knochen. Der entscheidende Punkt ist, dass wir auf viele verschiedene Arten etwas wissen können. Eine beruht auf wissenschaftlich verifizierbaren Beweisen, doch es gibt eben auch den Fall, dass wir es »einfach wissen«. Wenn Sie sich die Liste der möglichen Antworten ansehen, fragen Sie sich vielleicht, welche Quelle die richtige ist. Oder lautet Ihre Frage, welcher dieser Quellen Sie am meisten vertrauen? Viele Leute würden sagen, dass zwischen dem, was sie unmittelbar beobachten können, und ihrem Vertrauen in ihr Wissen ein direkter Zusammenhang besteht. Diese Leute verlassen sich überwiegend auf die unmittelbare Erfahrung. Sie würden die Intuition auf der Vertrauensskala ganz weit unten ansiedeln, vielleicht sogar bei einer Zuverlässigkeit von 0 Prozent.

Was aber, wenn es nicht nur eine Skala gibt, sondern zwei? Stellen Sie sich die Intuition einfach als eine andere Dimension desselben Raums vor, als eine andere Ebene; das konventionelle Wissen liegt auf einer Ebene (zwischen der x- und der y-Achse), die Intuition auf einer anderen, aber mit ihr verbundenen (zwischen der x- und der z-Achse). Unser Wissen ist demnach dreidimensional. Dann gibt es immer noch unterschiedliche Grade des Vertrauens in die Intuition, doch wir erkennen, dass wir alle Zugang zur Intuition als einer speziellen Art des Wissens haben. Und dass wir unsere Intuition durch Übung weiterentwickeln können. Sie befindet sich auf der Wahrheitsskala nicht ganz unten, sondern durchaus in der Nähe unseres Verstands – und gibt uns oft verlässlichere Informationen als empirisch nachweisbare Beobachtungen.

Stimmt das wirklich?

Wenn man die Intuition als eine Art des Wissens beschreiben will, fangen die Schwierigkeiten damit an, wie »Wissen« zu definieren ist. Manche sagen, dass man gar nicht davon sprechen könne, dass die Intuition stimme oder nicht stimme – sie müsse mehr wie ein Anstoß verstanden werden, den wir bekommen. Beantworten Sie beispielsweise die folgenden Fragen: Welchen Wochentag haben wir morgen? Welches Datum? Welche Jahreszeit haben wir? Wie wird das Wetter in diesem Jahr in welcher Jahreszeit sein? Was ist in diesem Jahr in dieser Phase Ihres Lebens wichtig? Die Antworten finden Sie an verschiedenen Stellen: in Ihrem Gedächtnis, Ihrem logischen Denken, Ihrer Geschichte ... Und eine weitere Stelle könnte Ihre Intuition sein – wir nehmen den von dort kommenden Anstoß an und geben ihm Ausdruck.

Um unsere Intuition in Worte fassen zu können, interpretieren wir den Anstoß, der von dort erfolgt. Unsere *Interpretation* des intuitiven Anstoßes kann durchaus auch falsch sein, der intuitive Impuls selbst jedoch war weder richtig noch falsch. Stellen Sie sich folgendes Szenarium vor: Ihr Klient ist mitten in einem Bericht über das, was er in der letzten Woche gemacht hat. Es ist ein großartiger Bericht, ein Erfolg reiht sich an den anderen. Der Klient hat tatsächlich alles umgesetzt, was er machen wollte. Ihre Intuition sagt Ihnen aber, dass er irgendetwas zurückhält. Daher fragen Sie ihn trotz all der Erfolge: »Meine Intuition sagt mir, dass Sie mir noch nicht alles über die letzte Woche erzählt haben – stimmt das?« Ihre Intuition hat Ihnen einen Anstoß gegeben; Ihre Interpretation lautet, dass der Klient etwas zurückhält, und deshalb sprechen Sie das aus. Ob Sie mit Ihrer Interpretation Recht haben, spielt keine Rolle. Falls der Klient Ihnen tatsächlich nicht alles gesagt hat – wunderbar, Sie haben die Tür zu einem Gespräch darüber geöffnet. Sagt der Klient dagegen, er halte nichts zurück, ist das auch gut – Sie können die Erfolgsgeschichte dann verstärken. Das Großartige an den intuitiven Meldungen im Coachingprozess ist, dass die Intuition stets das Handeln fördert und das Lernen vertieft, selbst wenn diese Meldungen nicht mit einem melodischen Klang einhergehen, sondern mit einem Scheppern.

Beim Coaching-Gespräch zeigt die Intuition sich oft auf unerwartete Weise, und dann mehr als eine Ahnung. Manchmal nimmt sie die Form eines Bildes an, manchmal auch die einer unerklärlichen Verschiebung auf der Gefühlsebene. Wichtig ist beim Coaching vor allem, sich nicht gegen die Intuition zu sperren, sondern ihr zu vertrauen, sich ihrer bewusst zu werden und sich nicht an eine eindimensionale Interpretation zu klammern. Letztendlich ist Ihre Intuition immer wertvoll, wenn sie dazu führt, dass der Klient handelt oder sein Lernen sich vertieft. Ob sie »richtig« war, spielt keine Rolle.

■ Beispieldialog

KLIENT: *Mir scheinen die Möglichkeiten ausgegangen zu sein, und ich bin erschöpft. Immer wieder dasselbe machen, mit den gleichen Leuten sprechen, den alten Lebenslauf vorlegen ... Auch wenn die Gesichter und Namen sich ändern, ist es immer wieder das gleiche Lied.*

COACH: *Meine Intuition sagt mir, dass es da noch etwas anderes gibt – etwas, was Sie übersehen haben. Als wäre es da, an einem Ort, an dem Sie schon gewesen sind. Was könnte das sein?*

KLIENT: *Das weiß ich nicht. Es kommt mir vor, als wäre ich diese Straße schon einmal entlanggegangen und steckte in ausgefahrenen Gleisen fest.*

COACH: *Die Straße ist ein gutes Bild, mit dem wir arbeiten können. Stellen Sie sich vor, dass sich an der Straße ein Zaun befindet und es darin ein Tor gibt. Was ist dieses Tor?*

KLIENT: *Es ist wie die Straße, für die ich mich nicht entschieden habe.*

COACH: *Und was könnte auf der anderen Seite des Tores liegen? Wenn Sie sich etwas ausdenken könnten – was wäre es?*

KLIENT: *Es erinnert mich eigentlich an das Haus meiner Großeltern in Connecticut. Mein Großvater war der Einzige in unserer Familie, der ein eigenes Geschäft hatte. Das machte ihn in meinen Augen so ziemlich zum klügsten Menschen auf der Welt. Ich bewunderte ihn wirklich für seine Unabhängigkeit.*

COACH: *Und was bedeutet das Tor in Ihrem eigenen Leben für Sie?*

KLIENT: *Das Tor ist schon immer da gewesen. Ich bin bloß immer daran vorbeigegangen und habe die Sicherheit und vielleicht auch die Loyalität von Kollegen in einer großen Firma bevorzugt. Ich glaube, es ist Zeit, stehen zu bleiben und mir genau anzusehen, was für mich hinter dem Tor liegt.* ■

Intuitive Intelligenz

Man kann die Intuition auch als eine Form der Intelligenz betrachten – wie die musikalische oder visuelle Intelligenz. Bis auf diejenigen, die blind oder farbenblind sind, können wir alle die Farben erkennen. Das geht schon im Kindergarten los: Rot, Blau, Grün. Viele von uns erweitern ihren Farben-Wortschatz im Laufe der Jahre und werden bei der Unterscheidung von Farben geschickter. Künstler lernen, zahllose Farbschattierungen zu erkennen und zu benennen, sie kennen die winzigen Unterschiede zwischen Hunderten von Schattierungen. So ist es auch bei der Intuition. Sie ist eine Intelligenz, die bis zu einem gewissen Grad jeder hat, und wir können sie genauso entwickeln wie Künstler und Musiker ihr Talent.

Einer der interessanten Aspekte der Intuition ist, dass sie sich unserem Griff so leicht entziehen kann. Sie scheint sich umso schwerer fassen zu lassen, je angestrengter wir dies versuchen. Am besten ist es offenbar, sich nicht zu stark auf sie zu konzentrieren, sondern einfach für sie offen zu sein – wie bei der Betrachtung jener Bilder, die sich aus einer Vielzahl an bunten Farbtupfern zusammensetzen: Das Motiv, etwa ein Segelschiff, ist da, doch man muss ein wenig zurücktreten und darf sich nicht auf Einzelheiten fokussieren, um es sehen zu können. Auch Ihre Intuition ist da, sie schickt Ihnen Botschaften und gibt Ihnen Hinweise, doch auf einer Ebene, die gerade unterhalb der Ebene der direkten Beobachtung liegt. Das ist das Paradoxe an der Intuition: Mit der offenen Hand kann man sie fassen, doch der Faust entschlüpft sie.

Ihre Interpretation ist wichtig, nicht Ihre Beurteilung

Was Sie bezüglich Ihrer intuitiven Eindrücke zum Ausdruck bringen, beruht auf Ihrer *Interpretation*. Die Interpretation ist mithin eine auf Ihre Intuition zurückgehende Beobachtung, keine Beurteilung; es darf Ihnen nicht wichtig sein, ob sie richtig ist. Wenn Sie sagen: »Meine Intuition sagt mir, dass Sie mir noch nicht alles über die letzte Woche erzählt haben«, ist das eine Interpretation, die auf bestimmten Signalen und Anstößen beruht; zum Teil basiert sie auf direkten Beobachtungen, die Sie durch das Zuhören auf der dritten Ebene gewonnen haben, zum Teil aber verdanken Sie diese Interpretation einer Eingebung. Für Ihren Klienten könnte Ihre Beobachtung sich wie eine Beurteilung anhören – als ob Sie ihn beschuldigten, Ihnen absichtlich etwas vorzuenthalten. Vielleicht denken Sie das ja tatsächlich, doch Ihre Botschaft leiten Sie zunächst einmal einfach aus einer intuitiven Beobachtung ab. Falls Sie allerdings vorschnelle Schlussfolgerungen ziehen und die Beobachtung überspringen, dürfte der Klient sich viel eher beurteilt fühlen. Wenn Sie ihn fragen: »Was verheimlichen Sie in Ihrem Bericht vor mir?«, ist darin eine Beschuldigung eingebaut. Sie lassen dem Klienten Ihre Intuition dann nicht wirklich zugute kommen. Sie hatten Recht, Ihrer Intuition zu vertrauen, doch nun müssen Sie an Ihrer Formulierung arbeiten, da Sie eine Schlussfolgerung gezogen haben und dann statt Ihrer intuitiven Beobachtung diese Schlussfolgerung zum Ausdruck gebracht haben.

Wenn Sie Ihre Intuition effektiv nutzen wollen, dürfen Sie sich nicht an Ihre Interpretation klammern. Diese neutrale Haltung gegenüber der eigenen Interpretation kann schwierig sein; weil wir diese neutrale Haltung nicht einnehmen können, können wir unsere Intuition oft nicht in angemessene Worte fassen. Manchmal halten wir auch etwas zurück, weil wir uns an die einmal vorgenommene Interpretation klammern und nicht zugeben wollen, dass wir mit ihr falsch liegen. Es ist uns wichtig, Recht zu haben. Darauf müssen Sie vorbereitet sein. Hinzu kommt: Wenn Sie Ihre intuitiven Eindrücke aussprechen, könnte der Klient sie ablehnen und als nicht zutreffend bezeichnen. Trotzdem werden sie einen Denk- und Reflexionsprozess bei ihm auslösen, sodass man sagen kann, dass ihm nicht nur Ihre aus seiner Sicht »richtigen« intuitiven Botschaften weiterhelfen.

Seinen eigenen Zugangspunkt finden

Unseren Zugang zur Intuition entwickeln wir auf die gleiche Weise wie andere Talente oder Muskeln. Intuitive Fitness ist genauso möglich wie körperliche. Erfreulicherweise ist das Coaching sozusagen ein Fitnesscenter für die Intuition. Auf der praktischen Seite lautet die Frage: Wie findet man den Zugang zur eigenen Intuition, vor allem, wenn man nicht daran gewöhnt ist, danach zu suchen? Am Anfang ist das nicht leicht. Im Gegensatz zum Bizeps, der bei uns allen etwa an der gleichen Stelle sitzt, findet nämlich jeder von uns seine Intuition an einer anderen Stelle.

Viele finden ihre Intuition in ihrem Körper – in der Brust oder im Bauch. Daher bezeichnen sie ihre Intuition auch als »Bauchgefühl«. Manche empfinden ein Brennen an der Stirn oder ein Kribbeln in den Fingerspitzen. Andere hingegen spüren ihre Intuition gar nicht im Körper; sie kann über ihnen sein oder eine Hülle bilden, die sie umgibt. Nehmen Sie sich Zeit, um herauszufinden, wo Sie Ihre Intuition fühlen. Halten Sie inne, seien Sie aufmerksam, hören Sie auf Ihren Körper oder Ihre Erfahrung, um herauszufinden, woher die intuitive Kommunikation kommt.

»Sehen« Sie Ihre Intuition visuell, oder fühlen Sie sie kinästhetisch? Manche stellen fest, dass sie besseren Zugang zu ihrer Intuition bekommen, wenn sie aufstehen. Für andere läuft die Intuition auf der verbalen Ebene ab. Ganz gleich, wo Ihr eigener Zugangspunkt liegt – letztendlich werden Sie den Anstoß, den Ihre Intuition Ihnen gibt, in Worte fassen müssen. Über eins müssen Sie sich nämlich im Klaren sein: Als Coach müssen Sie das, was Ihre Intuition Ihnen sagt, dem Klienten *mitteilen*. Wenn Sie Ihre Intuition bei der Ausgestaltung der Coaching-Beziehung nicht nutzen, leisten Sie dem Klienten nur einen Teil des Dienstes, den er von Ihnen erwartet.

Der »Knoten im Taschentuch«

Zugang zu Ihrer Intuition zu gewinnen, könnte etwas Neues für Sie sein, vor allem auf der tief gehenden Ebene, die wir hier beschreiben. Solange die Intuition kein vertrautes, leicht zu benutzendes Werkzeug ist, sollten Sie sich einen »Knoten ins Taschentuch« machen, um beim Coaching daran erinnert zu werden, sie zu benutzen: Hängen Sie sich einen Zettel über Ihr Telefon, tragen Sie Ihre Armbanduhr am anderen Handgelenk – Sie müssen selbst herausfinden, was bei Ihnen am besten funktioniert. Benutzen Sie diesen »Knoten im Taschentuch« so lange, bis Sie feststellen, dass Sie Ihre Intuition automatisch einsetzen. Ihre Intuition steht immer für Sie bereit. Sie brauchen sie nicht zu *erzeugen* – genauso wenig wie den Strom, durch den die Lampen bei Ihnen zu Hause brennen. Sie müssen lediglich daran denken, sie einzusetzen.

Intuitive Eindrücke sofort verbalisieren

Wir neigen von Natur aus dazu, uns zunächst zurückzuhalten, die intuitiven Eindrücke zu analysieren, uns davon zu überzeugen, dass sie stichhaltig sind. So funktioniert das aber nicht! Bis Sie Ihre Intuition verschiedenen Gültigkeitstests unterzogen haben, befindet der Klient sich bereits in einer ganz anderen Phase des Gesprächs, und Sie haben den richtigen Augenblick verpasst. Die Intuition ist wie ein kleiner Lichtstrahl, der zu schwinden beginnt, sobald er aufgetaucht ist. Der stärkste Augenblick ist der erste. Angst oder Schüchternheit, Zögern … schon ist es zu spät!

Den intuitiven Treffer landen

Die Intuition kann in Worten, aber auch als Gestalt, Prickeln oder Laut daherkommen. Die Kommunikation Ihrer Intuition mit Ihnen kann über ein Schweregefühl, einen Schmerz oder eine Stimmung erfolgen. Manchmal ergibt sich der intuitive Hinweis aus dem Gespräch selbst, manchmal liegt er draußen, in der Umgebung. So könnte ein Blick aus dem Fenster Ihres Büros zu einem intuitiven Eindruck führen, weil sie dort eine bestimmte Szene betrachten. Diese Szene erzeugt ein Bild … das Ihre Intuition Ihnen signalisiert … und das Sie Ihrem Klienten mitteilen … und dann sehen Sie die Wirkung. Nehmen wir beispielsweise an, dass Ihr Klient Ihnen ein Gefühl der Verwirrung beschreibt, das er angesichts einer Veränderung bei seiner Arbeit empfindet. Er versucht, herauszufinden, welche Richtung er einschlagen sollte und welche Aktionen richtig wären. Sie blicken aus dem Fenster und sehen, dass es ein klarer Herbsttag ist, einer der ersten. Das ist ein starker Eindruck, und Sie erwähnen das: »Ich habe dieses Bild von einem Herbsttag, die Farbe der Blätter verändert sich, die Luft wird frischer. Was ruft das bei Ihnen hervor?« Vielleicht das Gefühl, dass sich in seinem Leben eine Veränderung ankündigt, sodass es ihm möglich wird, sich diese anstehende Veränderung zu verdeutlichen. Oder die Erinnerung an Aufgaben, die als Vorbereitung auf den Winter erledigt werden müssen. Woher die Intuition stammt, ist unerheblich – wichtig ist nur, was sie im Klienten auslöst.

Die Intuition braucht nicht »vernünftig« zu sein. Sie beruht nicht auf der Logik oder auf Beweisen und benötigt keine Bestätigung, sie steht auf ihren eigenen Füßen. Tatsächlich sind die stärksten Intuitionen nicht selten gerade die unvernünftigsten. Am Anfang könnte es einigen Mut erfordern, Ihrer Intuition zu vertrauen, doch durch ihren Gebrauch werden Sie allmählich lernen, sie besser zu benutzen, und jedes Mal ein bisschen mehr Zuversicht gewinnen.

Die Intuition in Worte fassen

Hier eine kleine Anleitung für alle, denen es nicht leicht fällt, ihre Intuition in Worte zu fassen: Benutzen Sie eine der folgenden Formulierungen, um Ihrer Intuition Ausdruck zu verleihen. Es dürfte sogar eine gute Übung sein, einfach mit einer dieser Formulierungen anzufangen, ohne zu wissen, was dann an weiteren Äußerungen folgen wird; vertrauen Sie darauf, dass Ihre Intuition die leeren Stellen ausfüllen wird:

»Ich habe das Gefühl, dass …«
»Darf ich Ihnen von meinem Bauchgefühl erzählen?«
»Ich habe so eine Ahnung, dass …«
»Darf ich etwas mit Ihnen zusammen überprüfen?«
»Ich frage mich, ob …«
»Überlegen Sie doch mal, wie das bei Ihnen passt …«

Am besten könnte gerade die einfachste, ganz direkte Formulierung sein: »Meine Intuition sagt mir, dass …«

Denken Sie daran, dass die Intuition keine Zauberei ist, auch wenn wir das manchmal glauben mögen, vor allem, wenn wir von den Ergebnissen begeistert sind, zu denen sie uns verhilft. Sie ist vielmehr mit dem Zuhören vergleichbar: eine starke Begabung, durch die wir den Klienten helfen können, zu handeln oder ihre Lernprozesse zu vertiefen.

Coaching-Techniken

Die folgenden Techniken stehen im Zusammenhang mit der Intuition, sind aber auch für andere Kontexte geeignet. Wir haben sie für dieses Kapitel ausgewählt, weil sie mit der Intuition in einem Zusammenhang stehen oder uns helfen, unseren intuitiven Eindrücken Ausdruck zu verleihen. Die Technik der Metapher, die wir im Kapitel über das Zuhören dargestellt haben, hätte auch hier ihren Platz finden können, denn aussagekräftige Metaphern verdanken sich häufig intuitiven Eindrücken.

Unterbrechen

Da die meisten Coaching-Gespräche recht kurz sind, kann es nötig sein, den Klienten bei seinem Bericht oder seiner Geschichte zu unterbrechen, um schneller auf den Punkt zu kommen. Den Zeitpunkt, zu dem dies angebracht ist, wird Ihnen auf der dritten Ebene des Zuhörens mitgeteilt. Warten Sie dann nicht höflich auf eine Gesprächspause, sondern unterbrechen Sie das Gespräch und geben Sie ihm eine neue Richtung, oder stellen Sie eine Frage. Oft wird Ihre Intuition Sie dazu drängen.

Um das Gespräch zu unterbrechen, brauchen Sie nicht unhöflich zu sein; Ihr Vorgehen wird allerdings manchmal als unhöflich empfunden werden, besonders in Gegenden, wo das Unterbrechen als kultureller Fauxpas betrachtet wird. Viele erzählfreudige Klienten finden zudem einfach kein Ende in ihrem Redestrom. Wenn Sie das nicht unterbinden, werden Ihre Klienten die Sitzungen bald vor allem als Gelegenheit betrachten, möglichst viel von sich zu erzählen. Auf der anderen Seite wird sich bei ihnen schließlich ein Gefühl der Unzufriedenheit einstellen, sie werden sich fragen, ob sie die Coaching-Beziehung nicht beenden sollten. Denn in Wahrheit wollen die Klienten nicht die ganze Zeit über bei einer Sitzung einfach nur »Geschichten« erzählen, sie wollen zum Kern ihres Problems vorstoßen und dabei von Ihnen unterstützt werden.

Sie sollten Ihre Klienten schon bei der Intake Session auf diese Unterbrechungen vorbereiten. Erklären Sie ihnen, dass Sie das Gespräch manchmal auf eine Weise unterbrechen werden, die sie überraschen könnte, dass ein Coaching-Gespräch aber nun mal etwas anderes ist als lockeres Geplauder bei einer Tasse Kaffee. Manchmal werden Sie sie unterbrechen müssen, und das sollten die Klienten nicht persönlich nehmen. Wenn sie sich doch einmal gekränkt fühlen, sollten sie Ihnen das sagen, damit Sie mit ihnen darüber sprechen können.

Widerstrebt es Ihnen immer noch, Ihre Klienten zu unterbrechen, weil das einfach nicht Ihr Stil ist? Dann sollten Sie es so betrachten: Sie unterbrechen nicht den *Klienten*, sondern seine Geschichte, die zwischen ihm und der Wahrheit steht. Sie bereiten der Ablenkung ein Ende, der Verschleierung, der Verwirrung. Würden Sie lieber für höflich oder nett gehalten werden, als Ihren Klienten zu einer notwendigen Veränderung zu verhelfen? Denken Sie daran, dass es beim Coaching um den Klienten geht, nicht um den Coach! Daher dürfen Sie nicht zaghaft sein.

Ihre Aufgabe als Coach ist, alles zu tun, um Ihre eigene Agenda, Ihre eigenen Bedürfnisse und Ihr Ego aus dem Gespräch herauszuhalten. Bei dem in Kapitel 1 beschriebenen Coaching-Modell taucht der Coach ja überhaupt nicht auf. Es gibt aber durchaus Zeiten, wo Sie die Kontrolle übernehmen müssen. Ihre Erfahrung als Coach und Ihr Training verleihen Ihnen eine Autorität, die Sie benutzen können, um dem Klienten zu dienen. Nur nett zu sein – und daher von Unterbrechungen abzusehen –, liegt *nicht* im Interesse des Klienten. Manchmal werden Sie eingreifen müssen, um etwas zu klären, den Klienten zu etwas aufzufordern oder herauszufordern oder ihm etwas Unangenehmes zu sagen. Eine feste Regel dafür gibt es nicht – Sie sollten sich auf Ihre Intuition verlassen.

Unerfahrene Coachs glauben oft, dass sie mehr Informationen brauchen, mehr von der Geschichte hören müssen, bevor sie mit dem Coaching anfangen können. Sie haben das Bedürfnis, mehr über den Hintergrund oder die Lebensumstände des Klienten zu erfahren. Daher lassen sie ihn mehr über sich erzählen, als notwendig wäre. Die Technik des Unterbrechens hilft, unnötiges Erzählen – durch das der Klient verhindern will, dass er zum Kern der Sache vorstößt – abzukürzen. Durch Unterbrechungen kann man schneller zum Wesentlichen vorstoßen: den Klienten zum Handeln und Lernen anregen.

■ Beispieldialog

Beispiel A: Unangemessener Einsatz der Technik

KLIENT: *Mary ist diejenige, von der ich Ihnen erzählt habe – die, die immer etwas anderes will. Wenn ich sage, ich finde, wir sollten nach Osten gehen, sagt sie, nein, nach Westen. Wenn ich sage, dass wir den Termin nur einhalten können, wenn wir uns Hilfe von außen holen, sagt sie, nein, wir müssen es allein schaffen, wir brauchen einfach nur eine bessere Teamarbeit. Teamarbeit! Was für eine Heuchlerin! Ich habe sie schon so oft gebeten, sich mehr im Team zu engagieren. Aber dann heißt es immer: »Ich habe keine Zeit!« oder »Das ist doch dein Team, du musst es leiten!«. Sie wissen schon, immer bloß Ausreden. Sie ist diejenige, die unser Team ständig im Stich lässt! Und …*

COACH: *Sie ist diejenige, die Ihr Team ständig im Stich lässt – es muss sehr frustrierend sein, mit so jemandem zusammenzuarbeiten.*

KLIENT: *Genau! Habe ich Ihnen schon erzählt, was sie sich letztens geleistet hat? Als …*

COACH: *Wieder das Gleiche, nehme ich an.*

KLIENT: *Natürlich! Es hört einfach nicht auf … bla, bla, bla, bla, bla, bla.*

Beispiel B: Angemessener Einsatz der Technik

KLIENT: *Mary ist diejenige, von der ich Ihnen erzählt habe – die, die immer etwas anderes will. Wenn ich sage, ich finde, wir sollten nach Osten gehen, sagt sie, nein, nach Westen. Wenn ich sage, dass wir den Termin nur einhalten können, wenn wir uns Hilfe von außen holen, sagt sie, nein, wir müssen es allein schaffen und …*

COACH: *Was müssen Sie dagegen tun?*

KLIENT: *Dagegen tun?*

COACH: *Genau – was müssen Sie dagegen tun?*

KLIENT: *Na ja … Ich könnte wohl mit ihr darüber sprechen, wie negativ sich das auswirkt, darüber, dass sie unser Team im Stich lässt, zum Beispiel wenn sie …*

COACH: *Wann wollen Sie dieses Gespräch führen?*

KLIENT: *Bald, denke ich. Noch diese Woche, vielleicht am Donnerstag oder Freitag.* ■

Mit intuitiven Eindrücken herausplatzen

Auch wenn das merkwürdig klingen mag – mit seinen Gedanken herauszuplatzen, ist eine Technik, die der Coach entwickeln sollte. Die meisten von uns wenden zu viel Zeit dafür auf, die Dinge zu analysieren, und verpassen darüber die Gelegenheit zum Handeln. Beim Coaching liegt es im Interesse des Klienten, direkt in das Chaos vorzustoßen – ohne vorher Ordnung hineinzubringen. Es ist besser, den Sprung zu wagen, auch auf die Gefahr hin, dabei ein bisschen ungeschickt auszusehen. Ironischerweise wird dadurch mehr Vertrauen aufgebaut, als wenn der Coach sich als Autorität aufspielt, als derjenige, der stets die Kontrolle behält. Wer eingesteht, nicht den Stein der Weisen zu besitzen, wirkt menschlicher – und damit authentischer. Sie als Coach könnten beispielsweise sagen: »Ich weiß nicht genau, was hier die richtigen Worte sind, aber es ist etwas wie …« oder »Lassen Sie mich einfach eine Minute lang laut nachdenken. Ich bin mir nicht ganz sicher, was ich hier sagen möchte …«.

Die Klienten und ihre Intuition

Wenn die Klienten beobachten können, wie der Coach mit seiner Intuition arbeitet, können sie experimentieren und bei dem Gebrauch ihrer eigenen Intuition Risiken eingehen. Das Erlernen der Prinzipien, Kontexte und Techniken des Coachings kann ihnen enorme Vorteile einbringen. So haben Klienten, die gut auf der zweiten und dritten Ebene zuhören können, die Chance, in ihren beruflichen und privaten Beziehungen weitaus effektiver zu sein. Und wer lernt, die Meta-Perspektive einzunehmen, kann sein Leben aus einer erhöhten Perspektive betrachten und so wichtige Veränderungen leichter in Gang setzen.

Damit Ihre Klienten den Umgang mit ihrer Intuition erlernen können, sollten sie zunächst einfach eine Zeit lang auf sie achten und mit ihr spielen. Sie könnten Ihre Klienten zum Beispiel bitten, herauszufinden, wie sie Zugang zu ihrer Intuition erlangen und sich von der Vorstellung verabschieden können, es unbedingt »richtig« machen zu müssen. Bereiten Sie sie auch darauf vor, dass der innere Schweinehund auftaucht. Wenn Klienten den Umgang mit ihrer Intuition einüben, ist es nämlich ganz normal, dass sie ihre intuitiven Interpretationen mit den Schlussfolgerungen vergleichen, die ihr logisches Denken zieht. Am Anfang, wenn sie noch keine Erfahrung mit ihrer Intuition haben, gewinnt bei den meisten das logische Denken die Überhand. Der innere Schweinehund rät ihnen dazu und redet ihnen ein, der Intuition nicht zu vertrauen. Darauf sollten Sie Ihre Klienten vorbereiten – und sie ermutigen, dieses unbekannte Terrain weiter zu erforschen.

Übungen

1. Intuition

Die Intuition ist jener sechste Sinn, der uns Antworten auf wichtige Fragen gibt. Manchmal wird die Frage explizit gestellt, manchmal bildet sie einen Teil des Gesprächshintergrunds. Beim Coaching stellen sich immer wieder wichtige Fragen, die das Leben des Klienten existenziell betreffen.

Um den Umgang mit Ihrer Intuition zu üben, sollten Sie sich an einem ruhigen Ort, wo Sie eine Weile nicht gestört werden, mit einem Freund treffen. Bitten Sie ihn, eine Reihe offener Fragen über sein Leben aufzuschreiben. Fordern Sie ihn dann auf, eine Frage aus der Liste auszuwählen und sie mehrmals laut vorzulesen, mit einer kurzen Pause nach jeder Wiederholung. Konzentrieren Sie sich beide ein paar Minuten lang auf die Frage, ohne sich zu unterhalten. Ihr Ziel besteht einfach darin, Ihre Konzentration auf die Frage zu erhöhen und sich allem zu öffnen, was Ihre Intuition Ihnen mitzuteilen hat. Erzählen Sie Ihrem Freund dann alles, was in Ihnen vorgegangen ist: die Gedanken, die Gefühle, Ihre Sinneswahrnehmungen in Form von Bildern, Lauten, Gerüchen, Berührungen und alles andere, was Ihnen aufgefallen ist oder was Sie abgelenkt hat. Manches in Ihrem Bericht wird in Ihrem Freund eine Resonanz auslösen. Sobald dies geschehen ist, sollten Sie Ihren Freund fragen, worin genau sie besteht, und diesen Bereich weiter erforschen.

Diese Übung können Sie noch intensivieren, indem Sie Ihren Freund bitten, seine Fragen auf Papierstreifen zu schreiben und sie dann zu falten, sodass Sie die Fragen nicht lesen können. Wählen Sie eine beliebige Frage aus dem Stapel aus und konzentrieren Sie sich beide ein paar Minuten lang auf die Frage, die Sie ja nicht kennen. Berichten Sie Ihrem Freund nun wieder von allem, was Ihre Intuition Ihnen gibt. Lesen Sie danach die Frage und bitten Sie Ihren Freund, sich dazu zu äußern. Wo gab es Verbindungen? Wohin führt das?

2. Unterbrechen
Setzen Sie sich mit einem Freund zusammen und bitten Sie ihn, dass er Ihnen eine Geschichte erzählen möge, bei der Sie ihn immer wieder unterbrechen werden, um die Technik des Unterbrechens zu üben. Bitten Sie ihn zum Beispiel, Ihnen eine Geschichte aus einer wichtigen Phase seines Lebens zu erzählen, etwa von einer Lernerfahrung in der Schule oder wie er seine Lebenspartnerin kennen lernte. Es soll eine Geschichte sein, die sich ausdehnen lässt; sagen Sie Ihrem Freund, dass er ruhig weitschweifig erzählen soll. Wenn er Ihnen dann die Geschichte erzählt, besteht Ihre Aufgabe darin, ihn zu unterbrechen und den Verlauf des Erzählprozesses durch den Einsatz einer der Coaching-Techniken zu verändern:

Bitten Sie Ihren Freund um eine Zusammenfassung: »Was hat das für dich bedeutet?«

Unterbrechen Sie ihn durch eine provozierende Frage (keine Frage nach mehr Informationen): »Was hast du daraus gelernt?«

Unterbrechen Sie ihn, indem Sie artikulieren, was in diesem Augenblick in der Geschichte passiert.

Unterbrechen Sie ihn durch eine Aufforderung.

Sagen Sie ihm, dass Sie ihn unterbrechen wollen: »Ich werde dich hier unterbrechen.«

Beispielformulierungen für Unterbrechungen: »Entschuldige, du hast gerade …« – »Ich möchte dich fragen, ob …«

KAPITEL 5

Neugier

Die Neugier als Bestandteil des Coachings stellt uns vor ein Paradoxon: Zum einen ist sie eine wunderbar spielerische Eigenschaft, zum anderen lassen sich mit ihr Türen öffnen, die der Klient geschlossen, zugesperrt und vergessen hat. Sie ist daher entwaffnend und fesselnd zugleich – kein Kontext von dunkler Bedeutung, sondern eine Möglichkeit, unerwartet wichtige Entdeckungen zu machen.

Eine andere Art, zu fragen

Die Neugier beginnt mit einer Frage: »Ich frage mich ...« Das Interessante an dieser Frage ist, dass sie uns automatisch dazu bringt, auf die Suche zu gehen. Zum Beispiel: »Ist es draußen kalt oder warm?« Wahrscheinlich haben Sie sofort über das Wetter in Ihrer Stadt nachgedacht. Diese pawlowsche Reaktion auf Fragen ist bei fast allen Menschen zu beobachten – wir gehen der Frage dann fast immer nach und suchen nach einer Antwort. Schon dass die Frage überhaupt gestellt wird, verändert den Fokus des Gesprächs. Neugierig zu sein, hat die gleiche Wirkung. Wir lenken die Aufmerksamkeit des Klienten automatisch auf diejenigen Dinge, auf die wir und er selbst neugierig ist – zum Beispiel auf seinen Lebenszweck, seine Werte und Leidenschaften, seinen inneren Schweinehund. Auf diese Aspekte des Lebens des Klienten neugierig zu sein, ist aber nicht dasselbe, wie Informationen zu sammeln. Die Neugier ermöglicht eine andere Art des Entdeckens.

Durch unsere Erfahrungen in der Schule haben wir gelernt, uns Informationen zu beschaffen, indem wir gezielt Fragen stellen. Und dass es auf Fragen spezifische Antworten gibt: richtige Antworten. Auch bei den Fragen, die uns in der Schule als Aufsatzthemen begegnen, gibt es zumeist eine richtige – spezifische, konkrete und messbare – Antwort. Außerdem haben wir gelernt, dass Fragen benutzt werden, um Optionen auszuschließen. Das ist die deduktive, wissenschaftliche Methode. Und wir haben gelernt, dass wir für unsere Fähigkeit, die richtigen Antworten zu finden, benotet werden.

Zwischen den konventionellen Fragen, durch die Informationen erschlossen werden können, und den Fragen, die die Neugier und den Entdecker- und Forschungsdrang in uns wecken, besteht ein großer Unterschied. Zum Beispiel:

Zusammentragen von Informationen	**Neugier**
Welche Themen werden Sie in Ihren Bericht aufnehmen?	Was wird Ihnen die Fertigstellung des Berichts bringen?
Wie viel Sport sollten Sie jede Woche treiben?	Was würde es für Sie bedeuten, fit zu sein?
Welche Möglichkeiten gibt es für das Training?	Was wollen Sie wissen?

Die tödlichsten Fragen sind diejenigen, die als Antwort nur ein »Ja« oder »Nein« zulassen, denn sie stellen mitten im Gespräch ein riesiges Stoppschild auf; die Straße endet abrupt, und der Coach muss wieder ganz von vorn anfangen. Neugierige Fragen dagegen sind offen. Sie nehmen den Klienten mit auf eine Reise und lassen sich leicht so formulieren, dass es nicht zu plötzlichen Stopps kommt:

Ja/Nein-Fragen	**Offene Fragen**
Ist das für Sie eine effektive Strategie?	Wodurch gewinnt diese Strategie für Sie an Relevanz?
Können Sie hier noch mehr lernen?	Wie können Sie Ihre Lerneffekte verdoppeln?
Das hört sich an, als ob Sie zwischen diesen beiden Möglichkeiten festsitzen – stimmt das?	Welche dritte Möglichkeit haben Sie neben den beiden, über die wir schon gesprochen haben?

Eine andere Frageform, die wir im Laufe der Jahre gelernt haben, ist die Suggestivfrage. Sie setzt voraus, dass es eine richtige Antwort gibt, eine Schlussfolgerung, die in die Frage selbst eingebaut ist. Suggestivfragen lassen dem Lernenden jedoch kaum eine Wahl, sie zwingen ihn praktisch, diejenige Antwort zu geben, die der Lehrer erwartet.

Außerdem haben wir in unseren frühesten Jahren gelernt, dass Neugier geradezu gefährlich ist. Wer in Gesprächen neugierig ist und permanent Fragen stellt, wird oft als dumm, unreif und aufdringlich bezeichnet. Daher lernen wir, im Hinblick auf die Fragen, die wir stellen, vorsichtig zu sein und unsere Neugier nicht die Oberhand gewinnen zu lassen.

Der Wert der Neugier

Beim Coaching ist das Stellen neugieriger Fragen sehr wichtig – wenn der Coach über die angemessene Einstellung verfügt. Der neugierige Coach kennt nicht alle Antworten, er legt die Rolle des Experten ab und macht sich gemeinsam mit dem Klienten auf die Suche nach dem Kern der Sache. Er erforscht zusammen mit dem Klienten dessen Welt, statt ihm seine eigene Welt überzustülpen.

Berater tragen Informationen zusammen, damit sie geeignete Empfehlungen aussprechen können. Sie haben das Fachwissen und suchen nach Informationen, um die Richtung bestimmen zu können. Man kann sie mit einem Bauunternehmer vergleichen, der den Auftrag bekommt, etwas aus dem Material zu bauen, das ihm zur Verfügung steht. Beim co-aktiven Coaching dagegen ist der Coach neugierig, er versucht sich das Material, mit dem er arbeitet, selbst zu verschaffen. Die Informationen – das Material – befinden sich im Klienten; mithilfe Ihrer Neugier fördern Sie sie zutage. Ihre Neugier lädt den Klienten ein, nach Antworten zu suchen. Wir gehen davon aus, dass der Klient die geeigneten Antworten kennt und über die Ressourcen verfügt, sie »auszugraben«.

Weil die Klienten wissen, dass sie die Antworten nicht im Coach finden, sondern in sich selbst, werden sie veranlasst, ihre Ressourcen besser zu nutzen. Außerdem liefert die Ermittlung der Antworten ihnen viel Energie, denn es handelt sich dabei um einen wichtigen Lernprozess. Die Neugier definiert und bestimmt die Richtung der Suche nach den Antworten, doch der Lernprozess selbst wird durch die Suche an sich gefördert. Sie führt schließlich zu Antworten, die aus der Erfahrungswelt des Klienten abgeleitet sind. Diese authentische Art des Lernens ist beim Coaching wichtig, da das Wachstum und die Veränderungen, zu denen sie führt, nachhaltig wirken.

Aufbau der Beziehung

Echte Neugier trägt auch enorm zum Aufbau einer vertrauensvollen Beziehung bei, und diese ist beim Coaching sehr wertvoll. Stellen Sie sich vor, dass bei einer Feier Ihr Tischnachbar – den Sie gerade erst kennen gelernt haben – ungeheuer neugierig auf Sie zu sein scheint: auf Ihr Leben, Ihre Arbeit, Ihre Interessen, Ihre Vorlieben und Abneigungen. Diese Art der Neugier ist nicht nur schmeichelhaft, sondern auch ermutigend. Sie erlaubt es Ihnen, freiwillig viel von sich preiszugeben, und so entsteht mühelos eine angenehme Beziehung. Stellen Sie sich jetzt die gleiche Feier vor. Wieder prasseln die Fragen einer unbekannten Person auf Sie nieder, doch dieses Mal handelt es sich nicht um irgendeinen neugierigen Fremden, sondern um Ihre künftige Schwiegermutter. Sie ist nicht bloß neugierig – ihre Fragen ähneln einem Verhör. Selbst wenn es dieselben Fragen wären, ist der Kontext doch ein ganz anderer. Neugier baut Beziehungen auf, Verhöre dagegen errichten Mauern. Bei der Coaching-Beziehung lädt die Neugier des Coachs den Klienten ein, auf eine Weise zum Kern der Sache vorzustoßen, die seiner Entwicklung zuträglich ist.

Durch Neugier lenken

Mit seiner Frage schlägt der Coach dem Klienten eine Richtung für dessen Suche nach Antworten vor. Die Aufmerksamkeit des Klienten wird ganz natürlich in diese Richtung gelenkt. Durch jede neue Frage ermutigt der Coach ihn, diesen Weg weiter zu verfolgen oder auf einen neuen einzubiegen; die Suche wird also durch die Neugier gelenkt. Das ist ein Beispiel dafür, dass Intuition und Neugier das Coaching-Gespräch steuern. Beim Coaching bedeutet Neugier, sich nicht an einen bestimmten Weg oder eine Richtung zu klammern, aber trotzdem immer die Absicht zu verfolgen, sich zum Licht hinzubewegen – Bedeutungen zu erkennen, Werte zu enthüllen, Lernmöglichkeiten zu entdecken. Es handelt sich also nicht um ein zielloses Suchen!

Die Muskeln trainieren

Wie das Zuhören und die Intuition ist die Neugier eine Begabung. Manche besitzen sie in größerem Ausmaß als andere. Und wie Zuhören und Intuition – und andere Muskeln – kann man auch die Neugier trainieren.

Der erste Schritt besteht darin, sich seiner Neugier bewusst zu werden, seine Aufmerksamkeit darauf zu richten. Wir sind so an das Gefühl gewöhnt, die Antwort schon kennen zu müssen, bevor wir die Frage stellen, dass wir es manchmal fast unmöglich finden, zu fragen, *ohne* die Antwort zu kennen. Beim Coaching müssen Sie jedoch aufhören, als Experte lediglich nur deshalb Fragen zu stellen, um an Informationen zu gelangen, um Material zu gewinnen, das Sie analysieren und in Kategorien einordnen können – Sie müssen aus reiner Neugier fragen.

Wenn der Coach eine Frage stellt, bei der er die »richtige Antwort« im Sinn hat, merken die Klienten das rasch. Ihre Antennen sagen ihnen, dass es eine richtige Antwort gibt und dass ihnen nur zwei Möglichkeiten bleiben: sich zu widersetzen oder zu versuchen, diejenige Antwort zu finden, die der Coach erwartet. Wird die Frage aus Neugier gestellt, spüren die Klienten dies auch. Sie merken dann jedoch, dass sie gefragt werden, damit sie in ihrem Inneren ihre eigenen Antworten finden.

Eine Technik zum Training der Neugier besteht darin, den Fragen die Anmerkung »Ich bin neugierig ...« vorauszuschicken. Sehen Sie, wie das die Art der Suche verändert? Der Prozess des Suchens wird zum Klienten hin verlagert, doch gleichzeitig wird das Risiko, das gewöhnlich mit einer Antwort verbunden sein kann, die auch in eine unangenehme Richtung führen kann, verringert. Die Klienten sind nun eher bereit, zu sagen: »Das weiß ich nicht«, dann aber trotzdem eine Antwort zu geben. Die Neugier hat eine spielerische Seite, beinhaltet aber auch die uneingeschränkte Gewissheit, dass die schließlich gefundene Antwort immer die richtige ist – weil sie die Antwort des Klienten ist. Das bedeutet allerdings nicht, dass der Coach sie nicht hinterfragen darf. Die Antwort ist richtig, weil sie die Antwort des

Klienten ist, nicht die des Coachs, doch sie steht natürlich für das weitere Coaching zur Verfügung. Wenn Sie den Klienten fragen: »Wie kommen Sie mit Ihrer Kaltakquise voran?«, und der Klient antwortet: »Gut, ich mache jeden Tag vier Anrufe!«, können Sie immer noch nachhaken: »Ihr ursprünglicher Plan sah acht solcher Anrufe am Tag vor – wie wirkt sich der Wechsel auf vier auf Ihr Ziel aus?«

Eine andere Technik besteht darin, einfach mit Fragen herauszuplatzen. Das Ziel ist, Ihre Intuition und Ihre Neugier miteinander zu verbinden und sich daran zu gewöhnen, die Antworten nicht selbst zu kennen. Stellen Sie einfach die erste Frage, die Ihnen in den Sinn kommt, und verlassen Sie sich ganz darauf, dass der Klient die Antwort kennt.

Schließlich sollten Sie Ihre Neugier auch einsetzen, sobald Sie auch nur kleine Veränderungen in den Äußerungen des Klienten bemerken, die auf Gefühlsschwankungen hindeuten. Falls Ihr Sinnesradar ein Zögern bemerkt, sollte Ihre Neugier geweckt sein. Falls Sie Wut oder Widerstand empfangen, sollten Sie den Klienten danach fragen. Seien Sie neugierig, wenn sich der Sprechrhythmus des Klienten ändert, wenn er energiegeladener wirkt, mehr Witze macht, mehr lacht. Betrachten Sie diese Veränderungen als Signale dafür, Ihrer Neugier nachzugehen und Ihre Intuition einzuschalten.

Wie Neugier ins Coaching passt

Neugier ist eines jener Tools, die in allen helfenden Berufen verwendet werden. Beim Coaching ist sie besonders wichtig, weil sie Informationsquellen erschließt, die dem Verstand allein nicht zugänglich sind. Stellt man Fragen nach Daten, führt das zu Analysen, Begründungen, Erklärungen. Fragt man aber aus Neugier, erhält man tiefere, oft auch authentischere Informationen über die Gefühle und Motivationen des Klienten. Die durch Neugier gewonnenen Informationen sind fast immer unzensiert, ungefiltert und ungeordnet – und damit glaubwürdiger und authentischer.

Der co-aktive Coach zeigt von der ersten Minute an Neugier. Es gibt kaum etwas, was potenzielle Klienten mehr anspricht als die echte Neugier des Coachs auf sie und ihre Lebensumstände. Dadurch bekommen sie das Gefühl, dass sie etwas Besonderes sind, dass es sich lohnt, ihr Leben zu erforschen und an ihren Problemen zu arbeiten. Die Intake Session läuft vor Neugier beinahe über, da der Coach auf alles im Leben des Klienten neugierig ist: warum er einen Coach will, welche Bereiche seines Lebens aufregend sind und wo es an Aufregung fehlt, welche Werte er hat, wovon er sich unbedingt befreien möchte ... Natürlich hält die Neugier auch bei den weiteren Sitzungen an. Sie ist das Mittel, um neue Antworten und neue Bereiche zu entdecken, die erforscht werden sollen. Der Coach – der ja weiß, dass es durch bloße Neugier zu dauerhaften Veränderungen kommt – muss den Raum schaffen, in dem sich diese Neugier frei entfalten kann.

Die Neugier ist mit dem Aufheben eines Fadens vergleichbar, dem man dann folgt, um zu sehen, wohin er führt. Allerdings: Sie als Coach brauchen nicht zu wissen, wohin er führt; der Klient ist ja an dieser Suche beteiligt, und er weiß es letztendlich besser als Sie. Denn schließlich ist es eine der Grundvoraussetzungen des co-aktiven Coachings, dass die Klienten die Antworten kennen. Der Coach braucht sie nicht zu kennen, doch er muss neugierig darauf sein, sie zutage zu fördern.

Beispieldialog

COACH: *Sie sagen immer wieder, dass Sie Sport treiben und abnehmen wollen – Sie haben dieses Thema ja gerade wieder angesprochen –, aber eine Woche nach der anderen verstreicht, ohne dass Sie etwas in dieser Richtung unternehmen. Was ist los?*

KLIENT: *Ich habe es wirklich satt, aufgedunsen auszusehen und mich ständig schlapp zu fühlen. Ich denke schon, dass ich mich dazu verpflichtet habe, mich in Form zu bringen. Aber ... offensichtlich schaffe ich das nicht.*

COACH: *Warum denn nicht?*

KLIENT: *Die Zeit ist sicher ein großes Problem – darauf konzentrieren wir uns ja bei den meisten Sitzungen.*

COACH: *Was bedeutet es für Sie, dass Sie keinen Sport treiben?*

KLIENT: *Mein innerer Schweinehund sagt, dass ich es einfach nicht schaffe, durchzuhalten. Es ist im Grunde das alte Muster – ich fange mit irgendetwas an und höre dann wieder damit auf, ohne es zu Ende zu führen.*

COACH: *Und was bedeutet es für Sie, wenn Sie doch Sport treiben?*

KLIENT: *Es bedeutet, dass ich mir wichtig bin. Ich weiß, dass es wirklich gefährlich für mich wird, wenn ich nicht anfange, abzunehmen und gesünder zu leben. Außerdem bedeutet es, dass meine Familie mir wichtig ist – sie wollen, dass ich gesund genug bin, um noch ein paar Jahre bei ihnen zu bleiben.*

COACH: *Was sagen Sie zu sich selbst, wenn es Zeit für den Sport ist?*

KLIENT: *Meistens sage ich: »Nein, ich will nicht!« – wie ein kleines Kind, das in die Badewanne soll.*

COACH: *Was wollen Sie?*

KLIENT: *Ich will genug Disziplin, um meine Vorsätze verwirklichen zu können!*

COACH: *Was könnte Ihnen dabei helfen?*

KLIENT: *Wenn ich jemanden hätte, mit dem ich zusammen Sport machen könnte – dann könnte es wirklich klappen!*

COACH: *Wie können Sie das verwirklichen?*

KLIENT: *Ich müsste jemanden finden, der auch gern in der Mittagspause Sport treiben würde. Ich könnte einen Zettel ans schwarze Brett hängen.* ■

Coaching-Techniken

Es gibt zwei Techniken, durch die der Coach das Neugierverhalten im Coachingprozess aktualisieren kann. Bei beiden stellt der Coach provokative, offene Fragen, durch die der Klient auf eine Entdeckungsreise geschickt wird. Die Techniken verstärken das, was den Kern der Neugier bildet: Es geht darum, die Klienten einzuladen: zur Betrachtung – nicht nur mit dem Kopf, sondern auch mit ihrem Herzen, ihrer Seele und ihrer Intuition – von Stellen, die ihnen vertraut sind, aber nun mit anderen Augen gesehen werden, und von Stellen, die sie sich bisher vielleicht noch nie angeschaut haben.

Starke Fragen

Eine besondere Art der Neugier entsteht, wenn der Coach »starke Fragen« einsetzt. Dem Klienten Fragen zu stellen, statt ihm etwas zu sagen, bildet die Grundlage des co-aktiven Coachings, und den starken Fragen kommt dabei eine ganz wichtige Rolle zu. Warum das so ist, werden Sie erkennen, wenn Sie verstehen, wieso diese Fragen überhaupt so stark sind. Wenn Ihnen jemand eine Frage stellt – vor allem, wenn es eine persönliche ist –, schickt er Sie auf der Suche nach einer

Antwort in eine bestimmte Richtung. Nehmen wir an, dass Ihr Coach Sie fragt: »Wodurch gefährden Sie bei der Arbeit an einem wichtigen Projekt immer wieder dessen erfolgreichen Abschluss?« Damit lädt er Sie ein, in einer bestimmten Richtung zu suchen. Ein anderes Beispiel: Auf die Frage, weshalb die Redwood-Bäume in Kalifornien geschützt werden sollten, reagieren die Leute ganz unterschiedlich. Manche erinnern sich daran, dass sie mal eine Karte von Kalifornien betrachtet haben, andere sehen Redwood-Bäume vor einem blauen Himmel. Manche denken an den Umweltschutz, andere an die Wälder ihrer Kindheit. Schon eine so einfache Frage dürfte jeden irgendwohin bringen. Mögliche Antworten sind dann: »Aus Umweltschutzgründen« oder »Damit die Landschaft meiner Kindheit erhalten bleibt«.

Sie können sich Fragen als Höhlen und Tunnel vorstellen. Durch eine starke Frage wird der Klient in ein ausgedehntes, verzweigtes Tunnelsystem geschickt, das zu weiteren Tunneln, Entdeckungen und Geheimnissen führt. Diese Fragen eröffnen dem Klienten neue Ausblicke und Einblicke. Geschlossene Fragen dagegen erschaffen einen engen Tunnel, der gewöhnlich abrupt mit einem »Ja« oder »Nein« endet – für eine weitere Erforschung fehlt die Tiefe.

Starke Fragen regen zur Innenschau und Reflexion an, weiten den Blick für innovative Lösungen und führen zu größerer Kreativität und Einsicht. Sie laden den Klienten ein, in sein Inneres (»Was wollen Sie wirklich?«) oder in die Zukunft (»Versetzen Sie sich um ein halbes Jahr in die Zukunft. Welche Entscheidungen würden Sie von Ihrem dortigen Standpunkt aus heute treffen?«) zu blicken. Die genaue Formulierung der Frage entscheidet darüber, wo der Klient nach der Antwort sucht.

Manche Fragen sind nicht besonders stark, zum Beispiel diejenigen, die die Suche einschränken oder den Klienten in eine Sackgasse schicken. Das ist bei »Warum / Weshalb?«-Fragen (zum Beispiel: »Weshalb haben Sie beschlossen, nach Delaware zu ziehen?«) der Fall, da sie den Klienten dazu anregen, lediglich nach Erklärungen oder Analysen zu suchen. Eine stärkere Frage wäre in der gleichen Situation: »Wohin bewegen Sie sich im Augenblick?«

Manchmal reagieren die Klienten auf Fragen prinzipiell defensiv, weil ihr innerer Schweinehund provoziert wurde oder weil die Frage von ihnen eine Rechtfertigung verlangt, statt sie dafür zu öffnen, auf die Entdeckungsreise zu gehen. Zum Beispiel: »Wie konnten Sie mit so wenig Kapital im Rücken daran denken, sich selbstständig zu machen?« (Statt: »Zu welchen Risiken waren Sie bereit?«) Solche Fragen implizieren oft ein »Richtig« oder »Falsch« oder sind eigentlich Fragen an einen Dritten – gewöhnlich eine Autoritätsfigur, etwa: »Was würde Ihre Mutter dazu sagen?« Antworten auf solche Fragen fördern zumeist nur einen Wust an unbedeutenden Einzelheiten zutage. Meist wird das Coaching durch Fragen nach mehr Informationen nicht besser, sondern erfordert schlicht einfach nur mehr Zeit. Um zu coachen, brauchen Sie nicht die ganze Lebensgeschichte des Klienten zu kennen.

Es ist sogar möglich, eine ganze Coaching-Sitzung nur mit starken Fragen durchzuführen. Unerfahrene Coachs berichten immer wieder, dass sie über die Effektivität dieser Technik sehr erstaunt waren. Obwohl sie zunächst versucht waren, ihren Klienten Antworten oder Ratschläge zu geben, erkannten sie schließlich mithilfe des Einsatzes starker Fragen, dass die Klienten tatsächlich selbst über die Antworten verfügten. Bei den »Tools für den Coach« im Anhang dieses Buches finden Sie eine umfangreiche Liste mit starken Fragen, durch die Sie ein Gefühl für diese Frageform entwickeln können.

Je direkter starke Fragen sind, desto größer die Wirkung. Mehrteilige und komplexe Fragen zwingen die Klienten nur dazu, analytisch zu sein, und dabei verzetteln sie sich häufig. Starke Fragen sind stark, weil sie die Klienten dazu bringen, innezuhalten und mit und aus dem Herzen zu antworten. Starke Fragen sollten zudem kurz sein. Klienten, die immer wieder ihrem inneren Schweinehund aufsitzen und folgen, können Sie durch eine einfache Frage den Wind aus den Segeln nehmen: »Na und?« Diese beiden starken Wörter in Frageform zerschmettern alle Gründe, die der Klient im Laufe der Jahre angehäuft hat, all seine Erklärungen dafür, dass die Dinge eben so sind, wie sie sind – »Na und?«

Hier ein paar besonders starke Fragen:

Welches Ergebnis streben Sie an?
Was macht das so beängstigend?
Was wollen Sie?
Wohin gehen wir von hier aus?
Woher wissen Sie das?
Was wird Ihnen das bringen?
Was ist die Wahrheit?
Wozu müssen Sie »Nein« sagen?

Starke Fragen bringen die Leute dazu, abrupt stehen zu bleiben. Daher sollten Sie mit einem kurzen Schweigen rechnen und dem Klienten für seine Antwort Zeit lassen. Nach einem Augenblick könnten Sie den Drang verspüren, die Leere zu füllen – vielleicht sogar durch eine weitere starke Frage. Diesem Drang sollten Sie nicht nachgeben, sondern einfach nur zuhören und abwarten. Die Klienten sind ja nicht daran gewöhnt, dass man ihnen starke, provokative Fragen stellt, die auf die wirkliche Wahrheit abzielen. Sie sind vielmehr an nette, sanfte Fragen gewöhnt und an eine gesellschaftliche Konvention, die besagt: Wenn Sie mir keine harten Fragen stellen, tue ich das umgekehrt auch nicht. Beim Coaching aber wird den Leuten durch starke Fragen abrupt der Autopilot abgeschaltet – sie müssen das Flugzeug nun selbst fliegen.

Beispieldialog

KLIENT: *Bei der Arbeit bin ich einfach nicht besonders glücklich.*

COACH: *Was wollen Sie denn?*

KLIENT: *Ich will das, was ich tue, wirklich gern machen. So ist es aber nicht. Ich dachte, dass es so wäre – vielleicht war es früher auch so, aber jetzt nicht mehr.*

COACH: *Wie wäre es, wenn Sie das, was Sie tun, wirklich gern machen würden?*

KLIENT: *Dann würde ich morgens voller Vorfreude auf den Tag aufwachen. Ich würde unter der Dusche singen und energiegeladen durch den Tag gehen. Die Kleinigkeiten würden mich nicht so nerven. Das Leben wäre ein Kinderspiel, und abends würde ich müde, aber angeregt nach Hause kommen.*

COACH: *Großartig! Was müssen Sie tun, damit es so wird?*

KLIENT: *Ich habe das Gefühl, dass ich mich beruflich verändern müsste.*

COACH: *Was würden Sie denn aufgeben für eine Arbeit, die Sie wirklich gern machen?*

KLIENT: *Ich müsste auf einen Teil der jetzigen Sicherheit verzichten; vielleicht müsste ich es aber auch einfach nur aufgeben, mich ständig darüber zu beklagen, dass ich keine Arbeit habe, die ich wirklich gern mache.*

COACH: *Was würde passieren, wenn Sie aufhören würden, sich zu beklagen?*

Einsatz starker Fragen: Starke Fragen passen überall ins Coaching – von der Intake Session bis zur allerletzten Sitzung. Damit der Coach sie effektiv nutzen kann, muss er den Klienten unterbrechen dürfen – eine Technik, über die wir schon gesprochen haben. Er kann nicht auf eine Gesprächspause warten, sondern muss sich in die Geschichte drängen, oft ganz unvermittelt. Nehmen wir zum Beispiel an, dass Ihr Klient gerade wieder einmal in seine Gewohnheit verfällt, darüber zu jammern, dass seine Arbeitssituation unmöglich sei und er einfach nichts dagegen machen könne. Sie erkennen das sofort als Sackgasse; deshalb fragen Sie den Klienten, als er gerade Luft holt: »Was nehmen Sie nur ungern hin?« oder »Was bringt Ihnen das alles?« oder »Wie würde es denn aussehen, wenn die Situation besser wäre?«. Um starke Fragen stellen zu können, muss der Coach sehr neugierig und sehr mutig sein – im Interesse des Klienten. Er muss davon ausgehen, dass der Klient über das Wissen und die Ressourcen verfügt, sich mit den wirklich großen Fragen zu befassen, und sie auch rückhaltlos einsetzen wird.

Starke Fragen – simple Fragen: Manchmal sind gerade diejenigen Fragen, die besonders simpel wirken, die stärksten. Offenbar ist die Verteidigungsstruktur der Klienten speziell auf die Abwehr komplexer Angriffe angelegt – vor allem jener Fragen, die sich gegen ihre Rechtfertigungsversuche richten. Eine simple Frage aber schlägt ein wie eine Bombe. Stellen Sie sich einmal folgende Situation vor: Ihr Klient hat ein engmaschiges Netz von Gründen dafür, dass er weiterhin das tun muss, was er derzeit tut, mit zahllosen Ausführungen dazu, was ihn am Erfolg hindert, und zu den Schwierigkeiten, diese und jene Person zur Zusammenarbeit zu bewegen, und ... Plötzlich fragen Sie ihn: »Was wollen Sie?« Wumm! Sie hätten die Argumentation hinterfragen oder nach Möglichkeiten zur Verbreiterung der Perspektive suchen oder das Gespräch auf andere Weise vorantreiben können. Doch die einfachste Frage, die simpelste, stößt zum Kern vor.

Manchmal legen die Coachs bei der Formulierung ihrer starken Fragen ein bisschen zu viel Cleverness an den Tag. Das ist eine Schwäche, die vor allem auf den Wunsch zurückzuführen ist, für die Brillanz einer Frage mehr Anerkennung zu bekommen als für eine einfache, aus Neugier gestellte Frage, die dem Klienten helfen könnte, neue Lösungswege zu finden. Die Klienten ärgert es aber oft, wenn der Coach versucht, seine Fragen besonders brillant klingen zu lassen, und gerade intelligente und eloquente Coachs müssen sich davor hüten. Für den Coach wie für den Klienten ist es besser, wenn der Coach die Frage vereinfachen und so eine stärkere Wirkung erzielen kann.

Die folgenden simplen – aber gerade deswegen starken – Fragen haben sich schon oft als nützlich erwiesen:

Was wollen Sie?
Wo stehen wir?
Was kommt als Nächstes?
Wohin wollen Sie von hier aus gehen?
Was sehen Sie?
Was haben Sie gelernt?
Was werden Sie tun, und wann?
Was halten Sie davon?

Hin und wieder werden Sie wahrscheinlich denken, dass diese Fragen einfach zu simpel sind. Sie sollten sie dann trotzdem stellen, denn Sie könnten eine Überraschung erleben. Selbst wenn Sie die Antwort bekommen, mit der Sie gerechnet haben, dürfen Sie nicht vergessen, weshalb Sie die Frage gestellt haben: nicht, damit *Sie* die Antwort hören können, sondern damit der Klient sie hören und etwas daraus lernen kann. Simple und starke Fragen werden gestellt, um den Lernprozess zu festigen und zu beschleunigen. Dann hört der Klient seine Antwort: die Wahrheit, oder seinen inneren Schweinehund, oder das, was er sich immer wieder selbst vorlügt. Es ist wie eine Unterstreichung – die Frage verstärkt das Lernen, bevor der nächste Schritt gemacht wird.

Denkfragen

Eine andere besondere Frageform sind die Denkfragen. Sie können mit den starken Fragen zwar inhaltlich übereinstimmen. Der Unterschied liegt aber darin, dass die Denkfragen üblicherweise gestellt werden, um eine Hausaufgabe zu formulieren, bei der der Klient Zeit hat, gründlich über die verschiedenen Antworten und Perspektiven nachzudenken. Wie alle starken Fragen sind auch die Denkfragen Bestandteile eines verzweigten und umfangreichen Tunnelsystems, und zwar besonders wirkungsvolle.

Oft werden die Denkfragen am Ende der Coaching-Sitzung gestellt, um die Antwortsuche voranzutreiben. Nehmen wir an, dass Ihr Klient sich mit Geldfragen herumschlägt – vor allem, ob er mehr arbeiten soll, was weniger Zeit für seine Familie bedeuten würde – und dass er schon sein ganzes Leben lang von dem Drang geplagt wird, eines Tages unbedingt reich sein zu müssen. Dann sollte die Denkfrage für die folgende Woche lauten: »Was bedeutet es, reich zu sein?« Die Denkfragen brauchen aber nicht im Zusammenhang mit den bei der Sitzung besprochenen und aktuellen Problemen im Leben des Klienten zu stehen. Da solche Fragen aus heiterem Himmel zu kommen scheinen, können sie zu unerwarteten, tiefgründigen Ergebnissen führen. So könnten Sie Ihren Klienten am Ende der Sitzung fragen: »In welcher Stimmung sind Sie meistens?« In der folgenden Woche stellen Sie dem Klienten – nachdem Sie über das gesprochen haben, was er als seine vorherrschende Stimmung beschrieben hat – dann die Denkfrage: »Inwiefern ist diese Stimmung bei Ihnen Gewohnheit, und welche Vorteile bringt sie Ihnen?«

Denkfragen sollen, das besagt ja schon der Name, zum Denken anregen, sie sollen zur inneren Prüfung und Reflexion führen. Wie bei allen starken Fragen gibt es auch bei den Denkfragen keine »richtige« Antwort – es handelt sich nicht um Fragen, die zu lösen sind. Das Besondere an ihnen ist, dass die Untersuchung aus vielen Blickwinkeln und über längere Zeit erfolgt. Wegen der natürlichen Neigung, alle Fragen so zu betrachten, als dürfe es nur eine einzige richtige Antwort geben, müssen Sie den Klienten gegebenenfalls daran erinnern, dass die Denkfrage ihn bewegen soll, auf die spannende Reise nach Antworten zu gehen und neugierig auf neue Erfahrungen zu werden. Im Laufe der Zeit wird sie zu einem tieferen Verständnis, neuen Sichtweisen und mehr Handlungsmöglichkeiten führen.

Hier einige Beispiele für Denkfragen:

Was bedeutet es, ein reiches, sinnvolles Leben zu führen?
Was passiert, wenn ich in Hochform bin?
Wogegen wehre ich mich?
Was will ich nicht ändern?
Wie kann ich dafür sorgen, dass das einfach wird?

Denkfragen sind ein sehr wirkungsvolles Tool, da sie dazu beitragen, das Coaching in das Leben des Klienten zu integrieren – er beschäftigt sich mit den dort angesprochenen Themen auch am Arbeitsplatz und zu Hause. Denn das Coaching findet ja zunächst einmal in den 30 oder 60 Minuten der wöchentlichen Sitzung statt – doch die Lernprozesse und die entsprechenden Aktivitäten ereignen sich die ganze Woche hindurch: Durch Denkfragen lässt sich der Lernprozess so lenken, dass es auch zu Handlungen kommt. Manche Coachs arbeiten mit einer Liste von Denkfragen und wählen jeweils eine aus, die sich für die Situation des Klienten eignet, andere benutzen eine Woche lang bei allen Klienten dieselbe Frage. (Siehe die Beispiele im Abschnitt »Tools für den Coach« im Anhang des Buches.)

Um dem Klienten zu helfen, sich eingehend mit der Sache zu befassen, kann mit den Denkfragen auch die Aufforderung verbunden sein, bestimmte Handlungen zu vollziehen – beispielsweise soll er die Denkfrage auf Zetteln notieren und diese Zettel an Stellen aufhängen, auf die sein Blick die ganze Woche hindurch immer wieder fällt. Die Denkfrage ist überall – im Terminkalender, am Armaturenbrett, über dem Computer, am Badezimmerspiegel, auf einer Karteikarte in der Brief- oder Handtasche … Der entscheidende Punkt ist, die Frage jedes Mal auf eine andere Weise zu betrachten und sich jeden Tag und zu unterschiedlichen Zeiten mit ihr zu befassen, um immer wieder zu neuen Perspektiven zu gelangen. Andere Handlungsaufforderungen können darin bestehen, dass der Klient etwas zu der Frage schreibt, Bilder dazu malt, mit einem Freund über sie spricht oder bei einem Spaziergang über sie nachdenkt. Sie können auch Verantwortlichkeit in die Denkfrage einbauen, indem Sie den Klienten bitten, Ihnen seine Reaktionen vor der nächsten Sitzung per Fax, Telefon oder E-Mail zu übermitteln.

Die Denkfragen sind ein wertvolles Tool, weil sie die glatte Oberfläche durchstoßen, die Schutzhülle aufbrechen, mit der sich der Klient umgeben hat, und den Blick für das öffnen, was tatsächlich passiert. Für die meisten Klienten ist es allerdings bereits eine große Belastung, sich mit den schwierigen Denkfragen auseinander zu setzen, wenn sie mit Ihnen telefonieren – sich allein damit zu beschäftigen, fällt ihnen noch schwerer. Die Klienten können sich aber nur dann neue Ressourcen erschließen, wenn sie auch lernen, sich eigenverantwortlich herausfordernden Fragen zu stellen – und Sie dürfen nicht zulassen, dass sie sich davor drücken! Sprechen Sie bei der nächsten Sitzung unbedingt über die Denkfrage, untersuchen Sie, was der Klient bei der Beschäftigung mit ihr gelernt hat. Falls er sich gar nicht mit der Frage befasst hat, müssen Sie ihn coachen und ihm eindringlich darstellen, wie wertvoll die Denkfragen sind – unterstreichen Sie dann ihre Bedeutung. Die Auseinandersetzung mit diesen Fragen ist eine Gelegenheit für ihn, sich wirklich weiterzuentwickeln.

Beispieldialog

Am Ende der letzten Sitzung stellte der Coach dem Klienten eine Denkfrage – eine Frage, auf die es viele unterschiedliche Antworten auf verschiedenen Ebenen geben kann. In diesem Fall lautete sie: »Wo und wann sind Sie hilflos?«

KLIENT: *Na ja, am Anfang konnte ich überhaupt nichts sehen. Aber dann wurde mir allmählich klar, wie hilflos ich bei meiner Terminplanung bin – dass ich offenbar nie genug Zeit habe, weil andere meinen Kalender mit Terminen voll stopfen.*

COACH: *Ihre Hilflosigkeit entsteht also dadurch, dass Sie Ihre Zeit anderen Leuten geben. Wie ist es, wenn Sie Ihre Zeit weggeben?*

KLIENT: *Mir fiel auf, dass ich die Gewohnheit hatte, zu sagen: »Ich kann überhaupt nichts machen, denn mein Kalender ist voll!« – bis mir schließlich klar wurde, dass es* mein *Kalender ist und dass ich derjenige bin, der entscheiden kann, was ich in* meinen *Kalender aufnehme.*

COACH: *Das ist eine großartige Erkenntnis! Wo sind Sie sonst noch hilflos?*

KLIENT: *Es ist mir auch bei meiner Ehe aufgefallen. Wenn meine Frau sich über mich aufregt, versuche ich, mich zu verteidigen; ich fühle mich dann machtlos, aber das brauche ich gar nicht.*

COACH: *Bei dieser Frage haben Sie wirklich hervorragende Arbeit geleistet. Was noch?*

KLIENT: *Na ja, ich habe weiter darüber nachgedacht. Ich habe auch gemerkt, wo andere* ihre *Hilflosigkeit zeigen.*

COACH: *Wo denn?*

KLIENT: *Manche in der Firma verhalten sich plötzlich wie kleine Kinder, wenn jemand aus der Chefetage vorbeikommt. Sie verlieren dann einfach ihr Selbstvertrauen. Das ist wirklich faszinierend!*

COACH: *Ist das bei Ihnen auch so?*

KLIENT: *Mehr, als mir lieb ist. Ich hätte gedacht, ich wäre in dieser Hinsicht weiter …*

COACH: *Gibt es noch etwas, was wir zu dieser Denkfrage sagen müssen?*

KLIENT: *Nein, ich glaube, das war alles. Danke!*

COACH: *Dann lautet Ihre Denkfrage für die nächste Woche: »Was muss ich tun, um meine Hilflosigkeit zu überwinden?«*

KLIENT: *Gut, ich werde mich gründlich damit befassen.* ■

Die Macht der Neugier

Als Coach lernen Sie den Klienten durch Ihre Neugier sehr gut kennen. Sie lernen; das, was Sie lernen, macht Sie neugierig, und so fragen Sie immer weiter. Der Klient wiederum reagiert auf Ihre Neugier und dringt so immer weiter zum Kern der Sache vor – er sucht seine eigenen Antworten und bemüht sich, zu verstehen: seine Welt und seine Umgebung, was ihn antreibt und was ihn zurückhält. Im Laufe der Zeit erfahren Sie sehr viel darüber, was in Ihrem Klienten vorgeht, und werden schließlich zu seiner Stimme, Sie stellen genau die Fragen, die er selbst stellen würde. Als Coach sind Sie in einer besseren Position dafür, da Sie nicht durch den inneren Schweinehund, die persönlichen Lebensumstände, die Meinung der Kollegen oder die Gefühle des Lebenspartners abgelenkt werden. Die Denkfragen werden eindringlicher, die starken Fragen noch wirkungsvoller. Durch diesen Prozess eignet sich der Klient einige der Stärken an, die auch die Coaching-Beziehung aufweist. Er lernt etwa, auf sich selbst neugierig zu sein und das, was er dabei entdeckt, nicht ständig zu bewerten.

Übungen

1. Neugier

Verbringen Sie eine halbe Stunde in einem Café und seien Sie auf alle, die sich dort aufhalten, neugierig. Sprechen Sie zunächst mit niemandem, sondern lassen Sie einfach Ihre Neugier schweifen und stellen Sie sich Fragen wie: Ich frage mich, wo diese Menschen in ihrem Leben ihr Gleichgewicht verloren haben … Was wohl ihre Werte sind? Ich bin neugierig, was sie in ihrem Leben vermissen, was sie zum Lachen bringt, wo sie sich Grenzen setzen. Was gefällt ihnen am heutigen Tag? Wie sehen ihre Lebensträume aus? Was verleiht ihnen Kraft? Was mögen sie an den Leuten, mit denen sie zusammensitzen? – Suchen Sie sich dann jemanden, mit dem Sie ein bisschen mehr Zeit verbringen können, und stellen Sie ihm diese neugierigen Fragen tatsächlich. Achten Sie dabei darauf, was in dem anderen vorgeht. Wie reagiert er auf Sie, wenn Sie neugierig sind? Betrachten Sie dann Ihre eigene Rolle bei diesem Gespräch. Was passiert auf der ersten Ebene? Auf der zweiten? Auf der dritten? Erforschen Sie Ihre eigene Neugier. Was haben Sie über das Neugierigsein gelernt? Was war leicht? Was war schwer? Was machte es leicht oder schwer? Wie könnten Sie noch neugieriger werden? Was würde Ihnen das geben?

Hier noch eine andere Übung zur Neugier: Gehen Sie in ein Geschäft, wo Sie normalerweise nicht einkaufen, und seien Sie ungeheuer neugierig. Versuchen Sie, möglichst viele neugierige Fragen zu stellen. Denken Sie daran, dass diese Fragen nicht darauf abzielen, endgültige und »richtige« Informationen zu erhalten. Es ist vielmehr so, dass eine neugierige Frage fast immer zur nächsten führt, als ob Sie durch ein verzweigtes Tunnelsystem fahren würden.

2. Starke Fragen

Eine der einfachsten Möglichkeiten, die Kraft starker Fragen zu erleben, ist zugleich eine der schwierigsten. Bei dieser Übung besteht das Ziel darin, 30 Minuten lang ein Gespräch mit einer anderen Person zu führen und dabei nur starke Fragen zu stellen. Zusammenfassungen, Ratschläge, Feststellungen, das Erzählen eigener Geschichten, Schlussfolgerungen – all das ist nicht erlaubt! (Vielleicht möchten Sie sich vorher die Liste der starken Fragen bei den »Tools für den Coach« noch einmal ansehen.) Bitten Sie den anderen dann um Feedback. Wie war es, als Sie nichts anderes getan haben, als Fragen zu stellen? Erzählen Sie ihm dann, wie es für Sie war, sich auf Fragen beschränken zu müssen. Was hat dabei für Sie funktioniert? Was hat es schwierig gemacht?

3. Denkfragen

Denkfragen sind starke offene Fragen, die den Klienten helfen sollen, mindestens eine ganze Woche lang einen wichtigen Bereich ihres Lebens zu erforschen. Sehen Sie sich zunächst die Liste der Denkfragen bei den »Tools für den Coach« noch einmal an. Holen Sie dann die Liste mit den Namen Ihrer zehn Freunde und Bekannten hervor, über deren Leben Sie etwas aus der Meta-Perspektive geschrieben haben (Übung im dritten Kapitel). Benutzen Sie die Meta-Perspektive und alles, was Sie sonst noch über diese Personen wissen, um sich jeweils eine Denkfrage zu überlegen.

KAPITEL 6

Handeln und Lernen

Das Coaching funktioniert aus einer ganzen Reihe von Gründen, die sich überschneiden und ineinander greifen – und einer der stärksten Fäden in diesem Gewebe ist das Handeln. Gerade der Kreislauf von Handeln und Lernen bewirkt sukzessive nachhaltige und effektive Veränderungen. Die Klienten handeln und lernen, was zu weiterem Handeln auf der Grundlage des Gelernten führt, was wiederum zu weiterem Lernen führt – und so fort. Gerade für ein Coaching ist dieser kreislaufförmige Prozess ideal, weil dort die Beziehung langfristig und auf ein stetiges Handeln und Lernen angelegt ist. Alle Coaching-Techniken werden benutzt, um das Handeln des Klienten voranzubringen und sein Lernen zu vertiefen. Es ist gerade diese Handlungsorientierung, die die Klienten dazu bewegt, sich coachen zu lassen. Sie können in vielen Phasen ihres Lebens durchaus kompetent und erfolgreich sein, doch es gibt einen Bereich, in dem sie offenbar nicht die Veränderungen herbeiführen können, die sie wünschen. Allein schaffen sie das einfach nicht, und deshalb kann ihnen die Partnerschaft mit dem Coach helfen, ins Handeln zu kommen und sich dabei stets auf ihr Ziel zuzubewegen. Die Komponente, durch die Veränderungen erst ermöglicht werden und sie nachhaltig wirksam werden lässt, ist jedoch das Lernen.

Das Coaching funktioniert deshalb, weil es allein nicht leicht ist, den Schwung aufrechtzuerhalten. Vermutlich haben Sie diese Erfahrung auch schon einmal gemacht – wie wir alle! Wir fangen mit großer Begeisterung etwas an – ob es sich nun um ein Fitnessprogramm im Januar handelt, durch das die Feiertagspfunde wieder abgebaut werden sollen, den Vorsatz, unsere Freundschaften mehr zu pflegen und mehr zu unternehmen, oder den Entschluss, uns ein Hobby zuzulegen. Und ein paar Monate später passiert – nichts! Wie oft haben Sie schon gesagt, dass Sie etwas tun wollen, und haben es dann doch nicht getan, weil es ohnehin niemand bemerkt und anerkannt hätte? Schon durch die Tatsache, es jemandem erzählen zu können, dass man ins Handeln gekommen ist, erhöht sich die Motivation. Wenn wir unsere Absicht anderen mitteilen, richtet sich Aufmerksamkeit auf sie, und sie gewinnt an Bedeutung. Den meisten von uns ist es sehr wichtig, das zu tun, was sie sagen. Es hat etwas beinahe Heiliges, wenn wir unsere Verpflichtungen ernst nehmen, uns vor anderen dazu bekennen oder gar die Vereinbarung mit ihnen schließen, gemeinsam mit ihnen ein Ziel anzugehen. An einem eiskalten Januarmorgen könnten wir versucht sein, uns die Bettdecke wieder über den Kopf zu ziehen, statt allein ins Fitnesscenter zu gehen. Falls wir uns dort aber für 7 Uhr mit jemandem verabredet haben, ist die Chance viel größer, dass wir uns doch aus dem Bett wälzen und hingehen. Die Beziehung gibt uns eine erhebliche zusätzliche Motivation.

Für regelmäßige Verpflichtungen und kontinuierliche Handlungen gilt das ganz besonders. Das wissen Sportler, Musiker und viele Leute aus anderen Berufen. Eine regelmäßige Verpflichtung führt zu Disziplin, bietet einen Fokus und die Unterstützung, die man braucht, um durchzuhalten. Wie wichtig die dauerhafte gegenseitige Unterstützung ist, haben schon Tausende von Teilnehmern an Seminaren zur Gewichtsreduzierung erfahren. Dauerhafte gegenseitige Unterstützung erzeugt tatsächlich einen Fokus und Disziplin – beim Coaching wird diese Kraft benutzt, um den Klienten auf Kurs zu halten, sodass er aktiv bleibt und sich auf das Lernen konzentriert.

Obwohl kaum ein Zweifel an der Wirksamkeit dieser Unterstützungsstruktur besteht, betrachten viele sie lediglich als Krücke, nicht als Stärke. Dann heißt es: Bei erwachsenen Menschen sollte es doch wohl nicht von anderen abhängen, dass sie die Dinge erledigt bekommen oder bei einer Aufgabe bleiben! Reife Erwachsene haben schließlich die Fähigkeit, für sich selbst verantwortlich zu sein. Sich auf jemand anderen zu verlassen, sei doch wohl armselig und bedeute Abhängigkeit. Diese Ansicht führt manchmal dazu, dass die Klienten in einen Zwiespalt geraten – sie wollen die Veränderung, die ihnen die Coaching-Beziehung liefern kann, wollen aber nicht von jemand anders abhängig sein. Darüber sollten Sie als Coach sich im Klaren sein.

Die Coaching-Perspektive

Eines der Hauptmerkmale des Coachings ist, dass es Verantwortlichkeit erzeugt: ein Messinstrument für das Handeln, das zugleich die Möglichkeit eröffnet, über das Lernen berichten zu können. Verantwortlichkeit ist beim co-aktiven Coaching ganz wichtig, um das Handeln voranzubringen und das Lernen zu vertiefen. Beim co-aktiven Coaching ist Verantwortlichkeit mehr als nur eine Strichliste, auf der die erledigten Aufgaben abgehakt werden – sie ist so wichtig, dass wir ihr in diesem Kapitel einen eigenen Abschnitt widmen.

Verantwortlichkeit als Feedback

Leute, die nicht viel über das Coaching wissen, sagen gern, man engagiere so nur eine professionelle Nervensäge. Wie kommen sie darauf? Als Kinder wurden wir dafür verantwortlich gemacht, dass wir – zum Beispiel – unsere Hausaufgaben und unsere Klavierübungen erledigen. Wir hatten keine Wahl: Daher war die andere Person in dieser Verantwortlichkeitsbeziehung nicht besonders beliebt bei uns, und tatsächlich dürfte sie in der Regel unsere eigenen Wünsche kaum berücksichtigt haben, als sie uns die Bearbeitung dieser Aufgaben auferlegte. Eltern, Lehrer, tyrannische Chefs, sogar Sporttrainer und andere Autoritäten haben bei uns also eine negative Ansicht bezüglich der Verantwortlichkeit erzeugt: Sie haben uns genervt, sie haben genörgelt und uns angetrieben. Die Übernahme von Verantwortung erhielt nach und nach einen negativen Beigeschmack.

Auf das professionelle Coaching trifft das jedoch nicht zu – vor allem, weil der Coach hier die Agenda des Klienten durchaus berücksichtigt. Die Aufgaben, für die der Klient verantwortlich ist, hat er sich selbst gestellt. Beim professionellen Coaching hat die Verantwortlichkeit nichts mit Tadeln, Schelte, Verurteilungen oder Strafen zu tun. Sie ist vielmehr ein Tool, das für das Handeln und Lernen des Klienten Bedeutung gewinnt. Verantwortlichkeit bedeutet, Bericht zu erstatten: Was hat funktioniert? Was nicht? Was ist passiert? Was würden Sie beim nächsten Mal anders machen?

Ein weiterer entscheidender Unterschied etwa zwischen Eltern oder Chefs und den co-aktiven Coachs besteht darin, dass die Coachs nicht an den Ergebnissen, die der Klient erreicht, interessiert sind. Eltern und Chefs dagegen haben definitiv klare Zielvorstellungen und sind *sehr* an den Ergebnissen interessiert. Natürlich will der Coach, dass seine Klienten sich auszeichnen und zu einem erfüllten Leben gelangen, doch die Ergebnisse gehören den Klienten.

Die Klienten bewegen sich auf neuem Terrain, sie dehnen ihre Grenzen aus und entdecken neue Ressourcen. Sie erschließen sich neue Möglichkeiten, um Widerstände zu überwinden. Die Verantwortlichkeit verleiht diesem Wachstum eine Struktur, und das Nebenprodukt sind messbare Ergebnisse im Leben der Klienten. Wir als Coachs machen unsere Klienten verantwortlich – nicht, damit sie uns gehorchen, oder um messen zu können, wie gut ihre Leistungen sind, sondern um ihnen Kraft für die Veränderungen zu geben, die sie erreichen wollen. Und genau dafür sind die Klienten letztendlich verantwortlich: für ihr eigenes Leben, ihre eigene Agenda. Selbst wenn Sie nichts anderes tun würden, als sie dafür verantwortlich zu machen, wären Sie bereits ein starker Coach.

Verantwortlichkeit in der Praxis

Es ist wichtig, schon am Anfang der Coaching-Beziehung die Erwartung zu äußern, dass die Klienten das, was sie sagen, auch wirklich tun. Sie müssen wissen, dass sie selbst es sind, die den Fortschritt des Coachings in der Hand haben. Der Coach wird nicht »dafür sorgen«, dass sie irgendetwas machen. Wenn sie aber das, was sie selbst angekündigt haben, nicht tun, wird er das merken und nachfragen. Dass der Coach kein Urteil über die Ausführung ihrer Vorsätze fällt, bedeutet jedoch nicht, dass er ihnen die Freiheit gäbe, sich nicht an ihr eigenes Wort zu halten. Der Klient kennt den Unterschied zwischen der Einhaltung einer Verpflichtung und ihrer Nichteinhaltung ebenso gut wie der Coach. Und Sie als Coach werden es nicht ignorieren, wenn der Klient das, was er angekündigt hat, unterlässt; Sie werden ihn darauf hinweisen und nachhaken: »Was bedeutet das für Sie? Das sieht mir nach Widerstand aus. Woher kommt das? Wie würde eine andere Möglichkeit aussehen?«

Am Anfang der Beziehung dürfte der Klient austesten wollen, wie stark das Band der Verantwortlichkeit für ihn ist und wie entschlossen Sie als Coach reagieren. Er wird sehen wollen, wie viel Freiheit Sie ihm lassen, wann Sie die Zügel anziehen und ob Sie streng oder nachsichtig sind. Die meisten von uns wenden diese Taktik schon seit ihrer Teenagerzeit an. Bewusst oder unbewusst loten wir die Grenzen der Verantwortlichkeit gegenüber Autoritätspersonen aus. Vom »Was wird wohl passieren, wenn ich mein Geschichtsreferat zu spät abgebe?« zum »Was wird wohl passieren, wenn ich meinen Marketingplan zu spät einreiche?« ist es nur ein kleiner Schritt. Da die meisten Klienten diesem Schema verhaftet sind, müssen Sie ihnen erklären, dass die Verantwortlichkeit bei der Coaching-Beziehung anders definiert ist – es geht nicht um Entschuldigungen oder Rechtfertigungen oder darum, den Coach zufrieden zu stellen. Wenn beispielsweise einer Ihrer Klienten zum ersten Mal eine Aufgabe nicht erledigt hat, sollten Sie ihn fragen: »Mir fällt auf, dass Sie nicht das getan haben, was Sie gesagt haben. Wie wollen Sie damit umgehen, dass die Verantwortlichkeit in unserer Beziehung bei Ihnen liegt?« Sie sind nicht in der Rolle des Direktors, der die Klienten zu einer Strafarbeit verdonnert. Die Klienten befinden sich vielmehr in einer von ihnen selbst geplanten und gestalteten Beziehung, bei der herausgefunden werden soll, was für sie das Beste ist.

Die Coaching-Sitzungen

Die Verantwortlichkeit des Klienten kommt vor allem bei den täglichen oder wöchentlichen Aktivitäten zwischen den Sitzungen – manchmal Hausaufgaben oder Feldarbeit genannt – zum Tragen. Das Coaching bietet eine Struktur an, innerhalb derer sich der Klient bewegen kann. Wie konkret das erfolgt und welche Form die Handlung annimmt, hängt vom Klienten ab.

Manche Klienten handeln sehr selbstständig: Sie wissen, was getan werden muss, und können ihre Aktivitäten gut planen und umsetzen. Andere Klienten haben jedoch nur verschwommene Vorstellungen davon. Zu Ihren Aufgaben als Coach gehört es, die Handlungsschritte zu erklären. Sie müssen allerdings darauf achten, dass der Klient dies nicht ausnutzt, um Sie dazu zu bringen, ihm zu sagen, was er als Nächstes tun soll. Der Klient darf die Verantwortlichkeit für das, was er erreicht oder nicht erreicht hat, nicht einfach auf Sie abwälzen und die Kontrolle über sein Leben an Sie abgeben.

Wie weit Sie bei dem Klärungsprozess in die Einzelheiten gehen, wird auch durch die Situation des Klienten bestimmt. Man kann die Klienten sowohl für ihre Reflexion über sich selbst als auch für ein detailliertes Trainingsprogramm mit zahlreichen Aktionsschritten verantwortlich machen. Sie als Coach müssen spüren, durch welche Aktionen der Klient sich voranbewegen oder sein Lernen vertiefen kann, doch die konkreten Details kommen vor allem vom Klienten. Denken Sie daran, dass Ihre Klienten über große Ressourcen verfügen und durchaus wissen, welche Handlungen sie durchführen müssen und was funktioniert. Als Coach müssen Sie fähig sein, Unterstützung zu geben, das Anspruchsniveau auf eine höhere Ebene zu heben – doch die Aufgabenliste für die Klienten brauchen nicht Sie zu erstellen. Die Klienten werden nämlich mehr lernen, wenn sie das selbst machen. Eine der effektivsten Umgangsweisen mit der Verantwortlichkeit ist gerade die einfachste – fragen Sie Ihre Klienten: »Wofür wollen Sie in der nächsten Woche verantwortlich sein, welche Aufgaben wollen Sie übernehmen?« Sie werden oft darüber staunen, wie viel die Klienten von sich selbst verlangen. Manchmal werden Sie sie aber auch dazu herausfordern müssen, mehr zu tun.

Bei der Verantwortlichkeit in der Coaching-Beziehung geht es jedoch nicht nur um die Aufgaben. Ihr Gegenstand ist ja die Vision des Klienten, sein Lebenszweck und seine Lebensbalance. Viele Klienten gehen zu einem Coach, weil sie Änderungen in ihrer Einstellung, ihrem Verhalten oder auch ihrem Lebenszweck vornehmen wollen. Daran arbeiten Coach und Klient gemeinsam. Auch dafür müssen Sie den Klienten verantwortlich machen: dass er nämlich die großen und übergeordneten Ziele nicht aus dem Auge verliert. Man konzentriert sich allzu gern auf die Details und die Aufgaben – das lohnt sich schließlich, da sie häufig relativ leicht zu bearbeiten und messbar sind, sodass sich rasch Fortschritte einstellen. Als Coach dürfen Sie jedoch nicht vergessen, den Klienten auch für seine Vision verantwortlich zu machen. Und die Handlungen müssen zur Verwirklichung der Vision führen.

Einigung über die Verantwortlichkeit

Damit es in der Coaching-Beziehung Verantwortlichkeit geben kann, muss zwischen Coach und Klient Einverständnis im Hinblick darauf, was erwartet wird, bestehen. Dafür sind drei Fragen wichtig:

Was werden Sie tun?
Wann werden Sie es tun?
Wodurch werde ich das erfahren?

Sie und Ihr Klient können sich beispielsweise darauf verständigen, dass er bis Donnerstag sechs Kunden anruft und jeden Tag einen Bericht auf Ihre Voice-Mail spricht, bis alle sechs Anrufe erledigt sind. Oder dass er bis nächsten Freitag den ersten Entwurf des Geschäftsplans erstellt und Ihnen die einzelnen Seiten faxt, sobald er sie fertig hat.

Wirklich gute Übereinkünfte zur Verantwortlichkeit sind SMART, das heißt: Die Punkte auf der Verantwortlichkeitsliste sollten spezifisch, messbar, erreichbar, realistisch und zeitorientiert (**S**pecific, **M**easurable, **A**ttainable, **R**ealistic, **T**ime-Oriented) sein. Das mag Ihnen stark vereinfacht vorkommen, doch erstaunlich viele Klienten sind auch nach monatelangem Coaching noch zu unspezifisch. Als Coach erweisen Sie dem Klienten einen sehr wertvollen Dienst, wenn Sie ihn bitten, Ihnen genau zu beschreiben, was er tun wird.

Manche Klienten aber brauchen im Hinblick auf die Verantwortlichkeit mehr Freiraum. Fragen Sie bei solchen Klienten einfach regelmäßig nach, etwa: »Wie kommen Sie denn mit Ihrem Buchprojekt voran?«

Belohnungen und Konsequenzen

Gewöhnlich ist die Verantwortlichkeit in der Coaching-Beziehung stark genug, um den Klienten zum Handeln zu motivieren. Es geht ja schließlich um sein Leben, seine Erfüllung, seine Balance und seinen Prozess. Das sollte doch eigentlich als Motivation genügen, denn was könnte bedeutender sein als sein ganzes Leben? Die Klienten handeln jedoch nicht immer aus dieser Perspektive heraus, und daher gibt es Phasen, in denen der Coach die Bedeutung der Verantwortlichkeit durch das Einführen von Konsequenzen betonen muss. Mit »Konsequenz« ist nicht allein etwas Negatives gemeint, auch wenn das Wort oft in diesem Sinne benutzt wird. Konsequenzen können durchaus auch positiv sein – etwa eine Belohnung dafür, dass eine Reihe unangenehmer Aufgaben abgeschlossen wurde. Hat der Klient allerdings nicht getan, was er sich vorgenommen hat, kann der Coach auch negative Konsequenzen mit ihm vereinbaren. Es kommt darauf an, Belohnungen und eher negative Konsequenzen in kleinen und aufeinander abgestimmten Dosen zu verabreichen. Das ist eine Lektion, die der Klient für sein ganzes Leben lernt – besonders, wenn das Ziel noch in weiter Ferne liegt und er sich durch unangenehmes Gelände quälen muss, um es zu erreichen. Eine gelegentliche Belohnung kann die Stimmung des Klienten heben. Umgekehrt kann eine Übereinkunft darüber, was es den Klienten kosten wird, wenn er nicht bis zum Ziel durchhält, ihm sehr plastisch zeigen, welche *persönlichen* Belastungen es mit sich bringt, im Leben etwas nicht durchzustehen.

Stellen Sie sich einmal vor, dass Sie selbst der Klient sind und Ihrem Coach erzählt haben, es sei Ihnen wirklich eine Verpflichtung, mit dem Rauchen aufzuhören. Sie haben das schon öfter versucht, doch dieses Mal ist es Ihnen ernst damit. In den letzten Wochen haben Sie bei Ihren Versuchen in dieser Richtung nur Teilerfolge erzielen können, und heute geben Sie bei Ihrem Anruf zu, dass Sie sich nachmittags ein Päckchen Zigaretten gekauft haben. Bei der Sitzung willigen Sie dann aber ein, nicht wieder zu rauchen – und für jeden Tag, an dem Sie es doch tun, der Krebshilfe zehn Euro zu spenden. Würden Sie sich darauf einlassen? Falls die Antwort »Ja« lautet – liegt das daran, dass Sie sich die zehn Euro leisten können? Dann wollen wir den Betrag auf 100 Euro für jeden Tag, an dem Sie doch rauchen, erhöhen. Jetzt sieht die Sache schon anders aus!

Für den Coach spielt es keine Rolle, ob der Klient sich darauf einlässt. Die Frage ist vielmehr: Handelt es sich bei dem Bestreben, das Rauchen aufzugeben, lediglich um einen Wunsch, der zehn Euro wert ist, oder um eine Verpflichtung, die 100 Euro wert ist? Bei manchen Leuten werden zehn Euro als Konsequenz ausreichen, damit sie sich eines Besseren besinnen, wenn sie wieder in Versuchung geraten. Bei anderen aber sind 500 Euro erforderlich.

Die Technik, weit reichende und negative Konsequenzen zu vereinbaren, werden Sie nur selten benutzen müssen – gewöhnlich, wenn Sie spüren, dass es um eine starke Verpflichtung des Klienten geht, dass er aber auch große Angst davor hat, der Versuchung zu erliegen, sie zu brechen. Die Konsequenz soll dann einen zusätzlichen Anreiz liefern. Diese Technik lässt sich auch einsetzen, wenn der innere Schweinehund des Klienten so hartnäckig ist, dass eine wirklich bedeutende Konsequenz nötig ist, um ihn an die Kette zu legen. Natürlich muss es sich bei der Konsequenz nicht immer um Geld handeln – es kann beispielsweise auch um Zeit gehen. Der Coach muss dafür sorgen, dass der Klient tatsächlich bezahlt, wenn er schwach geworden ist – gegebenenfalls sollten Sie sich Kopien der Quittungen oder Belege etwa jener Überweisungen an die Krebshilfe zeigen lassen –, damit er nicht zu glauben beginnt, dass er sich selbst belügen kann, ohne dass dies den Coach großartig interessieren würde.

Zu viel Verantwortlichkeit

Verantwortlichkeit führt zu Ergebnissen. Sie kann die Leute wirklich zum Handeln bringen – das ist ihre Stärke, gleichzeitig aber auch eine Gefahr. Man kann sie nämlich zu oft benutzen und ihre Bedeutung zu stark betonen. Dann glauben der Coach und der Klient, dass es beim Coaching ausschließlich um die Verantwortlichkeit geht, während sie doch tatsächlich nur eines von mehreren starken Tools ist. Bei Klienten, die festsitzen, ist es nicht unbedingt die richtige Vorgehensweise, mehr Druck im Hinblick auf die Verantwortlichkeit auszuüben oder stärker hervorzuheben, wie wichtig es ist, dass sie handeln. (Um zu erkennen, was im konkreten Fall richtig ist, werden Sie Ihren ganzen Coaching-Verstand nutzen müssen.) Bei Klienten, die Widerstand leisten, könnte schließlich ein Lebensprozess-Coaching angebracht sein.

Die einzelnen Klienten haben unterschiedliche Bedürfnisse; sie haben sogar zu verschiedenen Zeiten in ihrem Leben ein unterschiedliches Bedürfnis nach Verantwortlichkeit. Die Verantwortlichkeitsbeziehung richtig zu gestalten, ist ein entscheidender Bestandteil der Allianz – nicht nur am Anfang Ihrer Arbeit mit dem Klienten, sondern auch später, wenn die Situation sich ändert. Fragen Sie Ihre Klienten deshalb immer wieder, wie sie im Hinblick auf ihre Verantwortlichkeit von Ihnen behandelt werden wollen.

Coaching-Techniken

Die folgenden Techniken können dazu dienen, den Klienten zum Handeln zu bringen und sein Lernen zu vertiefen. Ihr Wirkungsgrad ist unterschiedlich ausgeprägt, doch sie alle sollen dem Klienten helfen, sich mit den großen Fragen in seinem Leben zu befassen. Gute Coachs erkennen, wann es Zeit für ein Brainstorming ist und wann sie den Sprengstoff der Herausforderung zünden müssen.

Brainstorming

Das Brainstorming ist eine Technik, durch die mehr Ideen erzeugt werden sollen, als der Klient allein produzieren kann. Coach und Klient müssen sich in gleichem Maß daran beteiligen, damit sich neue Möglichkeiten und Perspektiven ergeben. Beide müssen ihre Sachkenntnis und ihre Erfahrungen einbringen. Ein Brainstorming hilft den Klienten auch, zu erkennen, welche Ressourcen sie in ihrem Leben und in der Diskussion einsetzen können: neue Ideen, Kompetenzen und Entscheidungsmöglichkeiten. Da Sie als der Coach sich an diesem Prozess direkt beteiligen – was nicht Ihr übliches Vorgehen ist –, sollten Sie den Klienten um seine Zustimmung bitten. Sie könnten beispielsweise sagen: »Was halten Sie von einem Brainstorming, um neue Ideen zu kreieren?« Oder: »Möchten Sie, dass ich einige Ideen mit Ihnen durchspreche?« Auch hier ist es wichtig, dass Sie unvoreingenommen bleiben; Sie können so viele brillante Ideen vorbringen, wie Sie wollen, dürfen sich aber nicht an eine von ihnen festklammern.

■ Beispieldialog

KLIENT: *Ich sitze hier irgendwie fest. Ich habe seit 15 Jahren keine richtige Verabredung mehr gehabt! Was macht man denn dabei?*

COACH: *Was würden* Sie *gern machen?*

KLIENT: *Keine Ahnung! Haben Sie nicht ein paar Ideen? Sie sind ja nicht verheiratet.*

COACH: *Wie wäre es mit einem kleinen Brainstorming?*

KLIENT: *Klar – ich würde wirklich nach jedem Strohhalm greifen!*

COACH: *Gut – Sie fangen an!*

KLIENT: *Als Student bin ich oft in Kneipen gegangen, aber ich glaube, das will ich heute nicht mehr.*

COACH: *Also werden Sie sich vielleicht nicht dafür entscheiden, aber es ist immerhin eine Möglichkeit. Gut. Was machen Sie denn in Ihrer Freizeit? Ski fahren? Wandern?*

KLIENT: *Vögel beobachten.*

COACH: *Wunderbar! Sie könnten sich einer entsprechenden Gruppe anschließen oder sogar selbst eine gründen. Nur mit Singles! Was käme sonst noch infrage?*

KLIENT: *Eine Kontaktanzeige, denke ich. Aber das wäre mir irgendwie peinlich.*

COACH: *Beim Brainstorming gibt es keine schlechten oder undurchführbaren Ideen, sondern nur Möglichkeiten. Sie haben von einer Kontaktanzeige gesprochen. Ich würde sagen: Bauen Sie neue Kontakte auf, indem Sie sich für eine ehrenamtliche Arbeit an der Schule Ihrer Kinder melden!*

KLIENT: *Und ich sage: Ich werde mich erkundigen, wann sich die allein erziehenden Eltern treffen!* ■

Planung/Zielsetzung

Um ins Handeln zu kommen, gibt es eine aus sieben Schritten bestehende Methode, die in Kapitel 9 (Lebensbalance) beschrieben wird. Manche Klienten scheitern allerdings schon, wenn es um die Planung und Zielsetzung geht. Zur Klärung der geeigneten Handlungsschritte benötigt man eine Technik, die sie einfach nicht erlernt haben. Sie mögen ein allgemeines Gefühl für die grobe Richtung haben, doch es fehlt ihnen an Erfahrung, die zeitlichen und finanziellen Aspekte beurteilen zu können und zu erkennen, wie ihre Ziele sich auf die Beziehungen um sie herum auswirken werden. Schon das bloße Aufschreiben ihrer Ziele kann ein Schritt sein, vor dem sie sich drücken oder den sie gerne überspringen, weil er die Verpflichtung auf das Ziel real macht – als ob sie bereits dann schon tatsächlich Stellung beziehen müssten!

Viele Klienten assoziieren mit ihrer Zielsetzung die guten Vorsätze, die man für das neue Jahr fasst – und bekommen bereits einen Kater, wenn sie nur daran denken. Denn mit diesen Vorsätzen sind sie regelmäßig gescheitert. Ihnen muss man zeigen, dass die Zielsetzung dieses Mal Aussicht auf Realisierung hat, weil sie ja mit einem Coach zusammenarbeiten. Möglicherweise müssen Sie die Planung und die Zielsetzung coachen, um den Klienten zu helfen, zu starken und durchführbaren Handlungen zu gelangen, durch die sie sicher, aber beständig wachsen können. Bei vielen Klienten ist die Aufgliederung des Ziels in Teilziele, die sich bewältigen lassen und überschaubar sind, sinnvoll. Bis dahin konnten sie nur den Kontinent sehen, den sie durchqueren mussten – jetzt sehen sie viele kurze Ausflüge. Wenn der

Coach seinen Klienten dabei hilft, Teilziele zu formulieren, steigen ihre Erfolgschancen oft ganz erheblich. Die Ziele sollten spezifisch, messbar, handlungsorientiert (»Was werden Sie konkret tun?«) und mit einem Termin, zu dem sie erreicht werden sollen, verbunden sein.

Beispieldialog

Das Coaching liefert eine Struktur dafür, den Klienten zu helfen, aktiv zu werden und zu bleiben und aus ihren Handlungen zu lernen. Manchmal sehnen sie sich jedoch gar nicht nach Aktivität, sondern nach dem Gegenteil.

COACH: *Ich habe Ihr Fax bekommen. Sie haben sich den Nachmittag freigenommen – das ist großartig!*

KLIENT: *Es war ein ganz merkwürdiges Gefühl.*

COACH: *Den ganzen Nachmittag?*

KLIENT: *Ja. Fast wäre ich doch noch ins Büro gefahren, um meine E-Mails durchzusehen, aber dann habe ich es gelassen.*

COACH: *Das ist wunderbar! Was haben Sie gelernt?*

KLIENT: *Dass die Welt nicht zusammenbricht, wenn ich mal vier Stunden weg bin.*

COACH: *Was noch?*

KLIENT: *Dass ich kompetente Leute eingestellt habe – Leute, denen ich vertrauen kann.*

COACH: *Sonst noch etwas?*

KLIENT: *Es war einfach wundervoll – nachdem ich es geschafft hatte, mir keine Sorgen mehr zu machen.*

COACH: *Großartig! Was ist die nächste Ebene?*

KLIENT: *Die Ziellatte höher legen?*

COACH: *Genau! Was ist der nächste Schritt?*

KLIENT: *Das weiß ich schon – ich will anfangen, einen Urlaub im Juli zu planen.*

COACH: *Das ist wirklich ein großer Fortschritt – ich gratuliere! Was werden Sie bis zur nächsten Sitzung machen?*

KLIENT: *Ich habe mir vorgenommen, heute Nachmittag in ein Reisebüro in der Nähe meiner Wohnung zu gehen und mir Prospekte für Bali und Alaska zu holen.* ■

Aufforderungen

Wir haben immer wieder betont, dass die Agenda vom Klienten kommt, dass *er* über die nötigen Ressourcen und die Antworten verfügt. Trotzdem muss der Coach den Klienten manchmal zu bestimmten Handlungen auffordern. Durch seine Ausbildung, seine Erfahrung und sein Wissen über den Klienten wird er spüren, welche Richtung der Klient einschlagen muss, um aus seinem Handeln möglichst viel lernen zu können. Der Coach hat etwas mehr Abstand zum inneren Schweinehund als der Klient selbst, und diese Perspektive verschafft ihm eine andere, wichtige Zugangsmöglichkeit. Daher werden Sie hin und wieder zu einem Klienten sagen: »Ich fordere Sie auf, diese Woche einen detaillierten Monatsplan für Ihre Ausgaben im privaten Bereich und im Haushalt aufzustellen. Werden Sie das tun?« Sie sehen, dass Aufforderungen eine typische sprachliche Form haben: Einerseits gibt es die Aufforderung selbst, die so abgefasst ist, dass sie spezifisch und messbar ist – der Coach kann den Klienten wirklich für etwas verantwortlich machen –, andererseits die Frage am Schluss, die eine Verpflichtung seitens des Klienten verlangt. Das wirkt eher, als dem Klienten nur aufzutragen, in der kommenden Woche seine finanziellen Angelegenheiten zu bearbeiten. Die genauen Formulierungen stecken den Rahmen ab und zeigen dem Klienten, dass es hier um eine wichtige Sache geht. Im Laufe der Zeit lernt der Klient durch diese Technik, dass die Zustimmung zu einer Aufforderung ein Akt der persönlichen Verpflichtung ist, nicht die bloße Akzeptanz einer vom Coach gestellten Aufgabe.

Ihre Aufforderungen werden nur dann Erfolg haben, wenn Sie ihnen gegenüber unvoreingenommen sind. Sobald Sie sich in die Brillanz Ihrer eigenen Idee verlieben und sie für den einzig richtigen Weg halten, über den der Klient Resultate erzielen kann, handelt es sich nicht mehr um *seine* Agenda, sondern um Ihre eigene. Sie als Coach müssen dem Klienten immer drei Möglichkeiten eröffnen: Er kann Ihrer Aufforderung zustimmen, sie ablehnen oder ein Gegenangebot machen. Falls er Ihre Idee ablehnt, dürfen Sie sie ruhig ein bisschen verteidigen. Sie können dem Klienten beschreiben, weshalb Sie davon überzeugt sind, dass sie funktionieren wird, und welche positiven Folgen sie für ihn hätte. Vielleicht war er ja abgelenkt und hat Sie gar nicht richtig verstanden. Sie können sogar nachhaken, um sicherzugehen, dass die Ablehnung tatsächlich durch den Klienten erfolgte – und nicht etwa durch seinen inneren Schweinehund.

Sie als Coach sind daran interessiert, dass überhaupt irgendeine Form des Handelns oder Lernens stattfindet – solange das gewährleistet ist, spielt es keine Rolle, von wem die Aufforderung stammt, ob von Ihnen oder vom Klienten, der ein Gegenangebot unterbreitet. Es gibt immer vieles, was der Klient tun und lernen kann. Vielleicht wird er später sogar auf Ihre großartige Idee zurückkommen …

■ **Beispieldialog**

KLIENT: *Ich habe demnächst ein Klassentreffen, vor zehn Jahren haben wir das Abitur gebaut. Ich würde bis dahin schrecklich gern fünf Kilo abnehmen.*

COACH: *Wie läuft denn Ihr Fitnessprogramm?*

KLIENT: *Ich gehe einmal pro Woche ins Center. Ich weiß, dass das nicht reicht.*

COACH: *Welche Übungen gefallen Ihnen am besten?*

KLIENT: *Das Schwimmen. Ich finde es wunderbar, im Wasser zu sein!*

COACH: *Großartig. Ich fordere Sie auf, viermal in der Woche mindestens eine halbe Stunde zu schwimmen. Werden Sie das tun?*

KLIENT: *Na ja – dreimal in der Woche 40 Minuten wäre mir lieber. Dadurch spare ich eine Fahrt, und die Schwimmzeit ist die gleiche.*

COACH: *Woher werde ich wissen, dass Sie das auch gemacht haben?*

KLIENT: *Ich werde Ihnen jede Woche darüber berichten, wie lange ich geschwommen bin.*

COACH: *Würden Sie gern noch etwas anderes machen?*

KLIENT: *Ja, am Sonntag eine Radtour mit jemandem aus meiner Familie – meiner Frau oder meinem Sohn.* ■

Herausforderungen

Durch eine Herausforderung verlangen Sie vom Klienten, die Grenzen, die er sich selbst gesetzt hat, auszudehnen – und zwar weit, bis an den Rand der Unwahrscheinlichkeit. Wenn die Herausforderung stark genug ist, sollte sie dazu führen, dass der Klient sich kerzengerade aufrichtet und ruft: »Das geht einfach nicht!« Wenn er so reagiert, wissen Sie, dass Sie sich auf dem richtigen Terrain befinden. Sie wissen, dass in einem Klienten oft mehr steckt, als er selbst vermutet. Häufig ist die Reaktion der Klienten zwiespältig: Sie zeigen Empörung, weil Ihre Aufforderung so ungeheuerlich ist, aber auch neuen Mut, weil jemand so sehr an sie glaubt. Die meisten Klienten werden Ihre Herausforderung rundweg ablehnen, Ihnen dann aber ein Gegenangebot machen – auf einer höheren Ebene, als sie jemals für möglich gehalten hätten.

Als Coach sagen Sie zu Ihrem Klienten: »Ich fordere Sie dazu heraus, diese Woche jeden Tag 20-mal Nein zu sagen – oder noch besser: 30-mal!« Ihr Klient erwidert: »Das geht einfach nicht! Es ist unmöglich … Dann wäre ich am Ende der Woche meine Stelle und meine Frau los! Ich werde es zehnmal am Tag tun, aber das ist wirklich das Äußerste!« Der Klient, der bisher weder im Berufs- noch im Privatleben »Nein« sagen konnte, wird diese so wichtige Technik nun jeden Tag zehnmal anwenden. So stark sind Herausforderungen!

■ Beispieldialog

KLIENT: *Es ist wie eine dunkle Wolke, die jetzt schon seit sechs Monaten über mir schwebt!*

COACH: *Danach zu urteilen, wie Sie es mir erzählt haben, fühlt es sich längst nicht nur wie eine Wolke an. Sie haben gesagt, dass Sie apathisch sind und kaum etwas essen – und das alles, weil Sie dieses Manuskript fertig bekommen müssen.*

KLIENT: *Den Forschungsbericht. Dabei habe ich die Forschungen abgeschlossen – ich muss die Ergebnisse nur noch aufschreiben.*

COACH: *Und wann werden Sie damit fertig sein?*

KLIENT: *Bei diesem Schneckentempo kann ich das wirklich nicht sagen!*

COACH: *Was schätzen Sie, wie viele Stunden wird es dauern?*

KLIENT: *Schwer zu sagen. Vielleicht ungefähr 30 …*

COACH: *Dann habe ich jetzt eine Herausforderung für Sie – dass Sie den Bericht bis zu unserem Gespräch in der nächsten Woche schreiben.*

KLIENT: *Bis nächste Woche! Das ist Wahnsinn!*

COACH: *Könnten Sie es in einer Woche schaffen?*

KLIENT: *Na ja, möglich wäre es schon. Wenn ich nichts anderes machen würde …*

COACH: *Was* werden *Sie tun?*

KLIENT: *Ich werde zumindest einen ersten vollständigen Entwurf anfertigen.*

COACH: *Das ist großartig! Sie müssen aber verstehen, dass Sie sich auf eine große Herausforderung einlassen. Es ist noch ein langer Weg!*

KLIENT: *Ich könnte dieses Ding tatsächlich noch vor der Rente fertig bekommen!* ■

Der Verantwortlichkeit eine Struktur geben

Wir wissen, dass die Verantwortlichkeit in der Coaching-Beziehung die Möglichkeit bietet, für einen Fokus und für Disziplin zu sorgen und den Handlungsaufforderungen so eine Struktur zu geben. Im Grunde bildet all das, was den Klienten daran erinnert und animiert, aktiv zu werden oder zu bleiben, weitere Bestandteile dieser Struktur. Eine wichtige Rolle spielen dabei die »Erinnerungen«, die die Funktion einer Eselsbrücke haben: Sie erinnern den Klienten daran, dass und wie er aktiv werden will. Die Armbanduhr verkehrt herum oder am anderen Handgelenk zu tragen, erinnert ihn daran, etwas Bestimmtes zu tun. Es gibt Millionen solcher Eselsbrücken, unendlich viele Möglichkeiten, den Handlungsimpuls auf kreative Weise zu verstärken. Sie sprechen verschiedene Sinne an, sie können taktil, visuell oder akustisch sein oder aus einem bestimmten Verhalten bestehen. Wenn Sie jeden Tag eine Viertelstunde für die Meditation in Ihrem Terminplan vorsehen und dies in Ihrem Terminkalender eintragen, bauen Sie eine Struktur auf, die das Handeln ermöglicht: Der physische Akt des Eintragens sowie der visuelle Reminder in Ihrem Kalender erzeugen eine Struktur für diese wichtige Aktivität in Ihrem Leben.

Hier noch einige Beispiele für Strukturen:

- überall im Haus Reminder verteilen
- Bilder vom Traumhaus ausschneiden
- beim Aufräumen im Büro ein bestimmtes Musikstück abspielen
- sich ein Band zur Meditation anhören
- bei Neukundenbesuchen immer den gleichen Pullover – Zaubermantel! – anziehen
- eine Kerze anzünden oder Weihrauch verbrennen
- sich zur Erinnerung einen Stein in die Tasche stecken
- den Raum durch eine andere Beleuchtung heller oder dunkler machen oder seine Farbe ändern
- als Motivation für den Hausputz zweimal im Monat Leute zur Belohnung einladen
- kreative Konsequenzen oder Belohnungen festlegen
- sich für die sportliche Betätigung einen Partner oder einen persönlichen Trainer suchen

Durch Strukturen kann man das Handeln und Lernen die ganze Woche hindurch, von einer Coaching-Sitzung bis zur nächsten, aufrechterhalten. Klienten sind auf unterschiedlichen Sinneskanälen besonders gut zu erreichen. Daher sollten Sie mit Strukturen experimentieren, um herauszufinden, was funktioniert, und immer weiter mit Strukturen spielen – das entscheidende Wort ist »spielen«. Strukturen sollen dem Klienten gerade in Bereichen, in denen er nur mit Mühe seine Vorsätze realisieren kann, zu Disziplin verhelfen. Wenn Sie sie spielerisch gestalten, erhöht sich die Wahrscheinlichkeit, dass der Klient durchhält – denn er wird einfach Spaß haben, sie zu beachten.

Auch wenn die Verantwortlichkeit nur ein Teil der Coaching-Beziehung ist, gehört sie zu deren zentralen Aspekten und zu den besten Möglichkeiten, das Handeln des Klienten voranzubringen und sein Lernen zu vertiefen.

Übungen

1. Aufforderungen

Klagen und Beschwerden stellen oft nicht ausgesprochene Aufforderungen dar. Wenn Sie im Restaurant sitzen und ständig kalte Luft aus der Klimaanlage auf Sie herabströmt, können Sie das hinnehmen – oder etwa den Ober auffordern, dies zu ändern. Daher funktioniert diese Übung so: Schreiben Sie eine Liste mit 25 Klagen und Beschwerden in Ihrem Leben – Dingen, die einfach nicht so laufen, wie Sie es gern hätten. Ihre Klagen und Beschwerden brauchen nicht vernünftig zu sein; Sie können beispielsweise Ihren Ärger über das Wetter aufschreiben. Wenn Ihre Liste fertig ist, verfassen Sie bitte für jede Klage oder Beschwerde eine geeignete Aufforderung. Soweit das möglich ist, sollten Sie Ihre Aufforderungen jeweils an eine spezifische Person richten – an jemanden, der die Macht und die Fähigkeit hat, Ihre Aufforderung zu befolgen. Wenn Sie dann wirklich eine Klage oder Beschwerde haben, äußern Sie gegenüber dieser Person Ihre Aufforderung tatsächlich. Denken Sie dabei daran, dass es immer drei legitime Antworten gibt: ja, nein oder ein Gegenangebot.

2. Herausforderungen

Holen Sie die Liste Ihrer zehn Freunde und Bekannten, deren Leben Sie in der Übung in Kapitel 3 aus der Meta-Perspektive beschrieben haben, wieder hervor. Ziel dieser Übung ist es, für sie eine Herausforderung zu schreiben, die sie bedeutend voranbringt und ihnen einen außergewöhnlichen Lernprozess, einen wirklichen Entwicklungsschub ermöglicht. Achten Sie darauf, dass es wirklich Herausforderungen sind – dass Sie sie damit auffordern, weiter zu gehen, als sie ursprünglich wollten –, sodass sie Ihnen schließlich ein Gegenangebot von Bedeutung unterbreiten.

3. Strukturen

Die folgende Situation ist einfach und in gewisser Weise auch typisch: Ihr Klient ist viel zu beschäftigt, um sein Haus sauber zu halten, doch das dadurch entstandene Chaos geht ihm fürchterlich auf die Nerven. Nun ist der Punkt erreicht, an dem unbedingt etwas geschehen muss. Die folgenden Strukturen könnten diesem Klienten helfen, lange genug aktiv zu bleiben, um sein Haus endlich sauber zu bekommen:

1. Leute zum Essen einladen. Nichts ist eine stärkere Motivation zum Handeln als die Gefahr, zum Gegenstand des Spottes zu werden. Er sollte die Einladungen aussprechen, bevor er mit dem Saubermachen anfängt.
2. Eine Reinigungsfirma beauftragen, auch wenn er sich das nicht leisten kann. Er zahlt für das Chaos bereits einen sehr hohen emotionalen Preis – so muss er ihn sich in Euro und Cent belegen lassen, es sei denn, er beginnt zu handeln.
3. Für jeden Tag Zeit zum Putzen in seinen Terminkalender eintragen. Er sollte dabei seinen Küchenwecker auf 15 Minuten stellen und nach jeweils 15 Minuten Putzen 15 Minuten lang etwas Angenehmes machen.
4. Ein paar Freunde bitten, ihm zu helfen, und dann umgekehrt auch ihnen beim Putzen helfen.

Ihre Aufgabe ist es nun, sich 16 weitere Strukturen zu überlegen.

KAPITEL 7
Selbstmanagement

Sie wissen, dass der Coach im co-aktiven Modell (siehe Kapitel 1) nicht vorkommt. Er ist in der Beziehung unsichtbar – das gesamte Coaching ist auf den Klienten fokussiert. Trotzdem spielen Sie als Coach in der Beziehung natürlich eine wichtige Rolle und sind ganz für den Klienten da. Manchmal allerdings auch nicht: wenn Sie durch die Ereignisse und Probleme in Ihrem eigenen Leben abgelenkt werden, wenn Sie Ihre Arbeit als Coach deprimierend oder langweilig finden, wenn Sie von einer neuen Liebe gefesselt werden oder genug davon haben, dass der innere Schweinehund eines Klienten immer jammert und Ausreden vorbringt.

Es handelt sich jedoch um eine professionelle Beziehung – Sie erhalten Geld dafür, Ihre eigenen Probleme auszuklammern und sich dem Klienten zu widmen. Beim Kontext des Selbstmanagements geht es darum, wie der Coach auch angesichts jener Ablenkungen effektiv sein kann. Durch die Beschäftigung mit Ihrem eigenen Selbstmanagement lernen Sie mehr darüber, wie Sie Ihren Klienten bei deren Selbstmanagement helfen können – und Sie leben ihnen außerdem vor, wie ein gutes Selbstmanagement ausschaut und was es bewirkt. Wir alle machen Zeiten durch, in denen wir uns wieder in den Griff bekommen müssen – wie ein Arzt, der sich selbst heilt.

Sich in den Griff bekommen

Die professionelle Coaching-Beziehung erfordert, dass die ganze Aufmerksamkeit von Coach und Klient der Erfüllung, der Balance und dem Lebensprozess des Klienten gilt. Diese Aufgabe wird Sie voll in Anspruch nehmen – wenn Sie sich mit Ihren eigenen Gefühlen, Ansichten und Urteilen befassen würden, käme der Klient zu kurz. Ihre eigenen Angelegenheiten haben beim Coaching einfach nichts zu suchen.

Was können Sie also tun? Schließlich ist es ja ganz natürlich, Ansichten und Gefühle zu haben; ohne sie zu leben, ist praktisch unmöglich. Daher ist es Ihre Aufgabe, sie zu überwachen und unter Kontrolle zu halten. Sie müssen physisch widerstandsfähig, emotional stabil und mental präsent sein – und das bedeutet zunächst einmal, dass Sie sich um die wichtigen Bereiche Ihres eigenen Lebens kümmern müssen: Ihre eigene Erfüllung, Ihre Balance und Ihren Lebensprozess. Das Coaching ist ein anspruchsvoller Beruf. Was tun Sie, um dafür zu sorgen, dass Sie die nötige mentale Stärke, physische Widerstandskraft und emotionale Stabilität haben? Das ist von fundamentaler Bedeutung. Der Klient verlässt sich darauf, dass Sie ihm wirklich alles geben, was Sie ihm geben können. Zu Ihrem Selbstmanagement gehört, dass Sie sich hohe Standards für sich selbst setzen und bei jedem Gespräch konzentriert und auf den Klienten fokussiert sind. Wenn Sie ein effektiver Coach werden wollen, sollten Sie sich selbst einen Coach nehmen. Wie könnten Sie dem Wert des Coachings wirklich verpflichtet sein, wenn es Ihnen nicht wichtig genug ist, um es zu einem Teil Ihres eigenen Lebens zu machen?

Die Berichte und Erzählungen Ihrer Klienten können Erinnerungen an ähnliche Erfahrungen, die Sie selbst gemacht haben, und sogar eine emotionale Reaktion in Ihnen auslösen. Wenn das passiert, müssen Sie dies erkennen und zwischen Ihren eigenen Gefühlen und denen des Klienten unterscheiden. Nehmen wir an, dass Ihr Klient Ihnen einen Konflikt mit einem Geschäftspartner beschreibt, bei dem es um Geld geht. Und dass es Ihnen einmal ganz ähnlich ging, oder dass Sie finanzielle Probleme mit einem Freund, Kollegen oder Ihrer Lebenspartnerin hatten. Die Erinnerungen daran, wie Sie sich damals gefühlt und was Sie gemacht haben – all das kann plötzlich über sie kommen, über Ihnen zusammenschlagen und eine (zu) große Bedeutung erhalten – für Sie und den Coachingprozess. Dann müssen Sie entscheiden, ob es angebracht ist, den Klienten an dieser Erfahrung teilhaben zu lassen und ihm zu erzählen, was Sie daraus gelernt haben. Es wird sicher Zeiten geben, in denen es für den Klienten wertvoll ist, wenn Sie ihm Ihre persönlichen Erfahrungen beschreiben. Durch das, was Sie selbst gelernt haben, könnten Sie ihm helfen, sein eigenes

Lernen in den Griff zu bekommen oder aktiv zu werden. Manchmal können Sie Vertrauen und eine stärkere Beziehung zu einem Klienten aufbauen, wenn Sie ihm Ihre Geschichte erzählen. Die Frage ist also, ob das für das Lernen des Klienten im konkreten Fall wichtig ist. Oder ist Ihr Wunsch nur darauf zurückzuführen, dass sie vom Leben des Klienten abgelenkt sind und sich selbst zu sehr in den Mittelpunkt stellen wollen? Darüber müssen Sie sich klar werden und dann entsprechend handeln. Es ist ein Beispiel für Ihr Bewusstsein auf der dritten Ebene – was geht vor sich, und welche Auswirkungen haben Sie und Ihre Erfahrungen auf den Klienten?

Natürlich wird es immer mal wieder Meinungsverschiedenheiten geben. Hin und wieder werden Sie sogar der Ansicht sein, dass der Klient eine andere Richtung einschlagen sollte, als er selbst vorhat. Dass es Ihr Job ist, die Agenda des Klienten zu halten, bedeutet ja nicht, dass Sie stets voll und ganz mit ihr einverstanden sein müssen. Sie müssen diese Agenda als die des Klienten respektieren, selbst wenn Sie nicht von ihrer Durchführbarkeit überzeugt sind. Der Klient muss mit ihr arbeiten und sie ändern, falls das nötig ist; er kann dabei völlig scheitern oder großen Erfolg haben. Der Coach kann sich durchaus ganz in den Dienst des Klienten stellen und trotzdem Vorbehalte gegenüber dessen Agenda haben. Das sollte er dem Klienten dann mitteilen, da ansonsten in der Beziehung die Ehrlichkeit verloren geht. Sollten Sie die Agenda aus irgendeinem Grund gefährlich oder moralisch bedenklich finden, müssen Sie darüber ein offenes Gespräch mit Ihrem Klienten führen. Auch wenn das nur ganz selten vorkommt, sind Sie beide möglicherweise nicht für eine gemeinsame Coaching-Beziehung geeignet; in diesem Fall sollten Sie den Klienten an einen anderen Coach verweisen.

■ Beispieldialog

Letzte Woche ist Ihre Mutter nach monatelanger schwerer Krankheit im Alter von 83 Jahren gestorben. Der Strom der Anrufe und Briefe von Ihren Freunden und Verwandten reißt nicht ab, und Sie trauern noch. Sie nehmen aber dennoch Anrufe von Ihren Klienten entgegen.

COACH: *Danke, dass Sie letzte Woche so flexibel waren. Ich weiß das zu schätzen. Wie läuft es mit Ihrem Plan?*

KLIENT: *Es ist wirklich eine Ironie des Schicksals! Nicht mit dem Plan – von dem erzähle ich Ihnen vielleicht später noch. Gleich nach Ihrem Anruf wegen der Terminänderung klingelte das Telefon wieder. Mein Bruder sagte mir, dass meine Mutter einen Schlaganfall hatte. Sie lag vier Tage auf der Intensivstation und ist letzte Nacht gestorben.*

COACH: *Oh, das tut mir wirklich Leid, Michael! Worüber möchten Sie sprechen?*

KLIENT: *Ich würde gern ein paar Minuten darüber reden, was mir fehlen wird. Über die ganzen verpassten Gelegenheiten – Dinge, die ich bei meinen Kindern nicht verpassen will.*

COACH: *Erzählen Sie mir, was Ihnen fehlen wird!*

Weitere Coaching-Fragen:

Woran werden Sie sich erinnern?
An welche Wahrheit wollen Sie sich halten?
Sie mussten Ihre Mutter gehen lassen – was wollen Sie noch gehen lassen?

Hinweis: Es handelt sich offensichtlich um einen Anruf, in dem Gefühle eine große Rolle spielen. In dieser Situation hat der Coach viele Möglichkeiten, Methoden des Selbstmanagements anzuwenden, zum Beispiel:

1. Er könnte das Gespräch durchstehen und dann seinen eigenen Coach anrufen, um es zu verarbeiten.
2. »Michael, darf ich unser Gespräch kurz unterbrechen?« (Der Coach schreit, weint, hämmert auf seine Couch ein oder verschafft seinen Gefühlen auf andere Weise Luft; dann setzt er das Telefongespräch fort.)
3. Der Anruf könnte einfach zu viel für den Coach sein, und er könnte dies ehrlich zugeben: »Michael, ich habe erst vor nicht einmal einer Woche meine eigene Mutter begraben. Das ist zu viel für mich!« ■

Umgang mit Ihren Reaktionen auf der ersten Ebene

Manchmal werden Sie auf der ersten Ebene reagieren. Ihr Klient sagt etwas über allein erziehende Mütter, geschiedene Männer oder eine bestimmte Volksgruppe ... Es kann nicht ausbleiben, dass in all den Informationen, die Ihnen die Klienten liefern, hin und wieder etwas dabei ist, was Sie an einem empfindlichen Punkt trifft. Dann könnten Sie Ihre Stabilität und sogar Ihre Unvoreingenommenheit verlieren. Plötzlich finden Sie sich auf der ersten Ebene wieder – Sie beschäftigen sich mit Ihren eigenen Gedanken und Ansichten und konzentrieren sich nicht mehr auf den Klienten.

Das kann auf ganz verschiedene Weisen geschehen. Nehmen wir zum Beispiel an, dass Ihr Klient gerade die Technik, »Nein« zu sagen, lernt – »Nein« zu unbezahlten Überstunden, zu zuckerhaltigen Naschereien, zu einer besonders berauschenden Beziehung. Nun sagt er, er habe alles versucht, um es zu verhindern, er müsse aber einen oder zwei Abende in der Woche arbeiten, wenn er seinen Job behalten wolle. Es sei zwar abzusehen, dass er diesen anspruchsvollen Job eines Tages loswerde, doch bis dahin müsse er diese Überstunden akzeptieren. Er bleibe damit seinen Werten »Verpflichtung« und »Hingabe« treu, so meint er. Sie haben sich mit dem inneren Schweinehund dieses Klienten schon intensiv befasst und wissen, dass er wieder zugange ist – Sie spüren, dass Ihnen die Galle hochkommt; Ihr Herz schlägt schneller, auf Ihren Lippen bilden sich die giftigen Worte: »Diesen Mist kann ich nicht mehr hören!«

Holla! Möglicherweise sind Sie felsenfest davon überzeugt, dass der Klient lügt oder Ausflüchte gebraucht, dass er sich nicht mit seinem Verhalten auseinander setzen will. Und Sie wollen wissen, wieso er das nicht sehen kann. Doch bei dem, was in dieser Minute in Ihnen passiert – bei diesem Druck, dieser Frustration, dieser Wut –, geht es nicht um den Klienten, sondern um Sie selbst. Aus irgendeinem Grund – weil Sie schlecht geschlafen haben, in der Post eine unerwartete Rechnung vorfanden oder Ihr Ex-Partner sich mal wieder gemeldet und etwas von Ihnen verlangt hat – haben Sie sich von der Gegenwart und von dem Klienten gelöst.

Vielleicht meldet sich auch Ihr eigener innerer Schweinehund. Sie arbeiten bereits seit drei Monaten mit diesem Klienten, und es hat sich so gut wie nichts geändert. Er ist seinen Zielen seit dem Tag der Intake Session noch kein bisschen näher gekommen und lässt sich immer wieder über die gleichen Gründe aus, weshalb er angeblich nicht aktiv werden kann. Inzwischen haben Sie es mit allen Tricks probiert, die Ihnen erfolgversprechend schienen, doch nichts hat gewirkt. Und heute hat Ihr innerer Schweinehund – der schon immer gesagt hat, dass Sie eigentlich ein schlechter Coach sind – Oberwasser, weil Sie bei diesem Klienten keine gute Arbeit leisten. Sie haben versagt, Sie schaffen es nicht, es übersteigt Ihre Fähigkeiten; Sie haben in den ganzen drei Monaten nichts getan, um diesem armen Mann, der sich auf Sie verlässt, zu helfen. Und jetzt haben Sie nicht einmal den Mut, das zuzugeben und ihm zu helfen, sich die Unterstützung, die er braucht und von Ihnen nicht bekommt, bei einem anderen Coach oder einem Therapeuten zu holen. Sie erbärmlicher Wicht! Während Sie mit dieser Selbstgeißelung beschäftigt sind, lassen Sie Ihren Klienten im Regen stehen.

Die Signale sind gar nicht schwer zu erkennen. Wenn Sie merken, dass Sie in einer Selbstanalyse gefangen sind, in Rechtfertigungen festsitzen und die Wut die Oberhand gewinnt – dann geht die Sturmglocke los, die Ihnen anzeigt, dass Sie sich auf der ersten Ebene befinden. Sie stecken in einem Käfig, strampeln sich in dem kleinen Laufrad ab und kommen nicht von der Stelle. Doch es muss Ihnen trotzdem gelingen, sich *während* der Coaching-Sitzung aus der Falle zu befreien. Sie müssen das ganze innere Durcheinander beiseite schieben und zum Zuhören auf der zweiten und dritten Ebene zurückfinden. Dass die Probleme in Ihrem Inneren existieren, können Sie nicht leugnen – Sie haben sich ja darauf trainiert, sie zu erkennen, wenn sie auftauchen –, doch jetzt ist nicht der richtige Zeitpunkt, sich mit ihnen zu befassen. Sie müssen die Bedürfnisse des Klienten in den Mittelpunkt rücken. Nehmen Sie Ihre inneren Reaktionen und Ihre Gefühle einfach zur Kenntnis, frieren Sie sie sozusagen ein und räumen Sie sie vorübergehend aus dem Weg – damit Sie dem Klienten wieder Ihre ganze Aufmerksamkeit widmen können.

Nach der Coaching-Sitzung sollten Sie dann einen Schritt zurück gehen. Benutzen Sie Ihre bewährte Methode, um Ihre Stabilität und Widerstandskraft wiederzugewinnen – Tiefenatmung, lautes Schreien, eine meditative oder körperliche Übung … Vielleicht dauert es nur ein paar Sekunden, vielleicht auch einige Minuten oder länger. Sobald Sie merken, dass Sie auf der ersten Ebene sind, besteht das Ziel des Selbstmanagements darin, jene geistige Verfassung zurückzuerlangen, in der Sie stabil, voller Energie und bereit sind, den Klienten zu unterstützen.

Sie könnten natürlich auch einen anderen Coach anrufen. Wer würde sich besser eignen? Er wird verstehen, was Ihnen gerade passiert ist, und Sie nicht nur kurzfristig wieder ins Lot setzen wollen, sondern bereit sein, abzuwarten, während Sie alles aus sich herauslassen – so lange, bis Sie sich wieder voranbewegen können. Bevor Sie wieder richtig atmen können, tief und sauber, müssen Sie die Luft reinigen. Das hat nichts mit einer Analyse oder Problemlösung zu tun. Jetzt ist einfach nicht der richtige Zeitpunkt, um zu analysieren, was schief gelaufen ist! Für die Analyse bleibt später noch Zeit. Die unmittelbare Aufgabe des Selbstmanagements muss sein, die schlechte Luft loszuwerden.

Wohin würden Sie gehen?

Wir wollen uns nichts vormachen – auch wenn Sie sich fest vorgenommen haben, immer präsent zu sein, werden Sie die Verbindung zum Klienten manchmal verlieren. Das kann aus ganz verschiedenen – teils wichtigen, teils unerheblichen – Gründen passieren: Ihr Blick streift Ihren Schreibtisch und Sie sehen eine Rechnung, die längst überfällig ist … Jemand klingelt und daraufhin fängt der Hund an, zu bellen … Etwas, was Ihr Klient gerade gesagt hat, erinnert Sie an ein sehr trauriges Erlebnis in Ihrem Leben … Am besten ist es dann, dies offen einzugestehen: »Tut mir Leid, ich war gerade einen Augenblick lang nicht da. Würden Sie bitte wiederholen, was Sie zuletzt gesagt haben? Ich habe es nicht mitbekommen.«

Wenn Sie zugeben, dass Sie kurz abwesend waren, bauen Sie Vertrauen auf. Vielleicht glauben Sie, Ihr geistiges Abtauchen vor Ihren Klienten verheimlichen zu können, doch sie bemerken dies meistens, auch wenn sie es Ihnen nicht sagen. Wenn Sie es aber zugeben, leben Sie dem Klienten die Aufrichtigkeit vor, durch die zwischen Ihnen eine starke Beziehung entsteht. Die Klienten wissen es zu schätzen, dass Sie ihnen gegenüber ehrlich waren – und dass Sie ihnen durch Ihr Eingeständnis gezeigt haben, dass auch Sie ihnen wirklich verpflichtet sind und vertrauen.

Strategien für frische Luft

Viele Coachs haben ein Ritual, das sie morgens oder vor jeder Sitzung praktizieren. Es handelt sich um eine Struktur, durch die sie sich auf das Coaching hin orientieren, sich physisch, emotional, mental oder auch spirituell auf die Klienten vorbereiten und auf sie konzentrieren. Wenn Ihr eigenes Leben Sie stark beschäftigt, ist es besonders wichtig, über solch ein Ritual zu verfügen. Sie sind zwar ein Coach, aber auch nur ein Mensch. Hin und wieder wird in Ihrem Leben etwas geschehen, was dazu führen kann, dass Ihre Aufmerksamkeit vor allem Ihnen selbst gilt, nicht dem Klienten. Nehmen wir zum Beispiel an, dass Sie auf dem Rückweg ins Büro im dichten Verkehr stecken bleiben und schließlich nervös und abgehetzt dort eintreffen. Kaum haben Sie sich gesetzt, klingelt das Telefon. Im Geist befinden Sie sich noch dort draußen, in dieser wahnsinnigen Hektik ... Bevor Sie mit Ihrem Klienten sprechen, müssen Sie sich sammeln, damit Sie Ihre Aufmerksamkeit von Ihren eigenen Problemen lösen und ganz auf den Klienten richten können.

Neben den täglichen Stolpersteinen müssen wir auch wahre Tiefschläge in den Magen verarbeiten, die uns vor dem Gespräch mit einem Klienten aus dem Gleichgewicht bringen können. Sie haben gerade Schlimmes von einem Freund erfahren: Er hat das Ergebnis der Biopsie erhalten, es handelt sich um Krebs. Oder Sie haben einen fürchterlichen Streit mit Ihrem Partner hinter sich, über eine Sache, die sich nicht einfach in Luft auflösen wird. Dann dürfen Sie sich nicht in Ihren Gefühle begraben, müssen sich aber vorübergehend von ihnen lösen und Ihre Stabilität zurückerlangen, damit Sie beim Coaching wieder ganz präsent sein können. Leicht ist das nicht! Manchmal ist es sogar unmöglich; dann bleibt Ihnen nichts anderes übrig, als Ihrem Klienten zu sagen, dass Sie den Termin leider verschieben müssen. Denn Sie müssen für Ihre Klienten stark sein. Die Zähne zusammenzubeißen und auch unter schwierigen Bedingungen weiterzumachen, verdient Bewunderung – aber nur bis zu einem gewissen Punkt. Es gehört zum Selbstmanagement, diesen Punkt zu erkennen und die Konsequenzen zu akzeptieren.

Verbotenes Terrain

Beim Selbstmanagement geht es auch darum, zu erkennen, wann man mit dem Coaching aufhören sollte. Es wäre wunderbar, wenn das Coaching immer in der Komfortzone des Coachs stattfinden könnte. Auch für die Coachs gibt es jedoch Stellen, die Sie vermeiden sollten, weil die Konsequenzen zu negativ sind. Vielleicht werden Sie manchmal feststellen, dass Sie es unterlassen, dem Klienten etwas Unangenehmes zu sagen, weil Sie ihn nicht aufregen wollen – vor allem, weil er sich nicht über *Sie* aufregen soll. Möglicherweise wollen Sie den Klienten auch einfach nicht verlieren. Wenn der Coach sich zurückhält, weil er es nicht riskieren will, den Klienten zu verletzen oder zu verärgern, nimmt er aber in Kauf, dass dieser sein Leben nicht so strukturieren kann, dass es zufriedenstellend für ihn verläuft. Besteht die Gefahr, dass der Klient sich aufregen und gehen wird? Ja, natürlich. Der Coach muss bei jeder Sitzung bereit sein, diesen Preis zu zahlen. Bei jeder! Die Risiken, die wir manchmal nicht eingehen wollen, sind gerade diejenigen, vor denen auch die Klienten zurückscheuen. Es sind genau die Dinge, die verhindern, dass die Klienten ein erfülltes Leben führen. Und oft sind sie einer der Gründe dafür, dass der Klient sich für ein Coaching entschieden hat.

Schauen Sie sich diejenigen Bereiche in Ihrem Leben, wo Sie sich unwohl fühlen und sich schon öfter zurückgehalten haben, einmal genau an. Vermutlich sind das gerade die Bereiche, die Sie nicht mit Ihren Klienten erforschen wollen, auch wenn sie für die Klienten selbst gar nicht gefährlich sein mögen. Für Sie aber sind es gefährliche Punkte: Gewohnheiten, die Ihrer Selbstverteidigung dienen. Wahrscheinlich können Sie sie die meiste Zeit gar nicht sehen. Vielleicht werden Sie eines Tages reflektieren, was Sie in Ihrem Leben blockiert. Doch so lange können Sie nicht warten, Sie müssen diese Stellen gemeinsam mit Ihren Klienten erforschen. Können Sie es nicht ertragen, einsam zu sein? Wechseln Sie deshalb abrupt das Thema, wenn einer Ihrer Klienten von seiner Einsamkeit spricht? Dann haben Sie etwas, was Ihrem Klienten genützt hätte, umgangen, weil die emotionale Belastung für Sie zu groß wäre.

Es kann auch das Aussprechen der Wahrheit sein, die Angst davor, Risiken einzugehen, der Wunsch, andere nicht zu enttäuschen, die Scheu, Geld- oder Liebesangelegenheiten zu klären … Für die Weiterentwicklung Ihrer Klienten kann es jedoch von entscheidender Bedeutung sein, in diese Bereiche vorzustoßen. Es gehört zum Selbstmanagement, für sich selbst schmerzhafte Punkte zu erkennen, sie um des Klienten willen aber dennoch zu untersuchen – Sie müssen bereit sein, auch außerhalb Ihrer Komfortzone zu coachen!

Die Gewalt über den inneren Schweinehund gewinnen

Ihr innerer Schweinehund lauert nur darauf, über Ihre Grenzen und Misserfolge zu sprechen. Ganz wird dieser Saboteur nie verschwinden. Selbst wenn Sie glauben, ihn ziemlich gut an die Kette gelegt zu haben, taucht er plötzlich wieder auf. Sie fühlen sich nach dem Gespräch mit einem Klienten wie der letzte Idiot. Sie sind bloß im Nebel herumgetappt …

Stimmt das wirklich? Beim Selbstmanagement geht es auch darum, festzustellen, welche Selbstbeurteilung im eigenen Kopf erfolgt, und den Unterschied zwischen einer konstruktiven Analyse und dem selbstzerstörerischen Gebelle des inneren Schweinehunds zu erkennen. Der Schlüssel zur Gegenwehr für Sie als Coach ist derjenige, den Sie auch für Ihre Klienten bereithalten. Erstens: Sorgen Sie dafür, jede Begegnung mit Ihrem inneren Schweinehund gut in Ihrem Kopf zu speichern. Wie sah seine Kritik oder Beobachtung genau aus? Sie müssen im Hinblick auf diese Erfahrung klar, deskriptiv und aufmerksam sein, Sie müssen sie bemerken – und bemerken, dass Sie sie bemerkt haben. Zweitens: Spielen Sie dann mit den Alternativen, die sich anbieten. Stellen Sie sich folgende Fragen: Welche Wahrheit liegt darin für mich? Was kann ich daraus lernen? In Ihrem Inneren ist etwas passiert, durch das Sie Ihre Stabilität und Ihre Widerstandskraft verloren haben, und es lohnt sich, diesem Aspekt Ihre Aufmerksamkeit zu widmen. Der innere Schweinehund interpretiert natürlich jede Situation auf die schlimmstmögliche Weise. Sie selbst dagegen wissen, dass diese aufwühlenden Erfahrungen zum Lernen gehören und Sie als Coach wie als Person stärker machen. Je besser es Ihnen gelingt, Ihren eigenen inneren Schweinehund zu erkennen und mutig und effektiv mit ihm umzugehen, desto mehr werden Sie Ihren Klienten bei der Arbeit mit ihren inneren Schweinehunden helfen können.

Zum Selbstmanagement gehört auch, gegebenenfalls zu erkennen, dass es *nicht* Ihr innerer Schweinehund war, der Sie Ihrer Kräfte beraubt hat – sondern das Coachen eines bestimmten Klienten, das Ihre Fähigkeiten übersteigt. Dann sollten Sie nachsichtig mit sich sein – Sie würden ja auch Ihre Klienten bitten, nachsichtig mit sich zu sein! Das Konstruktivste, was Sie in dieser Situation für Ihre Klienten – und für sich selbst! – tun können, ist, sie an einen anderen Coach oder sonst eine Stelle, wo sie Hilfe finden können, zu verweisen. Niemand mag das Gefühl, versagt zu haben. In manchen Fällen ist es jedoch das Beste – und auch das Professionellste –, die Beziehung um des Klienten willen zu beenden. Bei einem Berufsberater, einem Therapeuten oder einem Coach, der größeren Abstand hat, könnte der Klient besser aufgehoben sein als bei Ihnen. Vielleicht ist er aber auch einfach nicht bereit, sein Leben selbst in die Hand zu nehmen und es verantwortungsvoll zu führen – dann kann ihm vielleicht niemand helfen. Wenn die Beziehung nicht funktioniert, können Sie allein sie nicht aufrechterhalten. Falls Sie also wirklich das Gefühl haben, dass Sie mit diesem Klienten nicht arbeiten können, ist es für Sie beide das Beste, sich zu trennen.

Coaching-Techniken

Es gibt einige Coaching-Techniken, die sich für das Selbstmanagement besonders gut eignen. Diese Techniken unterstreichen die Dynamik in der Beziehung und helfen dem Coach und dem Klienten, sich ihre jeweiligen Stärken zu bewahren.

Den Klienten um seine Zustimmung bitten

Der Coach wird die Klienten immer wieder daran erinnern müssen, dass *sie* beim Coaching die Führung haben. Eine Möglichkeit dazu ist, sie um ihre Zustimmung zu bitten: »Können wir diesen Punkt bearbeiten?« – »Darf ich Ihnen sagen, was ich sehe?« – »Hätten Sie dazu gern Feedback?« Dadurch zeigt der Coach dem Klienten, dass dieser in der Beziehung die Führung hat und dass er die Grenzen seiner Befugnisse in der Beziehung kennt. Die Zustimmung des Klienten einzuholen, ist ein Zeichen für gutes Selbstmanagement des Coachs und ermöglicht es dem Klienten, die Verantwortung für die Gestaltung der Beziehung und seiner Arbeit zu übernehmen. Wenn Sie Ihre Klienten um deren Erlaubnis bitten, zeigen Sie ihnen damit, dass Sie Achtung vor ihnen haben und die Grenzen respektieren, die sie ziehen. Besonders wichtig ist das, wenn der Punkt, an dem Sie arbeiten möchten, sehr persönlich ist oder dem Klienten unangenehm sein könnte. »Darf ich Ihnen sagen, wie ich Ihren Umgang mit dieser Sache sehe?«

■ **Beispieldialog**

KLIENT: *Ich glaube, der entscheidende Punkt ist: Mir ist klar geworden, dass der Plan, den wir ausgearbeitet hatten, einfach nicht funktionieren würde. Also musste ich improvisieren … Sozusagen ohne Netz und doppelten Boden über das Seil balancieren. Es war wie früher!*

COACH: *Zunächst einmal: Die Pläne, die wir ausarbeiten, sind keine heiligen Kühe – Sie können sich immer noch für eine andere Alternative entscheiden, für diejenige Handlung, die für Sie am besten ist. Sie werden wissen, was richtig ist, und sich vorwärts bewegen und aus dem, wofür Sie sich entscheiden, auf jeden Fall etwas lernen. Wofür haben Sie sich denn entschieden?*

KLIENT: *(Erzählt, was er getan hat.) Ich habe also gehandelt – nur eben anders.*

COACH: *Bevor wir zum nächsten Punkt übergehen, möchte ich Sie um Ihre Zustimmung bitten – ich würde Ihnen gern Feedback geben. Sind Sie damit einverstanden?*

KLIENT: *Irgendwie habe ich das Gefühl, dass mir das, was ich zu hören bekomme, nicht gefallen wird. Sei's drum – ja, her mit den schlechten Nachrichten!* ■

Auf den Punkt kommen

Manchmal dehnt der Klient seine Geschichte so aus, dass sie die ganze Sitzung einzunehmen droht, oder er schweift scheinbar ziellos durch eine Geschichte nach der anderen. Das kann der individuelle Gesprächsstil dieses Klienten sein, aber auch ein Versuch, schwierigen oder direkten Gesprächen aus dem Weg zu gehen. Der Klient läuft also dort draußen im Nebel herum … Dann bietet sich der Einsatz einer Technik an, die hilft, auf den Punkt zu kommen beziehungsweise den Klienten dazu zu bringen, auf den Punkt zu kommen. »Was ist bei diesem Gespräch das Wesentliche? Was ist die Frage? Wie sieht Ihre Schlussfolgerung aus?«

Sie sollten schon bei der Intake Session mit dem Klienten über diese Technik der gezielten Kommunikation sprechen, damit es ihn nicht unerwartet trifft, wenn Sie ihn das erste Mal bitten, auf den Punkt zu kommen. Das bedeutet nicht, dass seine Geschichte nicht interessant wäre – sie kann sogar faszinierend sein –, doch sie ist erst einmal zweitrangig für die Coaching-Beziehung. Gerade bei der ja nur halbstündigen Coaching-Sitzung ist diese Technik besonders nützlich und sogar notwendig. Für langatmige, detaillierte Geschichten haben Sie einfach keine Zeit. Sie müssen das Wesentliche coachen, und wenn Sie den Klienten bitten, auf den Punkt zu kommen, helfen Sie ihm, den Kern der Sache zu entdecken. Er kann dann leichter erkennen, wie er die Tür zu der Stelle, an die er als Nächstes gehen muss, öffnen kann.

Auch für den Coach selbst ist diese Technik wichtig. Er darf nicht zu viel reden, sondern muss sich auf das Wesentliche beschränken. Das Erzählen sollte er vor allem dem Klienten überlassen.

■ Beispieldialog

KLIENT: *Ich weiß, dass ich mich schon fast wie eine Schallplatte mit einem Sprung anhöre, aber diese Woche hatte ich einfach keine Zeit dafür. Ich mache Ihnen hier wirklich nichts vor! Ein oder zwei Tage in der Woche bin ich unterwegs … Dann ist da noch mein Abendkurs … Und schließlich muss ich auch* ein bisschen *Zeit mit meiner Familie verbringen …*

COACH: *Kommen Sie bitte auf den Punkt, Tom!*

KLIENT: *Meine Gesundheit ist mir wirklich wichtig. Aber die zeitliche Verpflichtung kann ich einfach nicht einhalten.*

COACH: *Wozu verpflichten Sie sich denn im Hinblick auf Ihre Gesundheit?*

KLIENT: *Ich will mich immer noch richtig ernähren und Sport treiben. Ich weiß bloß nicht, wie ich das alles in meinem Zeitplan unterbringen soll – besonders jetzt …*

COACH: *Kommen Sie auf den Punkt, Tom! Wozu werden Sie sich verpflichten?*

KLIENT: *Ich werde zwischen den Mahlzeiten nichts mehr essen und jede Woche an drei Tagen Sport treiben.* ■

Motivieren

Über die Anerkennung haben wir schon gesprochen – der Coach sollte anerkennen, wie der Klient sein musste, um das tun zu können, was er getan hat. Die Methodik, den Klienten zu motivieren, ähnelt diesem Vorgehen in gewisser Hinsicht, doch der Fokus liegt hier nicht darauf, Eigenschaften des Klienten herauszustellen, sondern ihn zu unterstützen. Sie machen Ihrem Klienten dann Mut, wenn er an seinen Fähigkeiten zweifelt. Dabei müssen Sie aber hohle Worte vermeiden! Als Coach loben Sie nur das, was Sie als wahr erkannt haben; falls Sie nicht aufrichtig sind, wird der Klient das merken. Dann zerstören Sie nicht nur die Effektivität dieser Technik, sondern gefährden auch Ihre Glaubwürdigkeit. Wenn Sie Ihrem Klienten jedoch seine Fähigkeiten, seine Stärken und Ressourcen zeigen und ihn wissen lassen, dass Sie an ihn glauben, verschaffen Sie ihm Zugang zu einem Bereich, den er an sich selbst bisher nicht richtig wahrgenommen hat. Vielleicht ist es eine Fähigkeit, die er bis dahin nicht erkannt hatte, oder eine Stärke, die sein innerer Schweinehund immer bestritten hatte. Motivieren Sie den Klienten, wenn er erschöpft ist und glaubt, den steilen Weg nicht schaffen zu können. Entzünden Sie seine Begeisterung wieder: »Das ist Ihnen doch so wichtig – ich weiß, dass Sie es schaffen können!« Oder: »Sie haben immer wieder bewiesen, dass Sie fürsorglich *und* standhaft sein können. Das kann Ihnen jetzt wieder gelingen!« Oder: »Sie haben diese kreative Begabung, und zwar im Übermaß. Sie können das schaffen!«

■ Beispieldialog

KLIENT: *Das ist eine große Chance, aber auch ein großes Risiko. Am Ende könnte ich als Held dastehen – oder als Volltrottel!*

COACH: *Ich würde sagen: »Gehen Sie aufs Ganze!« Was wäre denn nötig, damit Sie die olympische Goldmedaille gewinnen?*

KLIENT: *Das ist doch nicht Ihr Ernst!?*

COACH: *Vielleicht nicht, aber ich möchte Sie von einem Teil des Drucks befreien, der Sie belastet und hemmt. Ich weiß, dass Sie es schaffen können! Es passt perfekt zu dem, was Sie sich so sehr wünschen, und zu dem Weg, den Sie für sich abgesteckt haben. Sie verfügen über die nötigen Techniken – und über das Stehvermögen, es durchzuziehen. Natürlich ist es riskant. Deshalb ist es ja so aufregend, und deshalb ist auch Ihr innerer*

Schweinehund hinter Ihnen her. Aber ich bin sicher, dass Sie es schaffen können!

KLIENT: *Ja, das weiß ich. Und Ihre Unterstützung gibt mir Zuversicht, wenn ich selbst nicht mehr an mich glaube.* ■

Aus dem Weg räumen

Als Technik und Struktur für den Coach haben wir das Aus-dem-Weg-Räumen belastender Gefühle ja schon ausführlich beschrieben. Dies ist jedoch auch für die Klienten hilfreich, und zwar oft aus ähnlichen Gründen. Die Klienten rufen an, wenn ihnen gerade gekündigt wurde, wenn bei ihrem besten Freund Krebs festgestellt wurde, wenn eben jemand vom Inkassobüro vor der Tür stand, wenn sie einen Großkunden an die Konkurrenz verloren haben. Vielleicht sind sie auch gerade aus dem Urlaub zurückgekommen, haben sich frisch verliebt und kämpfen mit ihren Gefühlen. Wenn die Gedanken des Klienten von so etwas beansprucht werden, beeinträchtigt das seine Handlungsfähigkeit.

Die Signale können recht schwach sein – man hört nicht immer Alarmsirenen schrillen. Vielleicht ist der Klient etwas verstimmt, oder Sie spüren eine kleine Störung auf der Gefühlsebene. Anfangs will der Klient möglicherweise gar nicht über diese »Kleinigkeit« sprechen. Wenn Sie aber merken, dass seine kreativen Energien blockiert oder eingeschränkt sind, müssen Sie dafür sorgen, dass die Sache aus dem Weg geräumt wird. Nehmen wir an, dass Ihr Klient sich über irgendeine Ungerechtigkeit geärgert hat; er ist geradezu trübsinnig. Dann könnten Sie beispielsweise sagen: »Sie scheinen wirklich blockiert zu sein. Lassen Sie uns ein paar Minuten darauf verwenden, das loszuwerden! Jammern Sie aus voller Brust, bemitleiden Sie sich selbst. Übertreiben Sie dabei ruhig!« An diesem Punkt sollten Sie dem Klienten unbedingt helfen, seine negativen Gefühle aus dem Weg zu räumen. Es ist ganz wichtig, dass Sie erkennen, wie intensiv dieser Vorgang sein muss. Den Klienten ist es nämlich oft peinlich, ihren Gefühlen freien Lauf zu lassen – sie würden lieber auf halbem Wege stehen bleiben. Daher müssen Sie mit Nachdruck dafür sorgen, dass auch das letzte Restchen schlechter Luft vertrieben wird. Machen Sie doch ein Spiel daraus, feuern Sie den Klienten an: »Lauter, lauter! Was ist noch passiert? Und dann? Wie hat sich das angefühlt? Was für ein Idiot! Erzählen Sie mir noch mehr darüber!«

■ **Beispieldialog**

COACH: *Sie wirken abgelenkt – als ob wir heute Morgen hart arbeiten müssten, um auf Kurs zu bleiben.*

KLIENT: *Ich* bin *abgelenkt! Ich habe gestern bei einem blöden Aktiengeschäft 2500 Dollar verloren. Jetzt komme ich mir wie ein Idiot vor …*

COACH: *Das hört sich an, als müssten Sie dieses Gefühl erst aus dem Weg räumen, bevor wir weitermachen können. Was meinen Sie dazu?*

KLIENT: *Ich glaube, Sie haben Recht. Ich komme mir wie ein Trottel vor! Das Schlimmste ist, dass ich zwei meiner Freunde davon überzeugt habe, dass es das beste Geschäft des Jahrhunderts sei. Jetzt haben sie natürlich auch Geld verloren.*

COACH: *Oh je! Was sonst noch? Lassen Sie uns die Lautstärke erhöhen.*

KLIENT: *Gut. Ich könnte mich selbst in den Hintern beißen, weil ich auf das Versprechen vom »schnellen Geld« reingefallen bin. Es ist mir peinlich, dass ich so leichtgläubig war …*

COACH: *Weiter! Was sonst noch?*

KLIENT: *Ich fürchte, meine Frau wird mich erschießen … Ich habe sie und die Kinder im Stich gelassen … Wo soll ich jetzt das Geld für unseren Urlaub herbekommen?*

COACH: *Sie haben das Gefühl, Ihre Familie im Stich gelassen zu haben … Was noch?*

KLIENT: *Ich hätte es kommen sehen müssen!*

COACH: *Sie haben sich also ein Urteil gebildet – Sie »hätten es kommen sehen müssen« – oder sagt das Ihr innerer Schweinehund? Was sonst noch?*

KLIENT: *Ich fühle mich wie ausgebrannt.*

COACH: *Tiefe Traurigkeit und Reue.*

KLIENT: *Genau!*

COACH: *Was werden Sie jetzt tun?*

KLIENT: *Ich denke, ich muss diese Verbitterung überwinden.*

COACH: *Wie wollen Sie das machen?*

KLIENT: *Ich habe ja eben schon angefangen, sie aus dem Weg zu räumen. Ich glaube, es wird auch helfen, wenn ich heute Abend ins Fitnesscenter gehe – dann kann ich zumindest einen Teil der Wut und der Traurigkeit ausschwitzen.* ■

Reframing

Oft können die Klienten sich nicht von einer bestimmten Betrachtungsweise für eine Situation oder Erfahrung lösen – und ihre Perspektive enthält eine Botschaft, die sich negativ auf sie auswirkt. Durch ein Reframing, eine andere Interpretation dieser Erfahrung, können Sie dem Klienten dann zu einer neuen Perspektive und neuem Mut verhelfen. Nehmen wir zum Beispiel an, dass Ihr Klient sich Hoffnungen auf einen lukrativen Beratungsauftrag gemacht hatte, aber gerade erfahren hat, dass das Projekt für mindestens ein halbes Jahr auf Eis gelegt wurde. Natürlich ist er jetzt vor allem enttäuscht. Sie weisen ihn darauf hin, dass ihm dadurch die Zeit bleibt, die er sich gewünscht hat, um einige Artikel schreiben zu können, die ihm neue Kunden bringen sollen. Sie können seine Erfahrung also positiv interpretieren, indem Sie eine Verbindung seiner schlechten Erfahrung zu seinen großen Zielen herstellen. Dabei benutzen Sie im Wesentlichen das, was er Ihnen erzählt hat, legen seine Erfahrung aber so aus, dass sie mehr umfasst – nämlich das Gesamtbild seines Lebens.

Reframing bedeutet, die positiven Aspekte der Dinge zu sehen, beschränkt sich aber nicht darauf, den Klienten aufzumuntern. Es bietet ihm mehr als Trostsprüche wie »Morgen sieht alles ganz anders aus!« oder »Neues Spiel, neues Glück!«. Beim Reframing verändert und erweitert der Coach die Perspektive, um dem Klienten einen Weg oder eine Chance zu zeigen, die er bis dahin nicht sehen konnte. Falls Ihr Klient beispielsweise seine Kreditlinie weit überzogen hat und sagt, es sei sehr schwer, Fortschritte zu erzielen – vor allem, weil immer wieder große Reparaturen erforderlich seien –, können Sie ihn daran erinnern, dass er es doch geschafft hat, sein Kaufverhalten zu ändern und seine Schulden schon seit Monaten regelmäßig tilgt. Das Reframing ändert nichts an der Tatsache, dass der Klient kämpfen muss, doch es zeigt ihm, dass er sich bisher gut geschlagen hat und Fortschritte macht. Das Thema verschiebt sich: von »Die Kreditkarten bestimmen mein Leben!« zu »Ich habe die Kontrolle über mein Leben!«.

■ Beispieldialog

In diesem Fall beginnt der Klient mit einer bestimmten Perspektive: Er hat sechs Wochen darauf verschwendet, einen Geschäftsplan zu entwickeln, der zu nichts geführt hat. Er hat jedoch vieles gelernt, das ihm bei der Umsetzung neuer Geschäftspläne nützlich sein kann, und Kontakte zu mehreren wichtigen Personen geknüpft. Mit anderen Worten: Diese Erfahrung hat auch viele positive Aspekte. Und darauf zielt der Coach ab: Er betont die Aspekte, die den Klienten dennoch voranbringen.

KLIENT: *Die totale Sackgasse! Sechs Wochen in den Sand gesetzt!*

COACH: *Sie haben einen Weg beschritten, der vor sechs Wochen sehr vielversprechend aussah. Ich kann mich daran erinnern, dass Sie ganz begeistert waren.*

KLIENT: *Ja, ich war wirklich begeistert.*

COACH: *Was haben Sie in diesen sechs Wochen gelernt?*

KLIENT: *Wie man einen Geschäftsplan entwickelt. Nicht, dass es mir viel gebracht hätte …*

COACH: *Was haben Sie sonst noch gelernt?*

KLIENT: *Mein Geschäft Leuten zu präsentieren, die nicht vom Fach sind.*

COACH: *Die mit Technik nichts zu tun haben?*

KLIENT: *Genau – Bankern und Leuten, die Spekulationskapital anlegen wollen.*

COACH: *Was haben Sie sonst noch gelernt?*

KLIENT: *Na ja – dass das etwas ist, was ich kann; allerdings macht es mir nicht so viel Spaß wie die technischen Dinge.*

COACH: *Wie beurteilen Sie nun die letzten sechs Wochen?*

KLIENT: *Ich wünschte, ich hätte all das in der Hälfte der Zeit lernen können. Und nachdem ich jetzt all diese blöden Overhead-Folien sowieso erstellt habe, kann ich die Präsentation genauso gut aufheben, bis irgendjemand erkennt, was für eine Chance das ist, und mir das Geld gibt.*

COACH: *Großartig! Was wollen Sie nächste Woche tun, um das zu erreichen?* ■

Das Knäuel entwirren

Man kann es dem Klienten auch noch auf andere Weise ermöglichen, die Situation aus einer neuen Perspektive zu sehen: indem man ihm hilft, aus dem verwirrenden Knäuel herauszukommen, das entstanden ist, weil sich in einer bestimmten Situation mehrere Fakten vermischt haben. Der Klient ist aber nicht in der Lage, diese Vermischung zu erkennen. So entsteht auf seiner Seite eine negative Überzeugung, die für ihn zu einer unumstößlichen Tatsache geworden ist – doch das stimmt nicht. Lassen Sie uns zum Beispiel annehmen, dass der Ehemann und Vater glaubt, er müsse Überstunden machen, weil seine Familie das Geld braucht und er nun einmal derjenige ist, der die Brötchen verdient. Das ist ein klassisches Beispiel für ein Knäuel an Fakten und Interpretationen, das entwirrt werden muss, damit der Klient besser sehen kann, welche Optionen er hat.

Beispieldialog

KLIENT: *Ich plane jede Woche. Ich benutze einen Terminkalender. Jeden Sonntagabend nehme ich mir die Zeit, meine Woche zu planen. Aber das nützt gar nichts. Am Dienstag ist der ganze schöne Plan schon wieder ruiniert!*

COACH: *Was passiert, wenn Sie versuchen, sich an Ihren Plan zu halten?*

KLIENT: *Die Leute verlangen, dass ich etwas für sie mache. Es gibt Dinge, die sie dringend von mir brauchen – Dinge, die ich nicht unbedingt in meinem Plan berücksichtigt hatte –, und schon gerät alles aus den Fugen!*

COACH: *Was passiert, wenn Sie »Nein« sagen?*

KLIENT: *Nicht in dieser Firma! So funktioniert das nicht. Wer dort Erfolg haben will, muss schnell und flexibel sein und bereit sein, sofort zu reagieren. Das bedeutet »Teamarbeit« bei uns!*

COACH: *Klingt so, als müssten Sie dafür einen ziemlich hohen Preis zahlen. Und als hätten Sie mehrere Dinge miteinander vermischt. Wollen wir nicht versuchen, sie zu trennen?*

KLIENT: *Was denn? Das verstehe ich nicht!*

COACH: *Sie scheinen zu sagen: »Wenn jemand etwas von mir will, muss ich meinen Plan aufgeben.«*

KLIENT: *Ich würde sagen, dass das in dieser Firma so ist.*

COACH: *Nun … Wären Sie bereit, auf meinen Vorschlag einzugehen? Ich würde gern eine alternative Sichtweise finden, um Ihnen eine andere Perspektive zu geben.*

KLIENT: *Natürlich!*

COACH: *Es gibt zwei Fakten: Die Leute wollen etwas von Ihnen, und Sie haben einen Plan. Bisher haben Sie automatisch zu allen Aufforderungen »Ja« gesagt. Wie könnten Sie sonst noch mit diesen Aufforderungen umgehen?*

KLIENT: *Ich könnte den Leuten sagen, dass ich erst in meinem Terminkalender nachschauen muss, bevor ich zustimme.*

COACH: *Gut! Gibt es noch eine andere Möglichkeit?*
KLIENT: *Ich nehme an, ich könnte lernen, manchmal auch »Nein« zu sagen.* ■

Misserfolge als Chance zum Lernen

Oft ist das Selbstmanagement beim Coaching derjenige Kontext, in dem alles auseinander zu fallen scheint. Die Bolzen sind locker, und es sieht so aus, als könnten die Räder sich jeden Augenblick lösen. Dass ein Selbstmanagement nötig ist, zeigt sich oft nach Misserfolgen des Coachs oder des Klienten; das ist daher der geeignete Zeitpunkt, um darüber zu sprechen, dass man auch durch Misserfolge lernen kann. Misserfolge können sehr schmerzhaft sein (»Fass die Herdplatte nicht an, sie ist heiß!«), sie setzen aber auch ungeheuer schnelle und wirksame Lernprozesse in Gang. Man könnte das Leben sogar als eine Lernumgebung voller Misserfolge begreifen. Leider gehört zu den ersten Lektionen, die wir im Leben lernen, dass Misserfolge schlecht sind und dass wir uns für sie sogar zu schämen haben. Wir lernen, unsere Misserfolge zu verheimlichen, Ausreden für sie zu erfinden oder sie zu ignorieren; daher finden wir nicht heraus, was eigentlich schief gelaufen ist, und können den damit verbundenen Lernfortschritt nicht nutzen. Die Klienten werden schon zu einem sehr frühen Zeitpunkt der Coaching-Beziehung Misserfolge erleben, und Sie als ihr Coach werden feststellen können, wie sie damit umgehen. Sie können kaum etwas Besseres für Ihre Klienten tun, als ihre Misserfolge zu erforschen und daraus wichtige Lehren zu ziehen, die ihr Leben, ihren Umgang mit Widrigkeiten und ihre Art zu lernen betreffen.

Beim co-aktiven Coaching ermutigen wir die Klienten dazu, das zu betrachten, was sie ihre »Misserfolge« nennen. Wir betonen, dass Misserfolge nicht bedeuten, dass der Betreffende ein Versager ist. Wir alle sind von Natur aus kreativ und verfügen über große Ressourcen. Wenn wir hin und wieder einen Misserfolg haben, sind wir noch lange keine Versager. Damit die Klienten wichtige Veränderungen in ihrem Leben vornehmen können, müssen sie oft bis an die Grenzen ihrer Fähigkeiten oder ihres Potenzials gehen. Manchmal gehen sie zu weit und erleben einen Misserfolg; manchmal gehen sie nicht weit genug und erleben ebenfalls einen Misserfolg, weil sie ihre Chance nicht genutzt haben. Bei Erfolgen wie bei Misserfolgen muss es immer eines der Hauptziele sein, sich anzusehen, zu welchem Lernprozess diese Erfahrung führt. Deshalb halten wir auch Misserfolge für wertvoll. Wir müssen sie bei unseren Klienten respektieren, weil man Mut (und eine innere Verpflichtung) braucht, um etwas zu wagen und bereit zu sein, einen Misserfolg in Kauf zu nehmen. Wir feiern Misserfolge – mit der gleichen Verwendung des Wortes wie bei »die Messe feiern« oder »einen wichtigen Meilenstein feiern« –, weil wir große Achtung vor dem haben, was sie bedeuten. Sie sind es wert, gefeiert zu werden, weil nur so wenig Leute bereit sind, sie als Baustein eines umfassenden Lernprozesses zu akzeptieren.

Übungen

1. Selbstmanagement

Wann verlieren Sie mitten im Coaching-Gespräch am ehesten Ihre Sicherheit und Ihre Unvoreingenommenheit? Wo ist Selbstmanagement besonders wichtig?

- Schreiben Sie zehn Aussagen von Klienten auf, die darauf hindeuten, dass der Coachingprozess gestört ist. Zum Beispiel: »Ich glaube nicht, dass Sie mir wirklich zuhören!«
- Schreiben Sie zehn Dinge auf, die Sie tun können, um in den Coachingprozess zurückzufinden.

Nun ein paar Vorschläge für den Umgang mit Ihrem inneren Schweinehund (diese Übung sollten Sie auch bei Ihren Klienten verwenden):

- Lernen Sie Ihren inneren Schweinehund ganz genau kennen. Malen Sie ein Bild von ihm und geben Sie ihm einen Namen.
- Schreiben Sie die häufigsten Aussagen Ihres inneren Schweinehunds auf. Wie klingt seine Stimme?
- In welchen Situationen meldet Ihr innerer Schweinehund sich am häufigsten zu Wort?
- Zählen Sie, wie oft Ihr innerer Schweinehund sich diese Woche zeigt.

2. Motivieren

Holen Sie die Liste mit Ihren zehn Freunden und Kollegen wieder hervor. Rufen Sie sie an, schreiben Sie ihnen einen Brief oder schicken Sie ihnen eine E-Mail, um sie zu motivieren. Lassen Sie sie wissen, dass sie das, was sie tun müssen, wirklich tun können. Treffen Sie konkrete Vereinbarungen.

3. Aus dem Weg räumen

Bringen Sie einem Freund oder Kollegen diese Technik bei, sodass er sie dann bei Ihnen anwenden kann. Er soll Sie dazu ermutigen und unterstützen, die Lautstärke zu erhöhen, bis Sie ganz in das vorgedrungen sind, was Sie aus dem Weg räumen müssen. Er braucht nicht zu verstehen, was in Ihnen vorgeht; er soll Sie nur dazu bringen, sich Luft zu machen – so, wie man Sportler kurz vor der Ziellinie anfeuert. Wählen Sie dann einen Bereich Ihres Lebens aus, in dem Sie etwas aus dem Weg räumen müssen, und führen Sie diese Übung erneut mit Ihrem Freund oder Kollegen durch. Sprechen Sie danach mit ihm darüber, was dabei passierte, oder machen Sie sich Notizen dazu. Was geschah, als Sie sich gestatteten, Ihrem Ärger oder Ihrer Wut freien Lauf zu lassen?

TEIL 3

Co-aktives Coaching in der Praxis

Sie wissen inzwischen, dass die Praxis des Coachings auf die Agenda des Klienten fokussiert ist. Die Erfüllung, die Balance und der Lebensprozess des Klienten bilden sogar die drei Kernprinzipien des Coachings. In diesem Teil beschreiben wir die drei Prinzipien, verbunden mit Übungen und Beispielen für Coachs. Den Schluss bilden zwei Kapitel mit Tipps und praktischen Hinweisen sowie einer Darstellung einer Vision zu den Folgen, die das co-aktive Coaching haben kann – für alle Menschen und die ganze Welt.

KAPITEL 8
Die Erfüllung des Klienten

Denken Sie einen Augenblick lang über Ihr eigenes Leben nach – wie würde ein erfülltes und erfüllendes Leben für Sie aussehen? Unabhängig davon, wie Ihre Antwort lautet, geht diese Frage tiefer als ein »Was wollen Sie?«. Deshalb ist die Erfüllung eines der drei Kernprinzipien beim co-aktiven Coaching. Wenn die Leute sich an einen Coach wenden, haben sie oft eine allgemeine Vorstellung davon, wie ein erfülltes Leben aussehen könnte – reich, voll und befriedigend, ein Leben mit Möglichkeiten und Qualität. Häufig verfügen sie auch über Vorgehensweisen, um ihr Leben entsprechend zu gestalten, zumindest für bestimmte Lebensbereiche. Ebenso oft bleiben sie jedoch an der Frage hängen, was sie überhaupt wollen, sie können die umfassendere Frage, was sie vom Leben wirklich erwarten, nicht beantworten oder wissen nicht, wie sie das umsetzen können. Einer der Hauptgründe dafür, dass die Leute sich für ein Coaching entscheiden, ist die Suche nach Antworten im Zusammenhang mit der persönlichen Erfüllung.

Die Sehnsucht nach Erfüllung

Dass ein erfülltes Leben so schwer zu finden ist, liegt nicht zuletzt daran, dass die Klienten an der falschen Stelle danach suchen. Sie suchen nämlich nach Wegen, ein erfülltes Leben zu *haben*. Also betrachten sie das, was sie haben ... und das, was sie nicht haben ... und sehen eine Lücke ... Dann suchen sie nach Dingen, mit denen sie diese Lücke füllen können. Die Klienten, die zu einem Coach gehen, sind oft auf der Suche nach etwas, was sie in ihrem Leben brauchen. Dabei kann es sich um etwas Konkretes handeln – beispielsweise einen besser bezahlten Job, ein Ferienhaus oder ein erfolgreiches Geschäft –, aber auch um Dinge, die nicht so greifbar sind, etwa eine wundervolle Ehe oder Anerkennung im Beruf. Dinge zu *haben*, ist aber nichts Dauerhaftes, und die Befriedigung verfliegt oft schnell wieder. Das wissen Sie aus Ihrem eigenen Leben: Denken Sie an etwas, was Sie wirklich haben wollten; an den Augenblick der überschäumenden Freude, als Sie es bekamen; und daran, wie schnell die Begeisterung wieder nachließ: sechs Monate nach dem Kauf des tollen Boots, der Beförderung oder der neuen Beziehung. Solange wir immer nur nach Möglichkeiten suchen, ein erfülltes Leben zu *haben*, sind wir immer nur vorübergehend zufrieden – und das führt dazu, dass wir ständig auf der Jagd nach Möglichkeiten sind, diesen Zustand wieder zu erlangen, ihn zu *haben* oder gar zu besitzen.

Erfüllt sein

Das co-aktive Coaching erschafft einen anderen Rahmen für die Erfüllung. Hier werden die Klienten aufgefordert, zu überlegen, was nötig wäre, um erfüllt zu *sein*. Grundvoraussetzung ist, dass die Möglichkeit der Erfüllung nicht nur für heute gegeben ist, sondern für unser ganzes Leben. Stellen Sie sich vor, dass Sie sich auf der Straße befinden, die Erfüllung heißt; Sie brauchen keinen Bestimmungsort zu erreichen, wo Sie dann endlich Erfüllung haben – die Erfüllung ist schon jetzt möglich.

Die im Hinblick auf die Erfüllung herrschende Verwirrung ist auch sprachlich bedingt. Wir wissen, was »voll sein« bedeutet, und halten die Erfüllung für einen Zustand, den wir schließlich erreichen werden: voll gefüllt, mit einem Deckel versehen, fertig. Tatsächlich gibt es bei der Erfüllung aber ein Paradoxon: Wir können heute erfüllt sein und morgen erneut erfüllt werden, vielleicht sogar auf andere Weise, und am nächsten Tag wieder, und am Tag danach auch … Die Erfüllung lässt sich nicht fassen – Erfüllung »haben« zu wollen ist, als wollte man das Sonnenlicht in Flaschen abfüllen.

Das bedeutet allerdings nicht, dass unsere Klienten aufhören werden, Dinge in ihrem Leben haben zu wollen. Sie werden immer wieder Dinge haben wollen: ein erfolgreiches Geschäft, mehr Geld, die große Liebe … Der Unterschied liegt darin, dass diese Dinge Ausdruck ihrer Erfüllung sind, nicht die Mittel zu ihrer Erlangung.

Sich gut zu fühlen, ist nicht entscheidend

»Erfüllt sein« wird häufig mit »sich gut fühlen« verwechselt. Diese beiden Zustände können zwar nebeneinander existieren, doch das muss nicht so sein. Im Zustand der Erfüllung herrscht oft ein Gefühl der Unangestrengtheit vor, der Harmonie, der Übereinstimmung mit den großen Gesetzen des Universums. Es kann jedoch auch dann Erfüllung geben, wenn das Leben schwierig oder unbequem ist. Nicht wenige Leute sagen, sie hätten sich gerade in jenen Zeiten besonders erfüllt gefühlt, als sie am wenigsten besaßen und das Leben ein einziger Kampf war. Damals taten sie das, was wirklich wichtig für sie war. Es ging nicht darum, Dinge zu haben oder auch *nicht* zu haben – selbst inmitten der Knappheit herrschte in ihrem Leben Überfluss. Vielleicht erhielten sie in dieser Zeit ein klareres Bild davon, was für sie wertvoll und erfüllend war; der entscheidende Punkt war jedenfalls nicht, sich die ganze Zeit gut zu fühlen. Lernen und Wachstum können schwierige und sogar schmerzhafte Prozesse sein, aber dennoch ungeheuer befriedigen. Man kann ein Gefühl des inneren Friedens und gleichzeitig des äußeren Kampfes haben. Manchmal müssen wir Handlungen durchführen, bei denen wir uns nicht gut fühlen, um Erfüllung erfahren zu können – zum Beispiel einen unangenehmen, aber gut bezahlten Job aufgeben oder in aller Herrgottsfrühe aufstehen, um Sport zu treiben.

Lebendig sein

Das Leben kann also auch dann erfüllend sein, wenn es Kämpfe gibt – und manchmal ist der Kampf ein Zeichen dafür, dass wir uns zur Erfüllung hinbewegen. Vielleicht ist es sogar ganz einfach: Bei der Erfüllung geht es darum, ganz lebendig zu sein. Sie bedeutet, der volle Ausdruck dessen, was wir sind, zu sein. Die Klienten können dieses Gefühl spüren. Sie beschreiben es als Ganz-Sein, als Gefühl, dass es so richtig ist, wie es ist, oder als Empfindung, die auf Harmonie hinweist. Es ist eine Erfahrung des Vollständig-Seins. Für jeden Menschen bedeutet es etwas anderes, ganz lebendig zu sein – und jeder Mensch beschreibt diesen Zustand mehrmals in seinem Leben auf vollkommen andere Weise. Das Coaching soll helfen, Hinweise im Leben des Klienten zu finden, die darauf hinweisen, das er gerade erfüllt ist.

Die entscheidenden Fragen zur Erfüllung werden schon bei der Intake Session gestellt, doch in dieser einen Sitzung werden Sie wohl nicht vollständig aufdecken können, was genau der Klient unter Erfüllung versteht. Die Aspekte stecken einen so umfangreichen Bereich ab, dass Sie sich auch später immer wieder mit ihnen befassen werden. Es wird eine Weile dauern, bis der Klient sich von einem Teil seiner alten Definitionen bezüglich eines erfüllten und erfüllenden Lebens verabschieden kann. Im Laufe Ihrer Coaching-Beziehung werden die Antworten sich aus den Lebenserfahrungen des Klienten ergeben, denn genau dort suchen Sie nach dem, was wirklich für ihn von Bedeutung ist.

Die persönliche Definition

Erfüllung ist etwas sehr Persönliches und in ständigem Fluss. Was erfüllend war, als Sie 25 waren, kann zehn Jahre später seine Faszination eingebüßt haben; der Drang zum Aufbau eines ganzen Imperiums, den Sie mit 35 verspürten, kann mit 45 der Suche nach innerer Gelassenheit weichen. Der Coach hat verschiedene Möglichkeiten, seinen Klienten bei der Klärung ihrer persönlichen Definition der Erfüllung zu helfen. Dazu können mehrere Methoden erforderlich sein – vielleicht müssen Sie dem Klienten immer wieder auf andere Art Fragen stellen. Das ist wichtig, denn die Entscheidungen, die der Klient trifft, werden ihm am meisten nützen, wenn er versteht, was Erfüllung für ihn bedeutet.

Eine der Stellen, an denen man suchen kann, kennen Sie schon: das Lebensrad (Abbildung 5). Betrachten Sie zusammen mit dem Klienten die einzelnen Bereiche dieses Rades und sprechen Sie (unter Verwendung einer Skala von 1 bis 10) darüber, wie groß seine Erfüllung jeweils ist: »Wie erfüllt sind Sie im Bereich des Geldes, oder der Beziehungen, oder der Gesundheit? Wie würde ein erfülltes Leben im beruflichen Bereich aussehen?« Die Frage lautet gerade nicht: »Was müssen Sie *haben*, um in Ihrem Beruf zufrieden zu sein?«, sondern: »Was ist nötig, damit Sie erfüllt *sind?*« Machen Sie dann in dieser Richtung weiter, haken Sie dort nach. Was der Klient auch sagt, lassen Sie immer ein »Was noch?« oder »Erzählen Sie mir noch mehr!« folgen. Der entscheidende Punkt ist, immer tiefere Bedeutungsebenen aufzudecken; von Zeit zu Zeit sollten Sie das Gehörte klären und für den Klienten wiederholen, sodass er selbst intensiv hören kann, was er ge-

Abb. 5: Das Lebensrad – Erfüllung

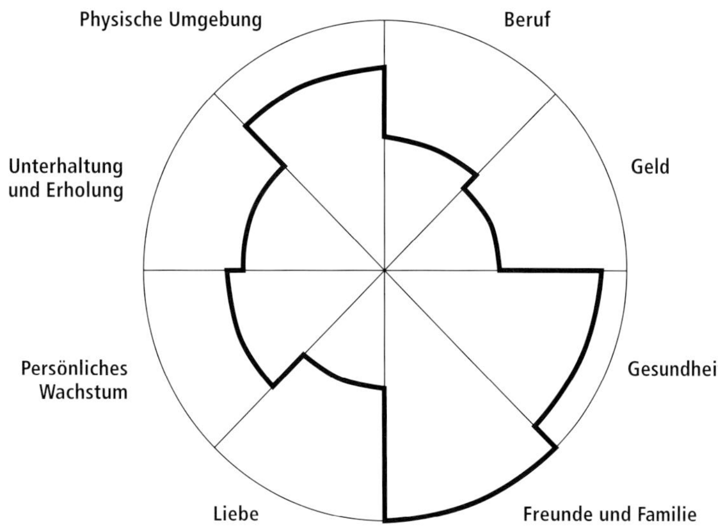

sagt hat. Zum Beispiel: »Ich habe Sie sagen hören, dass Sie im Hinblick auf den finanziellen Bereich gern eine gewisse Sicherheit hätten, das Gefühl, dass im Notfall genug da wäre. Ist das richtig?«

Das Lebensrad zeigt dem Klienten anschaulich, in welchen Teilen seines Lebens er nicht zufrieden und erfüllt ist. Mit Ihrer Hilfe kann er dann definieren, was Erfüllung für ihn bedeutet. Zum Beispiel: »Sie sagen, dass Ihre Erfüllung im Bereich der Gesundheit bei 6 liegt. Was wäre nötig, um eine Erhöhung auf 8 zu erreichen? Was werden Sie tun, um in diesem Bereich mehr erfüllt zu sein?«

Erfüllung und Werte

Stellen Sie sich vor, dass Sie das tun können, was Ihnen am meisten Freude macht: mit denjenigen zusammen sein, die Sie lieben, Ihre natürlichen Talente benutzen, Ihre Gaben ganz ausschöpfen … Das wäre wirklich erfüllend! Und es ist das Bild eines Menschen, der im Einklang mit seinen Werten lebt.

Der Zusammenhang von Werten und Erfüllung ist so offensichtlich, dass er manchmal gar nicht zu sehen ist. Wenn Sie Ihren Klienten helfen, ihre Werte zu entdecken und zu klären, entsteht eine Landkarte, auf die sie sich verlassen können, wenn sie auf den Entscheidungswegen ihres Lebens unterwegs sind. Wenn Sie mit den Klienten zusammen deren Werte klären, lernen Sie mehr darüber, was sie antreibt, was ihnen wichtig ist und was nicht. Die Klienten entdecken dabei, was für sie in ihrem Leben wirklich wesentlich ist. Dann können sie besser Stellung beziehen und Entscheidungen fällen, die darauf beruhen, was für sie wirklich von Bedeutung ist.

Seinen Werten treu zu bleiben, ist schon an sich erfüllend, auch wenn es nicht leicht ist. Klienten, für die Authentizität einen sehr großen Wert darstellt, werden vielleicht feststellen, dass es manchmal mit Unannehmlichkeiten verbunden ist, diesem Wert gemäß zu leben. Die Unannehmlichkeiten werden vorübergehen, doch das Gefühl der Integrität, der Übereinstimmung mit den eigenen Werten, wird bleiben. Lebt er aber diesem Wert nicht gemäß, spürt der Klient eine innere Spannung oder Dissonanz. Da wir Menschen flexibel und widerstandsfähig sind, können wir enorm viel Disharmonie aushalten. Der Preis dafür ist jedoch sehr hoch – das Gefühl, sich selbst zu verraten –, und das Ergebnis ist ein nicht befriedigendes Leben, ein Leben voller Duldung und ohne Erfüllung.

Die Werte sind keine moralischen Grundsätze oder Prinzipien

Die Werte sind keine moralischen Grundsätze – hier gibt es kein moralisch richtiges oder falsches Verhalten. Bei den Werten geht es nicht um einen moralischen Charakter oder ein ethisches Verhalten (es kann aber durchaus ein Wert sein, ein Leben mit ethischen Grundsätzen zu führen). Wenn es für Ihren Klienten ein Wert ist, Anerkennung zu erfahren, ist das weder positiv noch negativ zu werten; er lebt diesem Wert gemäß oder tut das nicht. Die Werte sind auch keine Prinzipien wie Unabhängigkeit oder ein Kodex moralischer Standards. An den Werten Ihrer Klienten ist nichts schon an sich Tugendhaftes. Bewunderung kann nicht dem Wert selbst gelten, sondern nur der Fähigkeit Ihres Klienten, sein Leben ganz an diesem Wert auszurichten. Unsere Werte machen unser Selbst aus. Wenn wir im Einklang mit ihnen leben, entsteht ein Gefühl der inneren »Richtigkeit«, das nichts mit moralischen Kategorien zu tun hat. Es ist so, als würde jeder Wert seinen eigenen besonderen Ton erzeugen. Wenn wir unsere Werte ausleben, verschmelzen die verschiedenen Töne zu einer einzigartigen Harmonie; andernfalls aber entsteht eine Dissonanz. Der Missklang kann so stark, so schrill werden, dass er im wahrsten Sinne des Wortes ungesund wird.

Da unsere Sprache unpräzise ist, ist es oft leichter, mehrere Aspekte eines Wertes aneinander zu fügen, als zu versuchen, ihren Sinngehalt in ein einziges Wort zu pressen. So könnten wir eine Reihe von Werten durch Schrägstriche voneinander trennen, um eine Wertegruppe zu bilden, die so besser zu verstehen ist. Zum Beispiel »Freiheit/Risikobereitschaft/Aufregung«, was nicht dasselbe ist wie »Freiheit/Unabhängigkeit/Entscheidungsmöglichkeiten«. So, wie der Habitus unserer Augen, Ohren usw. uns unser einzigartiges Aussehen verleiht, bestimmen die Formulierung, die Prioritätensetzung und die Klarheit unserer Werte unser individuelles Wesen. Damit die Klienten beschreiben können, was der Wert wirklich für sie bedeutet, muss jedes Wort in der Wertegruppe so zutreffend wie möglich sein. Wenn sie merken, dass sie vom Kurs abgekommen sind, kann der präzise Wortlaut ihrer Werte ihnen nämlich helfen, wieder auf Kurs zu kommen. Als Coach mäkeln Sie hier bitte nicht einfach an der Wortwahl herum, um die Genauigkeit eines Wörterbuchs zu erreichen. Sie wollen vielmehr wissen, was im Herzen des Klienten liegt – die Definition im Langenscheidt interessiert Sie viel weniger als die Definition Ihres Klienten. Die Formulierung muss für den Klienten stimmig sein.

Werte kann man nicht anfassen. Sie sind nichts, was wir haben oder nicht haben. Geld beispielsweise ist kein Wert, doch die Dinge, die man damit machen könnte, können als Werte betrachtet werden: Spaß, Kreativität, Seelenfrieden, anderen Gutes tun ... Reisen und Gartenarbeit sind keine Werte, wohl aber Beispiele für Aktivitäten, die man mag und durch die man bestimmte Werte hochhält, wie Aufregung, Lernen, Natur, Spiritualität. Dass man die Werte nicht anfassen kann, bedeutet aber nicht, dass andere sie nicht sehen können. Wenn Sie ein Zimmer mit lauter fremden Menschen betreten, können Sie ein Gefühl für ihre Werte bekommen: dadurch, wie sie gekleidet sind, wie sie dastehen, wie ihre Interaktion mit anderen abläuft, mit welchen Personen sie interagieren. Schon durch ihre bloße Gegenwart erfahren Sie etwas über ihre Werte. Sie können die Werte im Zimmer spüren: Macht, Freundschaft, Nähe, Verbundenheit, Unabhängigkeit, Spaß ...

Der Coach kann seinen Klienten bei der Klärung ihrer Werte helfen, indem er ihnen genau zuhört: ihren Erzählungen über ihr Leben, ihr Handeln, die Dinge, für die sie sich entscheiden, und diejenigen, für die sie sich nicht entscheiden. Er wird sie erspüren, wenn sie ihren Werten gemäß leben und handeln, aber auch, wenn sie das nicht tun, und er wird – wie der Klient selbst – in beiden Fällen etwas lernen. Nicht zuletzt deshalb sollten Sie den Prozess der Werteklärung von Zeit zu Zeit wieder aufnehmen.

Warum die Klärung der Werte so wichtig ist

Am effektivsten lassen die Werte sich klären, wenn man sie aus den Lebenserfahrungen des Klienten ableitet. Bitten Sie Ihre Klienten, Ihnen die Werte zu beschreiben, die sie in ihrem Leben sehen (vielleicht zu Gruppen zusammengestellt), und zwar mit ihren eigenen Worten. Auf diese Weise ergeben die Werte sich ganz natürlich aus dem Lebenskontext, sie werden aus dem Leben des Klienten gewonnen, nicht aus einer Liste ausgewählt. Wenn man nämlich mit einer Liste arbeitet, geraten die Klienten leicht in Versuchung, auf eine Art Einkaufstour zu gehen: »Das hätte ich gern … Und das hier wäre auch schön … Dies würde man sicher bewundern.« Weil die Leute dazu neigen, ihre Werte zu beurteilen, nennen sie dann oft eher Werte, die sie ihrer Ansicht nach haben sollten (wie Spiritualität oder Integrität), und schließen andererseits diejenigen Werte aus, die in unserer Gesellschaft nicht so geachtet werden (wie persönliche Macht und Anerkennung).

In der Intake Session oder bei einer späteren Sitzung werden Sie und der Klient gemeinsam eine Reihe von Werten entdecken. Es ergeben sich genügend Gelegenheiten zum Coaching der Werte durch Fragen wie »Wo zeigen Ihre Werte sich? Welche Werte verraten Sie als Erstes? Welche sind besonders unerschütterlich? Welche werden manchmal vernachlässigt?« Sehr nützlich ist es auch, den Klienten zu bitten, seine zehn wichtigsten Werte zu ermitteln und der Priorität nach zu ordnen. Hauptergebnis ist dann nicht die fertige Prioritätenliste – der Klient kann die Reihenfolge ja jederzeit ändern. Entscheidend ist vielmehr, dass der Klient gezwungen wird, hinter dem Wort den Wert selbst zu sehen. Manche Coachs machen daraus ein Spiel: Wenn Sie in ein unbekanntes, möglicherweise gefährliches Gebiet reisen müssten und nur zehn Werte mitnehmen könnten – welche sollten dies unbedingt sein? Es geht also nicht darum, welcher Wert am wichtigsten ist, sondern um das, was die Klienten über ihre Werte lernen – und damit sich selbst.

Der nächste Schritt besteht darin, den Klienten zu fragen, wie stark er im Einklang mit diesen Werten lebt. Benutzen Sie dazu eine Skala von 1 bis 10; die 10 bedeutet, dass der Klient diesem Wert stets treu bleibt, die 1 dagegen, dass er gar nicht im Einklang damit lebt. Sehr wahrscheinlich wird es bei einem wichtigen Aspekt seines Lebens Werte geben, denen der Klient eine 4, 5 oder 6 zuordnet; vermutlich herrschen bei diesem Lebensaspekt Gefühle wie Aufregung, Wut oder Verstimmung vor, die entstehen, weil ein wichtiger Wert unterdrückt wird. Das ist eine großartige Gelegenheit zum Coaching: »Was ist da los? Was wäre nötig, damit Sie jenem Wert unter diesen Umständen treu bleiben können? Welchen Preis müssen Sie dafür zahlen, wenn Sie das nicht tun? Was hindert Sie daran?«

Beim Coaching tragen die Werte dazu bei, die »Richtigkeit« der Entscheidungen zu bestimmen. Außerdem machen sie auf unglückliche Entscheidungen aufmerksam. Der Klient kann im Rückblick seine eigenen Entscheidungen untersuchen und sehen, wo er seinen Werten treu geblieben ist und wo nicht. Wenn die Werte des Klienten bekannt sind, hat das außerdem enorme Auswirkungen auf das Coaching. Der Coach kann sofort sehen, dass dem Klienten bestimmte Handlungen wie von selbst von der Hand gehen werden, weil diese Aktivitäten im Einklang mit seinen Werten stehen. Und wenn er weiß, wann der Klient seinen Werten *nicht* treu bleibt, kann er den potenziellen Eisberg erkennen, der sich vor der *Titanic* auftürmt: Er erkennt Problembereiche, in denen er sich blockiert.

Die Werte sind auch nützlich, wenn der Klient gerade eine Entscheidung treffen muss. Die mit den verschiedenen Handlungsschritten verbundenen Werte werden dann der Prüfstein für das Handeln: »Wird diese Handlung Sie einem Leben im Einklang mit Ihren Werten näher bringen oder weiter davon entfernen? Welchem Wert würden Sie treu bleiben, wenn Sie sich so entscheiden würden?« Wenn der Klient über eine Entscheidung von großer Tragweite für sein Leben nachdenkt, sollten Sie ihn fragen, inwiefern die einzelnen Möglichkeiten im Einklang mit seinen zehn wichtigsten Werten stehen. Entscheidungen des Klienten, die auf seinen größten Werten beruhen, werden immer – wirklich immer! – erfüllender sein. Sie mögen nicht die einfachsten, die angenehmsten oder die erfreulichsten sein, sie mögen Opfer erfordern und vielleicht sogar schmerzhafte Folgen haben. Insgesamt aber und langfristig gesehen, werden sie besonders erfüllend sein, weil sie das repräsentieren, was der Klient ist. Wir haben immer wieder erlebt, dass Klienten ihre Entscheidungen auf ihren Kontostand gründeten, auf ihre Angst vor Unannehmlichkeiten oder ihre Befürchtungen, anderen zu missfallen; dass sie diejenigen Entscheidungen trafen, die gerade am einfachsten waren oder zu möglichst wenigen Belastungen führten. Doch solche Entscheidungen führen nie zur Erfüllung, weil die Betreffenden dabei sich selbst und ihre Werte verraten. (Bei den »Tools für den Coach« finden Sie auch Übungen zur Werteklärung.)

Erfüllung und der innere Schweinehund

Wenn Sie Ihren Werten immer und überall treu bleiben, könnte man sagen, Sie hätten die Zauberformel für ein glückliches Leben gefunden. Wie kommt es dann aber, dass wir nicht alle stets im Einklang mit unseren Werten leben? Die Antwort lautet oft, dass unser innerer Schweinehund uns andere Grundregeln für das Handeln aufgezwungen hat. Er sagt: »Diesen Job kannst du nicht annehmen (auch wenn er im Einklang mit deinen Werten ›Aufregung‹ und ›Unabhängigkeit‹ steht); du musst mehr Geld verdienen!« Oder: »Du kannst deine Familie doch nicht im Stich lassen!« Oder: »Dir fehlt die Disziplin, die für so einen Job nötig ist!« Er sagt: »Das ist zu riskant!« Oder: »Es spielt gar keine Rolle, ob du das tust!« Oder: »Du änderst dich nie!« Der innere Schweinehund will den Ist-Zustand vor allem deshalb erhalten, weil er es bequemer findet, in bekannten Gefilden zu leben, als sich einer unbekannten Welt auszusetzen, die der Klient betreten würde, veränderte er sich. Veränderungen sind der Feind des inneren Schweinehunds. Um diejenigen Entscheidungen treffen zu können, die für ein wirklich erfülltes Leben nötig sind, müssen die Klienten sich ändern, und das versetzt den inneren Schweinehund automatisch in Alarmbereitschaft. Daher müssen Sie sich für sein Auftauchen wappnen und darauf vorbereitet sein, ihm bei Ihrem Coaching zu begegnen.

Erfüllung und ein zwingender Weg

Außer durch eine Klärung der Werte kann der Coach seinen Klienten auch noch durch eine andere Methode helfen, Entscheidungen zu treffen, die zu einer erfüllteren Lebensweise führen: das Finden eines zwingenden Weges, den zu beschreiten für den Klienten notwendig ist. Das Ergebnis ist ähnlich – der Klient wird seinem Wesen gemäß handeln. Das lässt sich durch einen zwingenden Weg erreichen, weil es bei der Erfüllung ja nicht darum geht, etwas zu *haben*, sondern erfüllt zu *sein*. Erfüllung ist daher jeden Tag möglich, auch unter den gegenwärtigen Umständen. Der Schlüssel ist die Suche nach einem zwingenden Weg.

Nehmen wir an, dass Ihr Klient sich außer Form fühlt, erschöpft, zu dick; er hat sich zum Ziel gesetzt, 30 Pfund abzuspecken, fitter zu werden und sich wieder stark und energiegeladen zu fühlen. Erreicht er dieses Ziel, wird ihn dies natürlich mit einem ungeheuer intensiven Gefühl erfüllen – er hat etwas Großartiges geleistet. Um Erfüllung zu finden, braucht er jedoch nicht zu warten, bis er die 30 Pfund losgeworden ist; durch das Coaching kann er einen Aktionsplan aufstellen, der ihn auf den Weg zu seinem Ziel führt. Was er dabei entwirft, ist gerade der zwingende Weg, der ihn zu seinem Ziel führen, ja geradezu ziehen wird. Jeden Tag, an dem er auf diesem Weg ist, kann er ein Gefühl der Erfüllung verspüren. Wenn den Klienten Mutlosigkeit zu überfallen droht, kann das Wissen, dass ein zwingender Weg existiert, ihm neue Kraft geben. Wann aber sollten Sie mit Ihren Klienten über die Suche nach dem zwingenden Weg sprechen? Dann, wenn sie so reden, als ob ihr Leben ihnen erst irgendwann in der Zukunft glücken könnte, als ob sie erst dann ihr wahres Leben leben könnten, wenn sie einen bestimmten Zustand erreicht oder etwas Spezielles geschafft haben. Genau dann sollten Sie die entscheidende Frage stellen: »Wie können Sie zu diesem erfüllten Leben schon heute gelangen? Was ist für Sie der zwingende Weg, um erfüllt sein zu können?«

Erfüllung und zukünftiges Ich

Am Fuß des Berges zu stehen, sein ganzes Leben noch vor sich zu sehen, kann sehr entmutigend sein. Wenn wir aber einen Blick in die Zukunft werfen könnten – uns einen Eindruck davon verschaffen könnten, wo wir in, sagen wir, 20 Jahren stehen werden –, könnte das dazu führen, der Zukunft zuversichtlicher entgegenzublicken, und uns sogar Informationen darüber liefern, wie wir dorthin gelangen können. Da es noch keine Zeitmaschinen gibt, können Sie das Ihren Klienten nur auf eine einzige Weise ermöglichen: indem Sie sie ein Bild von ihrem zukünftigen Ich entwerfen lassen. Wie viel kreative Kraft die Entdeckung des zukünftigen Ichs freisetzen kann, werden Sie wohl erst glauben, wenn Sie diese Erfahrung selbst gemacht haben.

Dem zukünftigen Ich sind die Ansichten und Urteile anderer nicht mehr wichtig. Es kennt seine eigenen Stärken, die Schlaglöcher in der vor uns liegenden Straße und das Wesentliche seiner Entscheidungen genau. Auch wenn der Klient glaubt, dass er die Antworten nicht hat, kennt sein zukünftiges Ich sie fast immer. Es kann voller Mitgefühl aus der Distanz zurückblicken und dem Klienten mitteilen, was die richtige Entscheidung ist. Das zukünftige Ich repräsentiert ein starkes Bild von einem erfüllten Leben. Auch wenn es aus dem besteht, was der Klient heute weiß, haben die Einschränkungen, die die Gegenwart mit sich bringt, keinen Einfluss auf das zukünftige Ich. Und da es aus einem imaginären Raum heraus erschaffen wird, ist es nicht auf das beschränkt, was in der Version des Klienten von der Welt »realistisch« ist. Es eröffnet dem Klienten die Chance, sich ein erfülltes Leben jenseits der ausgetretenen Pfade vorzustellen.

Den Zugang zu seinem zukünftigen Ich kann der Klient auf verschiedene Weisen finden. Unter den »Tools für den Coach« finden Sie eine Visualisierungsübung, die sich als effektiv erwiesen hat. Der Coach sollte das zukünftige Ich des Klienten immer dann heraufbeschwören, wenn das Coaching sich auf Fragen der Erfüllung konzentriert – besonders, wenn der Klient unsicher ist, welche Richtung er einschlagen soll, oder das Gefühl hat, auf einem unbefriedigenden Weg festzusitzen. Der Coach kann den Klienten dann bitten, sich vorzustellen, wie sein zukünftiges Ich dieses Problem lösen oder diese Situation bewältigen würde.

Erfüllung und Lebenszweck

Auch durch eine Aussage über seinen Lebenszweck kann der Klient erfassen, was es bedeutet, ganz lebendig zu sein. Bewusst zu leben, Entscheidungen zu treffen, die den Wert seines Lebens für sich selbst und für andere erhöhen – das ist eine Beschreibung der Erfüllung, wie sie heute und an jedem Tag möglich ist. Es gibt viele Möglichkeiten, den Lebenszweck des Klienten zu ermitteln, und auch mehrere, ihn beschreiben zu lassen, worum es in seinem Leben geht. Manche bezeichnen sie als Missions- oder Visionsaussage. Es ist jedenfalls eine Beschreibung, die ins Herz dessen vorstößt, was das wahre Leben des Klienten ausmacht und sein Leben auf der Erde bewirken wird. Es ist die Antwort auf die Fragen »Was werde ich hinterlassen?« und »Was werde ich im Leben derjenigen, denen ich begegne, bewirken?«. Der Lebenszweck beschreibt einen eher geistigen Raum, den die Klienten nie erreichen werden, doch sie werden ihr ganzes Leben lang unterwegs zu ihm sein. Viele innere und äußere Stimmen werden ihnen sagen, dass sie in eine andere Richtung gehen sollen. Und manchmal werden sie auf diese Stimmen hören, vor allem, wenn sie sich über ihren Lebenszweck nicht im Klaren sind. Einen Lebenszweck zu finden und für sich zu beanspruchen, verleiht den Klienten eine ungeheuer starke Energie. Ihre Aussagen über ihren Lebenszweck kann bewirken, dass wirklich nichts sie aufhalten kann.

Unseren Lebenszweck zu definieren, ist ein Prozess, der gewöhnlich einige Zeit dauert. Er kann persönliche Reflexion, Lesen, das Führen eines Tagebuchs und Gespräche mit anderen umfassen. Um die eine Aussage zu finden, die wahr klingt, müssen wir Schicht um Schicht abtragen, bis die Aussage sich mit denjenigen Lebensfragen befasst, die für uns im Mittelpunkt stehen: Wo ist der Hunger, den ich stillen soll? Wo ist der Schmerz, für den ich Trost spenden kann? Was ist meine Berufung? Welches Bauwerk kann ich mit meinem Werkzeug errichten? Beim Lebenszweck geht es darum, dass wir die Gaben benutzen, die wir auf unserem Weg mitbekommen haben, es geht um unsere stetige Weiterentwicklung, unsere Erfahrungen, unsere Erkenntnisse. Unser Leben ist erfüllt, wenn es auf unseren Zweck hin ausgerichtet ist – bewusst, nicht durch Zufall. In den »Tools für den Coach« finden Sie einige Übungen, die den Klienten helfen sollen, ihre Aussage über ihren Lebenszweck zu klären.

Der Wert der Aussage über den Lebenszweck beim Coaching besteht in der Fokussierung auf ein ganz lebendiges und erfülltes Leben. Sie ist mit dem Uranstab vergleichbar, der die Kraftquelle des Reaktors ist. Auf eine Weise zu arbeiten und zu leben, die dem Lebenszweck entspricht – das ist eine weitere Beschreibung für ein Leben, das erfüllt *ist*. Wenn das Coaching eine Aussage über den Lebenszweck des Klienten ermöglicht, entdeckt er sein wahres Selbst, er klärt seine Werte und kann eine Lebensvision formulieren. Der Coach muss den Klienten dann dazu herausfordern, alle Talente einzusetzen, die ihm gegeben wurden. Außerdem sollte der Coach dann mit der Technik der Anerkennung arbeiten, wenn der Klient die manchmal nicht leichte Entscheidung trifft, nicht dem bequemen Weg zu folgen, sondern seinem Lebenszweck. Dass jemand ein auf die eigenen Werte gegründetes Leben lebt, ist wirklich selten.

Erfüllung und die Rolle des Coachs

Die Klienten gehen zu einem Coach, weil sie Erfüllung suchen. Ironischerweise fangen die meisten aber gleich an, sich selbst zu belügen, indem sie weniger verlangen, ihre Ziele niedriger hängen und sich nicht ganz in den Coachingprozess einbringen. Der Weg zur Erfüllung kann schwierig und angsteinflößend sein. Uns dafür zu entscheiden, unser Leben nach unseren Werten auszurichten – das ist nicht das, was die Gesellschaft uns gelehrt hat, nicht der leichte, schon breit ausgetretene Pfad. Die meisten von uns geben sich mit dem zufrieden, was sie relativ leicht erreichen können. Wir gründen unsere Entscheidungen darauf, was andere wollen, was am einfachsten ist, was möglichst wenig Unannehmlichkeiten bereitet. Auf den Weg zur Erfüllung zu gelangen, ist nicht leicht. Wir sagen sogar: Die Entscheidung für ein erfülltes und erfüllendes Leben ist die schwierigste.

Die Rolle des Coachs besteht darin, die Klienten dazu herauszufordern, ihre Erfüllung anzustreben. Das ist keine einfache Aufgabe. Auch wenn die Klienten nicht in diese Richtung gehen wollen, müssen Sie sich dafür einsetzen, sie ermutigen und ihnen den Weg zeigen. Diesen Weg hat der Klient ja schließlich in seiner Agenda selbst entworfen. Wenn man die Annäherung an die Erfüllung auf die Werte gründet, kommt es nie auf die Ergebnisse an, sondern stets auf den Lernprozess selbst. Es ist dann das gemeinsame Ziel von Coach und Klient, dem Klienten die Kraft zu verleihen, sich auf diesen Lernprozess einlassen zu wollen.

KAPITEL 9

Die Lebensbalance des Klienten

In unserer chaotischen, hektischen Welt mit all dem Stress, den Zeitplänen und Verpflichtungen, die uns so viel Zeit und Energie abverlangt, sehnen sich viele nach einer Balance. Das Gleichgewicht ist aber kein Zustand, den wir erreichen und dann immer beibehalten können, sondern ein dynamischer Prozess. Wir bewegen uns immer zu einem Gleichgewicht hin oder von ihm weg. Wir können Lebensturbulenzen zwar verlangsamen, aber nie ganz zum Stillstand bringen. An dem Tag, an dem es tatsächlich aufhört, an dem wir die perfekte Balance erlangen, wird man uns eine Blume in die sorgsam gefalteten Hände drücken und den Deckel über unserem Leben schließen. Bis dahin jedoch ist das Gleichgewicht ein fließender Prozess – wie es ein Slalomfahrer erlebt, der den Hang hinabrast, oder eine Balletttänzerin. Es erfordert ständig eine bewusste und kontrollierte Bewegung.

Davon können Sie sich selbst überzeugen, indem Sie ein oder zwei Minuten lang auf nur einem Bein stehen. Versuchen Sie es jetzt einmal! Um Ihr Leben wirklich zu simulieren, müssen Sie allerdings zunächst etwa fünf Minuten im Zimmer herumlaufen, und zwar so schnell Sie können, und zwischendurch immer wieder kurz stehen bleiben; drehen Sie sich dann 12-mal auf der Stelle – dies ersetzt gleichsam das Warten (auf telefonische Rückrufe, beim Schlangestehen …). Versuchen Sie *dann*, auf einem Bein zu stehen! Falls Sie das immer noch können, werden Sie bemerken, dass in Ihrem Bein und Ihrem Körper physiologische Prozesse ablaufen, die dazu führen, dass Sie das Gleichgewicht halten können.

Das Gleichgewicht ist eine Technik, die wir erlernen können – das gilt für die Balance im Leben ebenso wie für die physische. Durch genug Übung – und mithilfe eines Coachs – können wir lernen, eleganter den Hang hinabzuschwingen, statt ständig die Slalomtore umzumähen.

Wenn es wirklich reicht

Unser Leben läuft in einem ungeheuren Tempo ab, das sich stets noch zu beschleunigen vermag. Die Klienten sind in den Strudeln und Wirbeln ihres Lebens gefangen. Sehen Sie sich doch einmal Ihr eigenes Leben an! Wie oft essen Sie hastig etwas im Auto, auf dem Weg zu Ihrem nächsten Termin? Wie sah das vor fünf Jahren aus? Wer erinnert sich noch an die Telefonnotizen auf den rosafarbenen Papierstreifen? Heute werden sie im Museum ausgestellt, doch es ist erst ein paar Jahre her, dass eine Hand voll dieser Papierstreifen große Geschäftigkeit symbolisierte. Wie viele Voice-Mail-Nachrichten hören Sie sich an einem »normalen« Tag an? Dann wurde die E-Mail erfunden. Pager, Handys, Audiokassetten im Auto – heute alles obligatorisches Zubehör der Kommunikation und Zeichen für ständige Erreichbarkeit. Und wie sieht Ihr Terminkalender aus? Könnten Sie noch mehr in ihn hineinstopfen? Inzwischen haben doch schon die Kinder Terminkalender! Ab 1980 bekamen wir die Botschaft zu hören: »Du kannst alles haben!« Heute sagen immer mehr Leute: »Es reicht mir!«

Wir erleben jetzt die Verstopfung, die uns das überreiche Buffet der 80er-Jahre beschert hat. Es ist wie beim Erntedankfest: Selbst wenn wir uns mit dem festen Vorsatz, uns nicht wieder so voll zu stopfen, an den Tisch setzen, werden wir von unserem Appetit, unserer Unersättlichkeit und dem alten Ritual überwältigt. Das Ergebnis ist Lethargie, das Gefühl, gemästet worden zu sein – doch schließlich landet unser gieriges Auge auf einer weiteren Portion Nachtisch ... Viele Klienten gehen zu einem Coach, weil sie das alles nicht mehr aushalten. Sie brauchen Hilfe, um sich vom Buffet des Lebens zurückziehen zu können.

Entscheidungen, die das Leben bereichern

Das Coaching erschafft eine Umgebung, in der das ganze Ritual zum Stillstand kommt, zumindest für eine halbe Stunde in der Woche. Hier kann und sollte man sich fragen, was wirklich wichtig ist und was sich ändern muss. Dabei gibt es kein absolutes »Richtig« oder »Falsch«. Entscheidungen, die für den einen das Leben bereichern, führen für den anderen zu Zwängen. Manche können nur dann eine Balance erreichen, wenn sie ihr Tempo verlangsamen, einen Teil ihrer Last ablegen und sich Auszeiten nehmen. In den USA gibt es bereits eine

Bewegung, die ein Zurück zur freiwilligen Einfachheit propagiert. Das Coaching kann jenen, die einen einfacheren, langsameren, bewussteren Lebensstil wollen, Verantwortlichkeit und Unterstützung bieten. Andere aber wollen ihr Gleichgewicht sozusagen auf der Überholspur finden – erst bei hohem Tempo blühen sie so richtig auf. Sie sind die Hochgeschwindigkeits-Slalomläufer des Lebens, die sich den Hang hinunterstürzen und nach dem Credo von George Bernard Shaw leben: »Wenn ich sterbe, will ich völlig aufgebraucht sein, denn je härter ich arbeite, desto mehr lebe ich. Ich freue mich um seiner selbst willen am Leben. Für mich ist es keine ›kurze Kerze‹, sondern eine Art lodernde Fackel, die ich für den Augenblick in der Hand halte, und ich will, dass sie so hell leuchtet wie nur möglich, bevor ich sie an künftige Generationen weiterreiche.« Auch inmitten jenes brennenden Wunsches, das Leben ganz zu leben, gibt es für das Coaching reichlich Gelegenheit, diesen Klienten zu helfen, leuchtend zu brennen, ohne auszubrennen. Das Coaching kann ihnen helfen, ein Gleichgewichtsgefühl zu erlangen, das es ihnen ermöglicht, sich ihre Gesundheit, ihre Beziehungen, ihr Wohlergehen zu bewahren, während sie ihre Energie verbrauchen.

Wer sitzt am Steuer?

»Aus dem Gleichgewicht« sein bedeutet, von den Umständen bestimmt zu werden. Die Klienten handeln dann, als hätten sie keine Wahl. Das kann man an ihrer Sprache hören: »Ich kann nicht … Ich muss … So funktioniert das nicht!« Manchmal übertragen sie die Entscheidungsgewalt auch jemand anderem, der dann die Umstände kontrollieren soll: »Das kann ich nicht machen, denn mein Partner würde niemals …« Oft ist es der innere Schweinehund, der auf den Fahrersitz geklettert ist und das Lenkrad nicht wieder hergeben will. Dann entstehen Ängste, die zu Entscheidungsschwäche führen. Wer aber keine Entscheidungen mehr treffen kann, hat auch sein Gleichgewicht verloren – und mit ihm die Möglichkeit der Erfüllung. Wenn Sie sehen, dass der Klient anfängt, auf seine Entscheidungsgewalt zu verzichten, müssen Sie die Fensterläden aufstoßen und ihm neue Perspektiven zeigen.

Der Weg zur Lebensbalance

Durch eine bestimmte Methode, die aus sieben Schritten besteht, kann der Coach den Klienten helfen, gegen ihre Machtlosigkeit anzugehen und ihre Entscheidungsgewalt wiederzugewinnen, und sie dann zu Handlungen führen, durch die ihr Leben mehr ins Gleichgewicht kommt.

1. Schritt: Den Klienten helfen, zu erkennen, dass sie auf eine bestimmte Betrachtungsweise fixiert sind

Wenn die Klienten von außen bestimmt werden, sagen sie Dinge wie: »So ist das nun mal!« Andere Optionen können sie gar nicht sehen: »In meinem Alter bekommt man eben keine höhere Position im Management mehr!« Oder: »Bei meinen Terminen bleibt mir einfach keine Zeit für Sport!« Wenn Klienten auf eine bestimmte Perspektive fixiert sind, müssen Sie ihnen zunächst helfen, dies als Sackgasse zu erkennen. Machen Sie die Kette, die sie nicht von der Stelle kommen lässt, für sie sichtbar. Weisen Sie sie auf die Signale hin, die anzeigen, dass ihr Gleichgewicht gestört ist: etwa wenn sie sagen, sie hätten das Gefühl, überwältigt zu werden, festzusitzen, gelähmt zu sein. Wenn sie auf eine bestimmte Perspektive fixiert sind oder wenn ihre Erklärung lautet: »So ist das nun mal, das gehört zum Leben!«, sind sie einem einzigen Standpunkt allzu sehr verhaftet. Dann ist ein Coaching erforderlich, das ihr Gleichgewicht zum Ziel hat, und es muss damit anfangen, dem Klienten die Einseitigkeit seiner Perspektive aufzuzeigen, um dann das Spektrum der Möglichkeiten zu verbreitern. Ein Beispiel: »Wenn Sie sagen ›So ist das nun mal!‹ oder ›Dagegen kann ich nichts machen!‹, hört sich das an, als ob Sie hilflos sind und keinen Ausweg sehen. Stimmt das?«

2. Schritt: Andere Perspektiven suchen und aufzeigen

Die »andere« Perspektive gehört zu dem, was der Coach in die Coaching-Beziehung einbringt – allerdings nicht die »richtige« Perspektive, sondern einfach andere Standpunkte. Dadurch kann er die Sichtweise verändern, durch den die Klienten die Umstände in ihrem Leben betrachten. Der Coach muss es den Klienten ermöglichen, ihr Leben oder bestimmte Aspekte aus verschiedenen Blickwinkeln zu sehen. Wenn sie die Dinge nämlich aus nur einer Perspektive betrachten, auf ihre alte Sichtweise, werden sie leicht zum Opfer der Umstände und können ihre Ressourcen nicht ausschöpfen. Gelingt es ihnen aber, ihren Standpunkt zu überprüfen, geraten Möglichkeiten zur Veränderung in den Fokus.

Was ist die treibende Kraft, die gewöhnlich hinter einer Entscheidung steht? Gewohnheit? Routine? Die Überzeugung des Klienten, dass ihm enge Grenzen gesetzt sind? Viele Klienten gehen gerade deshalb zu einem Coach, weil sie neue Perspektiven suchen. Das Coaching bietet ihnen einen effektiven Rahmen, in dem sie ihre gegenwärtige Position hinterfragen und neue Alternativen kreativ betrachten können. Das kann ganz einfach sein; der Coach kann die Klienten beispielsweise auffordern, sich acht unterschiedliche Möglichkeiten zur Lösung des Problems zu überlegen, ohne eine von ihnen zu favorisieren. Wenn ein oder zwei dieser Lösungen völlig unvernünftig sind, ist das sogar von Vorteil. Die utopischeren Lösungen rufen nämlich ein Gefühl des Spielerischen hervor, das die Mauern des »Ich kann nicht!« einreißt und einfach die Anzahl der Entscheidungsmöglichkeiten vergrößert, sodass Ideen, die vorher außerhalb der Mauern lagen, jetzt auch in Betracht kommen. Eine Klientin, die keine Zeit findet, um Sport zu treiben, könnte beispielsweise:

- einen persönlichen Trainer engagieren, der bei ihr einzieht
- aus ihrem Wohnzimmer einen Trimmraum machen
- ihre Stelle kündigen
- aus dem Bürgerausschuss austreten
- sich eine Trainingspartnerin suchen
- 30 Minuten früher aufstehen und 30 Minuten früher ins Bett gehen
- ihren Kindern beibringen, die Wäsche zu machen, sodass sie Zeit für ihre Fitnessübungen gewinnt
- sich für sechs Monate einen Job in einem Wellness-Bad suchen

Ein Beispiel aus der Coaching-Praxis: »Lassen Sie uns eine Liste mit Alternativen erstellen. Was fällt Ihnen als Erstes ein? Es muss nicht vernünftig sein und Sie brauchen sich auch nicht für eine der Möglichkeiten zu entscheiden – wir erstellen einfach nur eine Liste der Möglichkeiten. Was fällt Ihnen noch ein?«

3. Schritt: Sich in die verschiedenen Perspektiven hineinversetzen
Der Schlüssel zu mehr Entscheidungsmöglichkeiten besteht darin, die Welt tatsächlich durch die Linse der einzelnen Möglichkeiten zu betrachten. »Wie würde die Welt aussehen, wenn Sie sich für diese Möglichkeit entscheiden würden?« Wenn Sie die Klienten dazu herausfordern, sich in die verschiedenen Perspektiven zu versetzen, können sie ihr Gefühl für die Möglichkeiten erweitern und einiges darüber lernen, wie sie anders leben könnten. Einen persönlichen Trainer zu engagieren, der bei der Klientin einzieht, wird wohl nicht realistisch sein, doch es *ist* realistisch, an einem Aerobic-Kurs in der Firma teilzunehmen. Vielleicht ist es nicht die richtige Antwort, aus dem Wohnzimmer einen Trimmraum zu machen – sich für ein paar Monate das Trimmfahrrad der Schwester zu leihen, aber schon. Wichtiger als die Möglichkeiten selbst ist das, was der Klient lernt, wenn er über sie nachdenkt. Ein Beispiel aus der Coaching-Praxis: »Leben Sie diese Alternative einfach mal einen Augenblick lang! Probieren Sie sie an, sehen Sie sich um. Wie wäre es, aus dieser Perspektive heraus zu operieren?«

4. Schritt: Sich für eine Perspektive entscheiden
Jetzt ist es an der Zeit, sich für eine Perspektive als Weg zum Handeln zu entscheiden. Damit beraubt der Klient sich nicht der Möglichkeit, später doch eine andere zu wählen. Es bedeutet einfach nur: Lassen Sie uns jetzt mal eine ausprobieren! Dadurch macht der Klient die ersten Schritte, die ihn aus der festgefahrenen Situation herausführen und in eine andere hinein. Vielleicht wird er nicht beschließen, lange darin zu leben, doch er ist dem Gleichgewicht näher gekommen. Das ist ein großer Fortschritt, der Anerkennung verdient. Ein Beispiel aus der Coaching-Praxis: »Das ist wunderbar! Wenn Sie sich dafür entscheiden, bleiben Sie Ihren Werten treu und bewegen sich auf Ihren Lebenszweck zu.«

5. Schritt: Einen Plan entwickeln, der sich mit der Situation befasst
Die Entscheidung für eine neue Perspektive bedeutet für den Klienten einen riesigen Schritt, denn er fordert dadurch einen Teil seiner Macht zurück. Nun muss ein Aktionsplan entwickelt werden. Vorher war es nur eine theoretische Überlegung, doch durch die Planung wird das Fundament gelegt und die ersten Wände werden hochgezogen – die Praxis beginnt. Der Plan gewinnt Gestalt und Form – jetzt lebt die

neue Perspektive gleichsam in der Welt. Der Plan zwingt die Klienten aus ihrer Sackgasse heraus und verbindet sie mit der Welt. Sie müssen anfangen, darüber nachzudenken, welche Ressourcen sie brauchen. Wie viel Zeit wird es kosten, wie viel Geld? Wie wird es sich auf die wichtigen Beziehungen auswirken? Es handelt sich um einen kreativen Prozess, an dem der Coach sich durch ein Brainstorming beteiligen kann, wenn er das für angebracht hält. Außerdem ist es eine großartige Gelegenheit für ihn, die Klienten zu ermutigen, zu unterstützen, zu motivieren und ihnen Anerkennung zu zollen, wenn sie mutig planen, ihr Leben zu verändern. Ein Beispiel aus der Coaching-Praxis: »Wie sieht Ihr Plan aus?«

6. Schritt: Sich ernsthaft auf den Plan verpflichten

Die Planung erfordert viel Gedankenschmalz. Es gibt ja viel zu überlegen im Hinblick auf die Vorgehensweise und die Verwendung der verfügbaren Ressourcen, Entwürfe müssen erstellt, Berechnungen durchgeführt werden. Dann steht der Plan – doch noch ist er etwas Äußerliches. Als Coach wollen Sie aber, dass er dem Klienten in Fleisch und Blut übergeht, dass er in seinem Inneren lebt, nicht im Kopf, wo schon geringe Ablenkungen dazu führen könnten, ihn zu verdrängen. Deshalb sollten Sie, bevor Sie den Klienten zum Handeln auffordern, darauf achten, dass er sich wirklich auf diesen Plan verpflichtet hat. Durch eine Verpflichtung gewinnen die Leute sehr viel Kraft und Entschlossenheit. Verpflichtungen gehen nämlich über das Fällen von Entscheidungen hinaus: Wir *entscheiden* uns zwischen Lasagne und Tortellini, doch wir *verpflichten* uns auf andere, auf das Leben, auf ein Handeln, das impliziert, dass es kein Zurück gibt. Das ist der Punkt, an dem der Coach eine Linie zieht und den Klienten auffordert, neues Terrain zu betreten: »Werden Sie diesen Plan als Verpflichtung betrachten und entsprechend handeln? Werden Sie das tun?« Bis dahin hat der Klient sich vielleicht gar nicht viel dabei gedacht. Sobald ihm aber klar wird, dass er im Begriff ist, sich auf eine große Veränderung zu verpflichten, dürfte sich das ändern. Jetzt hat er zum letzten Mal die Chance, zu sagen, er habe nur Ihnen zuliebe mitgemacht oder weil er dachte, es sei besser, oder weil er sich nicht traute, das Spiel zu beenden, oder was für Gründe sein innerer Schweinehund noch dafür haben könnte, dass er nicht Farbe bekennen will. Jetzt geht es nicht mehr darum, genug Sport zu treiben, um die pünktliche Bezahlung der Rechnungen, unangenehme Kaltakquisition oder was auch immer diese Suche nach anderen Perspektiven und einer anderen Handlungsrichtung ausgelöst hat – jetzt geht es für den Klienten darum, die Kontrolle über sein Leben zu übernehmen. Deshalb müssen Sie ihn fragen: »Werden Sie diesen Plan als Verpflichtung betrachten?« Dieser Akt des Sichverpflichtens ist so bedeutsam, dass die Coachs ihre Klienten manchmal tatsächlich auffordern, auf dem Boden vor sich eine – reale oder imaginäre – Linie zu ziehen, tief Luft zu holen und diese Grenze zu überschreiten. Selbst am Telefon verliert er nichts von seiner Symbolkraft. Ein Beispiel aus der Coaching-Praxis: »Wir haben nun schon ein gutes Stück des Weges hinter uns – Erweiterung der Liste mit den Optionen, Entscheidung für eine von ihnen und Aufstellung eines Plans. Jetzt gibt es da die Linie auf dem Fußboden. Holen Sie tief Luft. Wenn Sie bereit sind, sich auf den Plan zu verpflichten, schreiten Sie bitte über die Linie. Aber nur, wenn Sie wirklich dazu bereit sind!«

7. Schritt: Handeln

Der Klient dürfte es als Erleichterung empfinden, jetzt endlich handeln zu können. Es war schwierig, neue Betrachtungsweisen zu finden. Es hat Kraft gekostet, sich tatsächlich in diese verschiedenen Perspektiven zu versetzen. Die Herausforderung bestand darin, sich für eine von ihnen zu entscheiden und sich dann darauf zu verpflichten – sich wirklich darauf zu verpflichten, sodass es kein Zurück gibt. Jetzt bewegt der Klient sich auf ein Gleichgewicht zu. Er wird viel aus seinen Handlungen lernen können. Wird er Misserfolge und Rückschläge erleben? Natürlich! Und auch daraus wird er etwas lernen können. Ein Beispiel aus der Coaching-Praxis: »Ich gratuliere! Sie sind jetzt aktiv, Sie haben das Steuer übernommen und leben Ihrem Lebenszweck gemäß. Es könnte Zeiten geben, in denen Sie aussteigen oder den leichteren Weg einschlagen wollen. Daran werden wir arbeiten, wenn es so weit ist.«

■ **Beispieldialog**

COACH: *Ich habe den Eindruck, dass Sie im Augenblick nur funktionieren, ohne innere Beteiligung. Ihr Energielevel ist seit einiger Zeit viel niedriger. Das kann ich auch Ihrer Stimme anhören – als ob Sie auf Ihrem Stuhl zusammengesackt wären.*

KLIENT: *Ja, das stimmt.*

COACH: *Was ist denn los?*

KLIENT: *Alles läuft so, wie es sein sollte. Das ist einfach langweilig, nicht so richtig lebendig.*

COACH: *Wie bei Zombies?*

KLIENT: *Genau. So eine Art Dahintrotten.*

COACH: *Dann malen wir jetzt einen Kreis und nennen diese Perspektive den »Ort der Zombies«, wir schreiben es oben an den Kreis. Sie stecken am Ort der Zombies fest?*

KLIENT: *Solange sich bei der Arbeit nichts ändert, gibt es nicht viel, was ich tun* kann. *Ich sitze meine Zeit einfach ab.*

COACH: *Bewegen Sie sich nun bitte um 90 Grad weiter. Welche andere Perspektive bietet sich Ihnen jetzt? Eine andere Weise, Ihr jetziges Leben zu betrachten? Es muss nicht die richtige sein – einfach nur eine andere.*

KLIENT: *Es könnte ein Plateau sein. Letztes Jahr habe ich viele Veränderungen durchgemacht. Vielleicht liegen noch mehr vor mir, und ich befinde mich gerade auf dem Plateau.*

COACH: *Wie ein Platz, wo Sie sich zwischen den Veränderungen ausruhen können. Bewegen Sie sich jetzt wieder um 90 Grad weiter. Wie sieht eine andere Perspektive aus?*

KLIENT: *Vielleicht ist es die Übergangsphase.*

COACH: *Gut! Noch eine andere Perspektive!*

KLIENT: *Es könnte der Ort sein, an dem das Lernen stattfindet.*

COACH: *Also ein besonderer Ort mit einer besonderen Botschaft für Sie. Ich könnte Ihnen noch eine andere Perspektive bieten. Sind Sie damit einverstanden?*

KLIENT: *Ja, natürlich. Was denn für eine?*

COACH: *Es könnte sich um einen erfolgreichen Ort handeln. Könnten Sie Ihr Leben so betrachten, als ob es im Augenblick erfolgreich wäre?*

KLIENT: *Oh ja, das ginge durchaus. Die Dinge laufen nach Plan – aber ich vermisse eben die Aufregung und Aktivität vom letzten Jahr.*

COACH: *Der Ort der Zombies ist also nur eine von mehreren möglichen Betrachtungsweisen?*

KLIENT: *Genau.*

COACH: *Welche Perspektive ist denn für Sie am stärksten? Für welche würden Sie sich am liebsten entscheiden?*

KLIENT: *Dass es für mich der Ort des Lernens ist – die Zeit, in der ich wieder zu Atem kommen, mich um meine Weiterentwicklung kümmern und aus all den vergangenen Veränderungen lernen kann.*

COACH: *Das wollen wir uns einen Moment ansehen. Was fällt Ihnen aus dieser Perspektive auf? Wozu sagen Sie »Ja«?*

KLIENT: *Mir fällt auf, dass ich nachdenklich bin, dass ich nicht einfach abwarte. Ich denke darüber nach, was ich gelernt habe. Ich sage »Ja« zum Meditieren. Und dazu, über mein Lernen ein Tagebuch zu führen. Vielleicht fange ich auch an, mich zu fragen, was am Horizont liegt.*

COACH: *Gut. Um dazu »Ja« sagen zu können, müssen Sie vermutlich zu ein paar anderen Dingen »Nein« sagen. Zu welchen?*

KLIENT: *Ich müsste »Nein« dazu sagen, so früh zur Arbeit zu gehen.*

COACH: *Sie müssten also »Nein« dazu sagen, früh zur Arbeit zu gehen. Wozu noch?*

KLIENT: *Zum Fernsehen spät am Abend, damit ich genug Schlaf bekomme.*

COACH: *Das ist gut! Sie sind vom Ort der Zombies an diesen Ort des Lernens und Erforschens gelangt – und es hört sich an, als wäre es dort auch ruhiger.*

An dieser Stelle könnte der Coach den Klienten bitten, sich noch in andere Perspektiven zu versetzen. Wie sieht es dort aus? Wozu wird er »Ja« sagen? Wozu wird er »Nein« sagen?

COACH: *Für welche Perspektive werden Sie sich nun entscheiden?*

KLIENT: *Für die Perspektive »Ort des Lernens«.*

COACH: *Dann lassen Sie uns über Ihren Aktionsplan sprechen. Sie haben schon gesagt, dass Sie meditieren und ein Tagebuch führen wollen. Was werden Sie tun? Und wann?*

KLIENT: *Der frühe Morgen ist für mich am besten. Wenn ich abends nach Hause komme, bin ich zu müde. Und ich glaube nicht, dass ich bei der Arbeit genug Ruhe finden würde, um meditieren oder an meinem Tagebuch schreiben zu können.*

COACH: *Wie sieht Ihr Plan im Einzelnen aus?*

KLIENT: *Von 7 bis 7.15 Uhr Meditation, dann etwa 15 Minuten lang das Tagebuch führen.*

COACH: *Ja, das sieht für mich wie ein Plan aus. Gilt das für fünf Tage in der Woche? Oder für sechs? Für sieben?*

KLIENT: *Nein, für den Samstag nicht. Da muss ich mich schon früh um die Kinder kümmern.*

COACH: *Gibt es sonst noch etwas zu Ihrem Plan zu sagen?*

KLIENT: *Nein, das ist alles. Sechs Tage in der Woche!*

COACH: *Gut. Jetzt noch ein paar Schritte, und dann sind wir fertig. Einer der Nachteile von Plänen ist, dass sie zuerst nur in unseren Gedanken existieren, oder auf einem Blatt Papier. Sie können dann leicht verlegt oder ignoriert werden. Deshalb möchte ich, dass Sie sich auf diesen Plan verpflichten. Und dass Sie diese Verpflichtung in sich aufnehmen, in Ihren Körper, und sie mit Ihren Gefühlen und Ihrem Geist verbinden. Stellen Sie sich vor, dass vor Ihren Füßen eine Linie auf dem Boden ist – und dass Sie diese Grenze überschreiten werden, um zu zeigen, dass Sie Ihrem Plan verpflichtet sind.*

KLIENT: *Ich bin bereit!*

COACH: *Wenn Sie die Linie überschreiten, treten Sie also ins Handeln ein. Tun Sie es, wenn Sie so weit sind!*

KLIENT: *Ich überschreite die Linie jetzt. Das ist nur ein kleiner Schritt für mich …*

COACH: *Aber ein riesiger Schritt in Richtung einer Veränderung, hinein in eine neue Perspektive Ihres Leben. Ich gratuliere Ihnen!*

KLIENT: *Das ist eine wirklich wunderbare Erfahrung!* ■

Das individuelle Gleichgewicht

Das Gleichgewicht ist eine persönliche Angelegenheit – jeder Klient hat sein individuelles Modell. Die Übung mit dem Lebensrad (siehe die »Tools für den Coach« im Anhang dieses Buches) zeigt dies anschaulich. Bitten Sie Ihre Klienten, anzugeben, wie zufrieden sie in den verschiedenen Bereichen ihres Lebens sind. Gehen Sie das Rad mit ihnen durch und lassen Sie sie in die einzelnen Segmente Linien zeichnen, die dem Grad ihrer Zufriedenheit entsprechen. Wenn der Klient sagt, seine Zufriedenheit liege bei 10, also ganz außen, ist das großartig. Liegt seine Zufriedenheit dagegen nur bei 2, ist das nahe an der Nabe – es besteht Coachingbedarf. Wie sieht das neue Rad aus, nachdem der Klient seinen Grad der Zufriedenheit in alle Segmente eingezeichnet hat? Die meisten Klienten werden eine sehr holprige Fahrt erleben, da sie in manchen Segmenten nur einen geringen Grad der Zufriedenheit feststellen werden, sie sind weit vom Gleichgewichtszustand entfernt. Bis dahin haben die meisten Klienten noch nie darüber nachgedacht, was ein Gleichgewicht für sie bedeutet oder was sie wirklich wollen. Viel zu oft bedeutet es lediglich, auch weiterhin das zu haben, was sie heute haben – aber ohne den ganzen Stress, die Anspannung, den Druck und die Schmerzen. Nicht wenige Klienten wünschen sich mehr Balance in ihrem Leben, als ob es sich um ein Möbelstück handeln würde – wie in: »Ich hätte gern mehr Balance in meinem Leben!« Der Coach muss den Klienten helfen, die Umstände ihres Lebens im Detail zu sehen und zu klären, was wichtig ist, und sich von der Perspektive zur Entscheidung zu bewegen. Dadurch können sie ihre einzigartige Vision formulieren, wie ein Leben ausschauen würde, das sich vollkommen im Gleichgewicht befindet.

Das Gleichgewicht langfristig beurteilen

Da das Gleichgewicht ein dynamischer Prozess ist, muss seine Entwicklung in einer langfristigen Perspektive gesehen werden. Wie viel Zeit diese Perspektive konkret umfasst, ist unterschiedlich. Wenn der für die Beurteilung der Balance gewählte Zeitrahmen beispielsweise Mittwoch von 9 bis 17 Uhr ist, könnte es so aussehen, als sei Ihr Leben ziemlich aus dem Gleichgewicht: nur Arbeit, keinerlei Vergnügen. Man muss die Balance also über einen längeren Zeitraum betrachten, der das Auf und Ab des Lebens umfasst. Sie könnten bei jeder Coaching-Sitzung sozusagen einen Schnappschuss machen, der zeigt, ob sich ein Klient derzeit zum Gleichgewicht hinbewegt oder davon entfernt.

Denken Sie daran, dass es Zeiten geben wird, die für Außenstehende sehr unausgeglichen aussehen. Fragen Sie doch einmal einen Unternehmer oder den Besitzer einer kleinen Firma, wie sich sein Leben anfangs gestaltete! Damals waren seine Zeit, seine Energie, Gedanken und Gefühle vermutlich viel stärker auf sein Geschäft gerichtet als auf die anderen Bereiche seines Lebens – selbst im Schlaf! Wenn jemand sagt: »Ich muss jetzt eine Weile meine ganze Aufmerksamkeit auf einen einzigen wichtigen Aspekt meines Lebens konzentrieren!«, ist dagegen jedoch nichts einzuwenden – solange das kein Dauerzustand wird, kann die Konzentration Bestandteil einer langfristigen Strategie zum Erreichen eines Gleichgewichts sein. Wächst diese »schiefe« Zeit sich allerdings zu einer unausgeglichenen Lebensweise aus, muss dieser unharmonische Zustand angesprochen werden.

Das holprige Aussehen der Zeichnung des Lebensrades – also mit vielen Zacken und Ausbuchtungen – ist ein untrügliches Zeichen dafür, dass das Rad des Lebens sich nicht im Gleichgewicht befindet und die wichtigen Lebensbereiche, um die wir rotieren, dringend einer Auswuchtung bedürfen. Schon die Erkenntnis, dass das Lebensrad recht holprig ausschaut, kann zum Beginn des Veränderungsprozesses führen. Sie wirft nämlich sofort die Frage auf: »Was ist nötig, damit mein Leben flüssiger, geschmeidiger wird?« Im Grunde: »Welche Entscheidungen muss ich treffen, damit ich anfange, mich zu einem Gleichgewicht hinzubewegen statt von ihm weg?« Letztendlich geht es bei der Balance also um Entscheidungen.

Das Spiel mit den Perspektiven

Eine Übung, die das Spektrum der Perspektiven für die Klienten verbreitert, ist das »Spiel mit den Perspektiven«. (Leere Räder dafür finden Sie bei den »Tools für den Coach«, ein Beispiel für ein ausgefülltes Rad in Abbildung 6.) Das Diagramm dafür sieht wie das Lebensrad aus, doch die acht Segmente sind leer. Sie stehen für unterschiedliche Perspektiven zur gleichen Frage – jedes repräsentiert eine andere Weise, diese Frage zu beurteilen. Nehmen wir an, dass Ihre Klientin Single ist und in der Stadt wohnt, in der sie aufgewachsen ist, also in der Nähe ihrer Familie und Freunde. Ihren Job und ihre Berufslaufbahn empfindet sie als Sackgasse, doch sie genießt ein gewisses Prestige und hat keine Geldsorgen. Trotzdem fühlt sie sich an den Job, die Stadt, ihre Lebensweise gefesselt. Am Anfang eines Gesprächs sagt sie oft: »Ich kann nicht …, weil …« Die Denkfrage für ihre Hausaufgabe könnte lauten: »Wohin gehe ich jetzt in meinem Leben?«

Die Möglichkeiten, die der Klientin einfallen, werden in die Segmente des Rades geschrieben:

- heiraten
- zur Friedenstruppe gehen
- studieren
- an die Französische Riviera ziehen
- ein Kind adoptieren
- in eine Hütte im Wald ziehen und ein Buch schreiben
- sich eine Auszeit von sechs Monaten nehmen
- sich einen neuen Job suchen

Abb. 6: Das Spiel mit den Perspektiven

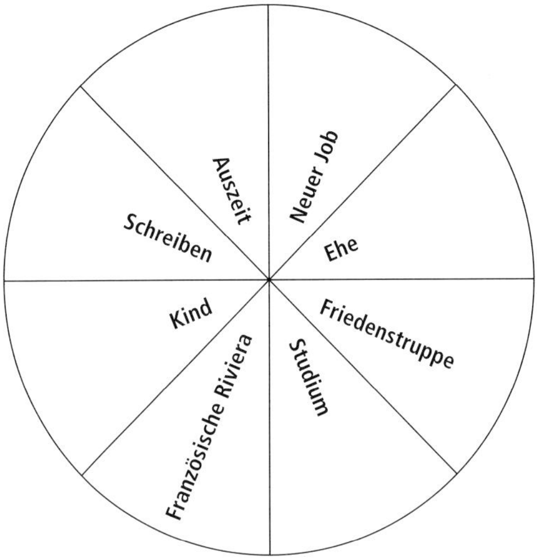

Frage: Wohin gehe ich jetzt in meinem Leben?

Bitten Sie Ihre Klientin, die Denkfrage aus der Perspektive der einzelnen Segmente zu betrachten. Betonen Sie diese Erfahrung, sodass sie tatsächlich ein intensives Gefühl dafür bekommt, wie die Welt aus der jeweiligen Perspektive aussieht. Sprechen Sie mit ihr über alle acht Bereiche und fragen Sie sie dann, was sie daraus gelernt hat, dass sie die Frage aus den verschiedenen Perspektiven betrachtet hat: »Wo war Ihre Reaktion am stärksten? Und wo am schwächsten? Welche Perspektive konnten Sie nur schwer einnehmen? Was haben Sie über sich selbst gelernt?«

Durch diese Übung gewinnt die Klientin ein tieferes Verständnis für die verfügbaren Positionen; Sie verbreitern dadurch das Spektrum ihrer Möglichkeiten und vermitteln der Klientin ein Gefühl für die richtige Entscheidung. Die neuen Perspektiven bilden dann die Grundlage dafür, dass sie Lebensentscheidungen zuversichtlich treffen kann.

»Nein« sagen

Die größere Zahl der Perspektiven führt dazu, dass auch die Zahl der Entscheidungsmöglichkeiten steigt. Die Klienten haben jetzt so viele verlockende Optionen, dass wir uns mit einem ungewöhnlichen Phänomen befassen müssen, dass nämlich zu viele Entscheidungsmöglichkeiten existieren. Die Klienten sehen sich nicht nur zu vielen Dingen gegenüber, die sie ihrer Ansicht nach tun müssen oder die andere von ihnen erwarten, sondern auch einer Vielzahl von Dingen, die einfach zu verlockend sind, um sie sich entgehen zu lassen. Auf die Konsequenz wurde schon oft hingewiesen: Die Leute verschleudern unnötig Ressourcen, sie verausgaben sich, als wäre ihre Energie grenzenlos – doch das ist ja nicht der Fall! Daher besteht eine der stärksten Techniken darin, »Nein« zu sagen – zu unserem Chef, zu unserem Lebenspartner, zu unseren Freunden, zum Fernsehen, zu den Überstunden, zu unseren gesellschaftlichen und privaten Verpflichtungen ... Nicht unbedingt zu all diesen Dingen, aber zu einigen, sodass ein Gleichgewicht entstehen kann. »Nein« zu sagen ist eine Technik, die man lernen kann, auch wenn das oft sehr schwierig ist. Sie gehört jedoch zu den wichtigsten Techniken, denn durch sie können wir unseren Werten treu bleiben. »Nein« zu sagen bedeutet eine Entscheidungsmöglichkeit; es bedeutet aber auch, zu irgendetwas anderem »Ja« sagen zu können. Es geht dabei um eine Entscheidung: »Ja« zu denjenigen Dingen zu sagen, die uns lebendiger und stärker machen, und »Nein« zu denen, die unser Leben aufzehren. Sie brauchen Ihre Klienten nur zu fragen: »Wovon wollen Sie mehr in Ihrem Leben? Und wovon wollen Sie weniger?«

Mit dem Klienten daran zu arbeiten, dass er das »Nein«-Sagen lernt, kann in den ersten Monaten eine der Hauptaufgaben des Coachs sein. In dieser Zeit werden wir mit den üblichen Antworten der Klienten konfrontiert: »Nein zu sagen ist unhöflich; es bedeutet, dass man sich der Teamarbeit verschließt; es zeigt, dass man egoistisch ist ...« Allerdings: Mit jedem »Ja«, das wir in unserem Leben sagen, sagen wir zu etwas anderem »Nein«. Wenn wir zu täglichen Überstunden »Ja« sagen, sagen wir »Nein« zu unserer Familie und zur Erholung; wir sagen »Ja« zu der Angst, unsere Stelle zu verlieren – und damit auch zu unserer Machtlosigkeit, aber »Nein« zur heiteren Gelassenheit. Wenn wir »Nein« zum frühen Aufstehen und zum Sport vor der Arbeit sagen, sagen wir vielleicht »Ja« zur wohligen Gemütlichkeit unseres Bettes, zu zehn Pfund mehr auf den Rippen, zu mehr Schlaf – oder einfach nur zu unserem inneren Schweinehund. Es kommt also darauf an, im richtigen Moment und zu den richtigen Dingen »Nein« zu sagen – oder eben »Ja«.

Es ist wichtig, sich beim Coaching mit diesem Punkt zu befassen. Die Erkenntnis, wo er mit einem automatischen »Ja« oder »Nein« reagiert, eröffnet dem Klienten neue Möglichkeiten. Wenn er darüber nachdenkt, welches »Nein« in einem »Ja« steckt, kann er seine schwachen Punkte und seine Gewohnheiten ans Tageslicht fördern. Die folgende Aufgabe kann provozieren und die Klienten zugleich voranbringen: Fordern Sie sie auf, eine Woche lang jeden Tag fünfmal bewusst »Nein« zu sagen. Diejenigen, die wirklich festsitzen und blockiert sind, können durch die bewusste Beschäftigung mit ihren Neins und Jas enorm viel lernen.

Verpflichtungen

Wenn die Klienten sich mit der Balance befassen, müssen sie Entscheidungen treffen und erklären, wie ihre inneren Verpflichtungen aussehen. An diesem Punkt ist es Zeit, mit dem Reden aufzuhören. Jetzt geht es um den Schritt der Verpflichtung, der zum Handeln führt. Das bedeutet mehr, als nur einen Plan gutzuheißen, es geht um eine Versicherung, eine Absichtserklärung. Die Verpflichtung erlaubt es den Klienten, zu sagen, wie sie ihre Zeit, ihre Aufmerksamkeit, ihr Talent und ihre Ressourcen einsetzen wollen. Und da die Coaching-Beziehung eine Allianz zwischen Coach und Klient ist, ist diese Verpflichtung ein Abkommen zwischen ihnen, ein gemeinsames Versprechen, das der Coach ebenso unverbrüchlich einhalten muss wie der Klient.

Diese Verpflichtungen bilden die Grundlage für die Agenda des Klienten. Wenn der Klient zögert, schwankt oder gar vergisst, worauf er sich verpflichtet hat – wobei meist sein innerer Schweinehund die Finger im Spiel hat –, bleibt der Coach standfest, statt ebenfalls den Rückzug anzutreten. Leider lassen manche Coachs die Beziehung gerade an diesem Punkt im Stich. Zwar prügelt der Coach nicht gerade auf den Klienten ein oder macht ihm Vorwürfe, wenn er seine Verpflichtungen vergisst – doch er darf auch nicht einfach daneben stehen und zusehen, wie der Klient sich selbst untreu wird. Der Coach muss die Verpflichtung dann wieder in den Vordergrund stellen, er darf es auf keinen Fall versäumen, den Klienten an seine Verpflichtungen zu erinnern.

Das Coaching ist heute nicht zuletzt deshalb so gefragt, weil die Leute die besten Absichten haben. Sie wissen zumindest ungefähr, was sie tun müssen und was sie wollen. Sie sagen wirklich aus Überzeugung, dass sie dies oder jenes tun werden, doch dann kommt ihnen das Leben selbst in die Quere. Nehmen wir zum Beispiel an, dass einer Ihrer Klienten sich darauf verpflichtet hat, mehr Zeit mit seiner Familie zu verbringen. Doch dann bietet seine Firma ihm ganz unerwartet ein neues, aufregendes Projekt an, das vielleicht sogar mit einer Beförderung und mehr Geld verbunden ist. »Die Familie könnte das Geld doch gut gebrauchen, nicht wahr? Wenn es für mein berufliches Vorankommen gut ist, ist es doch für uns alle gut, oder?« Das neue Projekt kann aber außer Aufregung und der Möglichkeit größerer Zufriedenheit im Beruf und sogar einer Beförderung auch Überstunden, Druck und Ablenkungen bedeuten. Das ist eine großartige Gelegenheit, zu untersuchen, wozu Ihr Klient »Nein« sagen würde, wenn er zu dem neuen Projekt dann doch »Ja« sagt.

An diesem Punkt muss der Coach den Klienten an seine Verpflichtung erinnern: »Sie haben gesagt, *dies* sei Ihnen wichtig, *darauf* hätten Sie sich verpflichtet. Wie steht das neue Projekt mit Ihrer Verpflichtung, mehr Zeit mit der Familie zu verbringen, im Einklang?« Es kann gut sein, dass der Klient diese Frage nicht hören will, doch Sie müssen den Mut haben, sie ihm zu stellen. Vielleicht kommt der Klient zu der Entscheidung, dass das Projekt sogar noch wichtiger ist; dann müssen Sie seine neue Agenda akzeptieren. Zuvor aber müssen Sie die Perspektiven untersuchen und die Richtungsänderung überprüfen: »Ist das ein Fall, wo Sie ›Nein‹ sagen müssen? Wie steht das mit Ihren Werten im Einklang? Wenn Sie sich fünf Jahre in die Zukunft versetzen und zurückblicken – welche Entscheidung hätten Sie dann heute treffen wollen?«

Der Coach hält sich an das Abkommen mit dem Klienten und tritt für dessen ursprüngliche Vision ein, bis kein Zweifel mehr daran besteht, dass der Klient die Entscheidung trifft, weil sie einen Schritt in die Richtung eines erfüllten Lebens bedeutet. Der Coach muss sicher sein, dass der Klient sie nicht trifft, weil er sich dazu gezwungen fühlt oder weil er ansonsten eine Chance zu verpassen glaubt, die mit seinem Lebenszweck nichts zu tun hat. Dort draußen ist das Leben – bereit, die Klienten von ihren Verpflichtungen abzulenken, ihre Bewegung hin zum Gleichgewicht zu sabotieren. Coach und Klient müssen wachsam sein. Beide müssen bereit sein, die Verpflichtungen des Klienten auf ihre Wahrheit und Dauerhaftigkeit zu überprüfen.

Trotzdem bleiben die Klienten manchmal gerade dann stecken, wenn sie an der Schwelle zum Handeln stehen. Dafür gibt es viele Gründe. Vielleicht will der innere Schweinehund einfach keinerlei Veränderungen zulassen, oder der Klient ist nicht bereit, zu handeln, bevor er *sicher* ist, sich für den richtigen Weg entschieden zu haben. Er will eine Garantie, dass er mit der geplanten Handlung Erfolg haben wird, er will, dass alles perfekt ist. Das wäre schön! Hin und wieder könnte es sogar möglich sein, dass es diese Garantie gibt. Meist aber ist der kreative Prozess, um den es ja bei Veränderungen geht, chaotisch – sehen Sie sich den Maler an, den Bildhauer, den Gärtner ... Der erste Schritt scheint zu sein, ein Chaos zu erzeugen oder sich in eines zu begeben. Beim Coaching muss der Coach die Klienten oft ermutigen, zu handeln und Veränderungen einzugehen. Absolute Sicherheit, wohin der Weg führt, gibt es dabei nicht. Manchmal können wir »anlegen, zielen und feuern«, doch manchmal müssen wir einfach »feuern ... zielen ... feuern ... zielen«. Und jedes Mal aus den Ergebnissen lernen.

Ein ausgeglichener Standpunkt

Auch wenn der Klient bereit ist, sich auf Handlungen zu verpflichten, die zu dem gewünschten Ergebnis führen werden, müssen Sie die Auswirkungen dieser Handlungen auf andere Bereiche seines Lebens sehen, Sie müssen sich weiter auf das Gesamtbild konzentrieren, das aus der Erfüllung, der Balance und dem Lebensprozess des Klienten besteht. Das heißt nicht, dass Sie versuchen sollten, ihn vom Handeln abzubringen – zur Rolle des Coachs gehört es nie, den Klienten zurückzuhalten. Aufgrund Ihrer Allianz mit dem Klienten kann es sogar Ihre Aufgabe sein, ihn dazu herauszufordern, größere Schritte zu machen und seine Fähigkeiten ganz auszureizen; Sie müssen seinen Kurs jedoch ständig überwachen und auf das Gleichgewicht hin überprüfen.

Gleichgewicht als Prinzip bedeutet, sich mit allen Aspekten des Lebens zu befassen. Wie immer hängt Ihre Vorgehensweise vom Klienten und seiner Agenda ab. Der Coach muss das Gesamtbild vom Leben des Klienten sehen: das Ganze und die Beziehungen darin. Er muss den Klienten darauf hinweisen, wenn er aus dem Gleichgewicht gerät – bevor er auf etwas Hartem aufschlägt.

Die Balance spielt in jeder Phase des Coachings eine Rolle – auch dann, wenn sie nicht in jedem Gespräch thematisiert wird. Ob Sie nun den Klienten ermutigen, das Spektrum der Entscheidungsmöglichkeiten zu verbreitern, ob Sie ihm helfen, neue Perspektiven zu entdecken oder das »So ist das nun mal!« hinter sich zu lassen – immer steckt irgendein Aspekt der Balance in Ihrem Coaching. Die Balance selbst allerdings wird nur selten im Mittelpunkt Ihrer Arbeit mit dem Klienten stehen. Diese Arbeit konzentriert sich vielmehr auf denjenigen Bereich, der nicht im Gleichgewicht ist und daher Aufmerksamkeit, Lernen und Handeln erfordert. Auch wenn die Balance nicht Gegenstand Ihrer Arbeit ist, bildet sie oft den Klebstoff, der letztendlich das Leben des Klienten zusammenhält.

KAPITEL 10

Der Lebensprozess des Klienten

Auch wenn es nur ein sprachlicher Zufall sein mag – dass wir menschliche »Wesen« sind, nicht »Tuer« oder »Macher«, gibt zu denken. Hier besteht nämlich ein wichtiger Unterschied, der für das Coaching von besonderer Bedeutung ist. Die Klienten gehen gewöhnlich zu einem Coach, weil sie die Dinge anders machen oder andere Dinge machen wollen. Sie wollen sich Ziele setzen, einen Plan aufstellen, handeln und die Verantwortlichkeit des Coachings nutzen, um dabei nicht vom Kurs abzukommen. Der Coach ist vor allem auf den Weg fokussiert, der zur Erfüllung oder zur Balance im Leben führt. Besonders beim Coaching für das Gleichgewicht wird eine Struktur für das Voranschreiten von der Perspektive zur Planung, von dort zur Verpflichtung und schließlich zum Handeln betont. Beim Coaching des Lebensprozesses dagegen geht es darum, wo der Klient heute in seinem Lebensprozess steht.

Es gibt einen interessanten Dualismus von Tun und Sein: zwei Teile, die zusammen ein Ganzes bilden. Das Tun ist fokussiert, zielgerichtet und beabsichtigt; das Sein dagegen bedeutet das Eintauchen in den Fluss des Lebens. Beim Tun geht es darum, dass man etwas erzeugt und erschafft und sich dafür verantwortlich fühlt, beim Sein dagegen darum, dass man etwas, was da ist, zulässt und akzeptiert. Das Tun beinhaltet oft eine wilde Entschlossenheit, dafür zu sorgen, dass etwas passiert; das Sein aber ist eine Verschmelzung mit der Bewegung des Lebens. Eine umfassende Betrachtung des Coachings und des Lebens muss sich mit dem Tun *und* dem Sein befassen. Sowohl in unserem Leben als auch bei unserer Arbeit als Coachs müssen wir beides gleichzeitig berücksichtigen und verknüpfen – als ob wir Wasser und Feuer in den Händen hielten.

Der Fluss des Lebens

Das Sein kann sich ganz unterschiedlich gestalten. Wir können hektisch, festgefahren, glücklich, melancholisch, blitzschnell oder langsam wie eine Schnecke sein. Der Zustand des Seins ist da, auch wenn wir ihn nicht bemerken. Tatsächlich beachten wir ihn meistens *nicht* – unsere Aufmerksamkeit ist auf das gerichtet, was wir tun, nicht auf das, was wir sind.

Für manche – vor allem für diejenigen, die so aktiv auf das Tun ausgerichtet sind, dass sie vergessen haben, wie es ist, einfach zu *sein* – hört sich das Konzept des bloßen »Seins« merkwürdig, vielleicht sogar konstruiert an. Ein Teenager zu sein, verliebt zu sein, Mutter zu sein bedeutet, ein ungeheuer großes Spektrum von Erfahrungen zu durchleben. Es ist kein eindimensionaler Zustand. Nehmen wir zum Beispiel das Vater- oder Mutter-Sein. Wenn man einmal Vater oder Mutter geworden ist, kann man im Allgemeinen davon ausgehen, es für den Rest seines Lebens zu bleiben. Was Sie mit dieser Erfahrung auch machen, Sie sind jetzt in einem Prozess des Vater- oder Mutter-Seins, der sich jeden Tag fortsetzt, auch wenn Sie ihn nicht bewusst reflektieren und beachten. Vater oder Mutter zu »sein« enthebt Sie natürlich nicht der Notwendigkeit, auch zu handeln. Sie werden sicher bemerkt haben, dass Eltern aktiv sind. Beim Eltern-Sein geht es ganz offensichtlich nicht um ein stilles Nachsinnen, sondern wir sind Eltern und tun gleichzeitig viele verschiedene Dinge.

Beim co-aktiven Coaching liegt der Fokus des Lebensprozess-Coachings auf der Frage, wo die Klienten jetzt sind und wie sie sein wollen. Den Prozess kann man mit dem Fluss des Lebens vergleichen: Das Leben ist ein ständiges Fließen, doch es verändert immer wieder seine Form. Mal ist es ruhig, dann kommen Stromschnellen, hin und wieder auch ein Wasserfall. Es gibt Strudel und Wirbel, Stauwasser und sumpfige Abschnitte. Manchmal verengt es sich auch und gewinnt plötzlich an Geschwindigkeit. Bei dem Prozess gilt es festzustellen, wo wir auf diesem Fluss sind – nicht darum, ihn einzudämmen oder aufzustauen oder gegen den Strom zu schwimmen. Wenn wir in den Stromschnellen sind, gibt es nur eins: in den Stromschnellen zu sein. Wir mögen uns wünschen, dass es nicht so wäre, doch das ist die Stelle im Fluss, an der wir uns im Augenblick befinden, und deshalb sind wir dort. Wir haben das Leben, das wir leben – und keine Möglichkeit, es zurückzugeben, gegen ein anderes einzutauschen. Während wir damit beschäftigt sind, Pläne für die Zukunft zu machen, sind wir gleichzeitig in der Gegenwart – im Prozess des Lebens.

Der Coach und der Lebensprozess

Der Coach muss während dieses Prozesses beim Klienten sein, er muss mit ihm im Fluss sein. Ein einfaches Beispiel dafür ist das Spiegeln des Verhaltens des Klienten, wenn er zur Sitzung kommt. Versuchen Sie, sich seinem Tempo, seiner Stimmung, seiner Atmung und seiner Sprache anzupassen. Fragen Sie sich: »Auf welchem Level ist die Energie des Klienten? Wo befindet der Klient sich heute im Fluss seines Lebens?« Wenn Sie dem Klienten auf der dritten Ebene zuhören, entsteht eine noch stärkere Verbindung zwischen Ihnen und dem Klienten. Falls der Klient niedergeschlagen ist und Sie sich als Coach, der unter Hochspannung steht, präsentieren, könnte Ihre gemeinsame Fahrt ausgesprochen holprig werden. Sich der Energie des Klienten anzupassen, ist keine *Regel* – manchmal ist es sogar besser, das nicht zu tun –, doch auf diese Weise können Sie herausfinden, in welchem Zustand der Klient sich befindet, und versuchen, sich diesem Zustand anzuempfinden.

Sie müssen sich darüber im Klaren sein, dass die Klienten nur selten wegen des Lebensprozesses zum Coaching kommen. Sie wollen sich vielmehr Ziele setzen und dann handeln, damit sie diese Ziele erreichen. Und darauf beschränkt sich das Tun ihrer Ansicht nach: Aktionsschritte, Aufgabenlisten und Verantwortlichkeit. Doch es gibt Zeiten, in denen eher ein umfassendes Coaching des gesamten Lebensprozesses erforderlich ist. Oft ist der Lebensprozess der Klienten dann blockiert und hindert sie daran, in ihrem Leben das Gleichgewicht und die Erfüllung zu erreichen, die sie sich wünschen. In dem Augenblick, in dem die Klienten darüber nachdenken, ob sie das Coaching nicht besser aufgeben sollten, oder zu dem Schluss kommen, dass es nicht funktioniert, sollte der Coach gegebenenfalls zum umfassenderen Coaching des Lebensprozesses wechseln und den Lebensprozess in den Mittelpunkt rücken. Anscheinend muss tiefer gebohrt werden – und das führt dann sehr oft dazu, dass ein Klient in der Coaching-Beziehung bleibt.

Wo man suchen muss

Stellen Sie sich den Fluss an einem schönen Nachmittag vor: Die Sonne spiegelt sich im Wasser, und das glitzernde Funkeln kann uns blind machen: Durch die Aktivität an der Oberfläche des Flusses wird man leicht davon abgelenkt, dass sich auch in der Tiefe etwas tut und der Fluss in permanenter Bewegung ist. Auch der Ablauf des täglichen Lebens kann uns blenden und ablenken. Wenn wir den Fluss aber durch einen Polarisationsfilter betrachten, können wir das Funkeln ausblenden und das Fließen des Wassers sehen. Das ist die Aufgabe des Coachs – Turbulenzen zu bemerken und auf gefährliche Stellen zu achten. Denken Sie daran, dass der Fluss, obwohl er so stark ist, stets den Weg des geringsten Widerstands findet. Wenn der Lebensprozess im Fokus des Coachings steht, bedeutet das fast immer, dass es irgendwo einen Widerstand gibt. Suchen Sie nach den Turbulenzen und den Gefahrenstellen! Es könnte sein, dass Ihr Klient gerade damit beschäftigt ist, einen Kanal zu graben, um den Fluss dazu zu bringen, in eine andere Richtung zu fließen …

Wir sollten noch kurz etwas zu dem Ausdruck »beim Klienten sein«, den wir oft im Zusammenhang mit dem Lebensprozess-Coaching verwenden, sagen. Sie können sich das wie den Besuch bei einem Freund im Krankenhaus vorstellen. Ihr Ziel ist, *bei* Ihrem Freund zu *sein*. Es gibt wirklich nichts, was Sie tun könnten – außer, einfach dort zu sein. Das bedeutet mehr, als nur einen Besuch abzustatten. Bei jemandem zu sein heißt, präsent und ganz da zu sein, aufmerksam, offen, empfänglich, beteiligt, sogar in Interaktion, doch mit keinem anderen Ziel, als bei und mit diesem Menschen zu sein. Bei jemandem zu sein bedeutet eine intensive Verbindung zwischen Ihnen und dem anderen. Der andere weiß, dass Sie auf einer tieferen Ebene bei ihm sind. Wenn Sie so bei einem Klienten sind, kann er nicht nur seine Gedanken und Überlegungen mit Ihnen teilen – möglich ist zudem ein ehrlicher Erfahrungsaustausch.

»Dort kann ich nicht hingehen!«

Zum Lebensprozess-Coaching kommt es oft, wenn der Fluss in eine Richtung abbiegt, in die der Klient nicht gehen will. Das sollte Ihre Neugier wecken. Wohin will der Klient nicht gehen? Womit will er sich

Abb. 7: Umleitung des Flusses

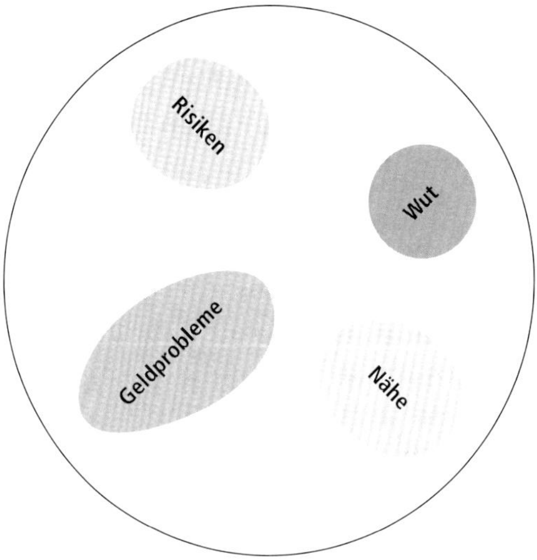

nicht befassen? Es gibt unendlich viele Möglichkeiten: »Ich will nicht wieder im Stich gelassen werden!« – »Ich will mir nicht wieder Sorgen ums Geld machen müssen!« – »Misserfolge wie bei meinem letzten Job kann ich nicht noch einmal ertragen!« – »Das ist mir einfach zu peinlich!« – »Das Durcheinander in meinem Leben halte ich nicht mehr aus!« – »Das Glück, das dieser Mensch in mein Leben bringt, ist zu viel für mich!« – »Die Entwicklungen machen mir Angst!« … Die Klienten stecken also fest und fühlen sich nicht wohl, manchmal sogar richtig elend, weil der Fluss diese Biegung macht. Er wird sie aber in jenes Gebiet bringen, auch gegen ihren Willen. Und *Sie* können das mit Ihren Worten nicht verhindern, genauso wenig, wie die Klienten selbst es nicht können – sie sind nun einmal *in* dem Fluss.

In solchen Fällen suchen die Klienten nach einer Möglichkeit, den Fluss des Lebens davon abzuhalten, eine bestimmte Richtung einzuschlagen. Sie erkennen nicht, was es sie kostet, Teile ihres Lebens auszusparen. Zeichnen Sie deshalb einen großen Kreis auf (Abbildung 7); er steht für das ganze Leben des Klienten. Fangen Sie nun an, diejenigen Stücke auszuschließen, die der Klient nicht ertragen zu können glaubt. Malen Sie sie farbig aus. Hier ist die Wut, der er sich nicht stellen kann … und die Enttäuschung … und das Problem mit dem Geld … Mit jedem Segment, das Sie einfärben, bleibt dem Klienten weniger Leben. Stellen Sie sich jetzt vor, wie es sein würde, ein ganzes Leben zu haben, und welche Mühen es erfordern – und welche Turbulenzen es erzeugen – würde, den Fluss um all diese großen Hindernisse zu leiten.

Wenn der innere Schweinehund sich meldet

Wenn der Klient Widerstand leistet und kämpft, ist das oft ein Zeichen dafür, dass sein innerer Schweinehund ihn davon abhält, Veränderungen in seinem Leben vorzunehmen. Die Coaching-Strategien sind dann im Allgemeinen darauf fokussiert, den Klienten auf den inneren Schweinehund hinzuweisen, ihn an seinen Lebenszweck oder an seine Werte zu erinnern. Dadurch kann man dem inneren Schweinehund seine Macht nehmen. Falls die üblichen Strategien aber nicht wirken, dürfte es im Leben des Klienten etwas geben, in dem er wirklich festsitzt und das er nicht ertragen kann.

Ziel des Lebensprozess-Coachings ist nicht, dass der Klient die Erfahrungen, die er unangenehm findet, beseitigt. Es geht vielmehr darum, dass er die Gefühle einbezieht – und sich auch mit dem inneren Schweinehund beschäftigt, der allen unangenehmen Erfahrungen aus dem Weg gehen will. Der Coach muss seinen Klienten helfen, ganz in ihr Leben einzutauchen. Nehmen wir beispielsweise an, dass Ihr Klient traurig ist. Statt zu versuchen, schnell etwas dagegen zu tun und dieses wichtige Element des Lebensprozesses zu ignorieren, erlaubt der Coach es dem Klienten – und ermutigt ihn sogar dazu –, traurig zu sein und seine Traurigkeit so zu überwinden. Wenn die Klienten ihr Leben – einschließlich der Teile, die nicht leicht zu ertragen sind – in seiner Ganzheit akzeptieren können, gewinnen sie an Beweglichkeit und Selbstvertrauen.

Beurteilung der Strömung

Im Zusammenhang mit dem Coaching für die Lebensbalance haben wir besprochen, wie neue Perspektiven, Entscheidungen, Verpflichtungen und die entsprechenden Aktivitäten erzeugt werden können. Beim Lebensprozess kann eine Verpflichtung bedeuten, sein ganzes

Leben zu betrachten und wirklich zu sehen, worauf man verpflichtet ist – zum Beispiel darauf, dass man gesagt hat, man wolle der Erde Frieden bringen oder eine harmonische Ehe führen. Eine andere Art der Verpflichtung zeigt sich durch unsere Entscheidungen – unabhängig davon, was wir sagen. Auch wenn Ihr Klient sagt, er habe sich darauf verpflichtet, eine neue Stelle zu finden, können seine Handlungen zeigen, dass er *in Wirklichkeit* darauf verpflichtet ist, um seine derzeitige Arbeit zu kämpfen. Wenn Sie auf das Leben Ihrer Klienten schauen, um herauszubekommen, worauf sie wirklich verpflichtet sind, können Sie sehen, dass manche beispielsweise darauf verpflichtet sind, wütend zu sein, Angst zu haben oder keinerlei Risiken einzugehen. Das zeigt Ihnen die Betrachtung des gesamten Lebensprozesses.

Es scheint oft eine Unterströmung zu geben, die so stark ist, dass sie den Klienten an den Knöcheln hinabziehen kann. Die Frage ist: Was ist diese Strömung? Als Coach könnten Sie zu Ihrem Klienten sagen: »Sie haben mir erzählt, dass Sie darauf verpflichtet sind, abzunehmen und fit zu werden – doch Ihr Leben sagt etwas anderes. In Ihrem Lebensprozess zeigt sich, dass Sie darauf verpflichtet sind, es weiter bequem zu haben und sich gegen Veränderungen zu sperren, dass Sie der Erhaltung des Bestehenden verpflichtet sind!« Das Leben Ihrer Klienten zeigt, worauf sie tatsächlich verpflichtet sind – darauf, ein Opfer oder ein Einzelgänger zu sein, zerbrochen zu sein, Recht zu haben oder sich andauernd zu beklagen. Gegen diese unbewusste Unterströmung kann man sich nur schwer zur Wehr setzen. Wenn sie sich in Form von Widerstand oder Turbulenzen an der Oberfläche zeigt, wird sie erkennbar und kann zum Gegenstand des Coachings gemacht werden.

Es gibt jedoch auch positive Strömungen. Im Zusammenhang mit der Erfüllung sprachen wir davon, Strömungen wie das zukünftige Ich, den Lebenszweck und den zwingenden Weg aktiv zu nutzen. Das sind starke positive Strömungen, die uns nicht nach unten ziehen, sondern in die Zukunft.

Coaching des Lebensprozesses

Ein Lebensprozess-Coaching ist immer dann erforderlich, wenn der Klient tiefer in seine Erfahrungen eindringen muss – zum Beispiel, weil er von einem starken Gefühl beherrscht wird, das verhindert, dass er sich weiterbewegen kann. Dabei kann es sich um die verschiedensten Gefühle handeln: Trauer, Wut, Verlust, sogar überwältigende Freude. Zu einer Blockierung kann es zudem bei existenziellen Veränderungen kommen, da der Fluss der Gefühle dann so stark ist, dass es den Klienten schwer fällt, ins Handeln zu kommen. Das Lebensprozess-Coaching ermöglicht es ihnen, ganz in ihre Erfahrung einzutauchen, statt nur auf einer oberflächlichen Ebene über sie zu sprechen oder zu versuchen, sie sich auszureden.

Den Widerstand und die Gefühle wahrnehmen

Als Erstes müssen Sie den Widerstand bemerken und den Klienten fragen: »Was ist der Ort, an den Sie nicht gehen wollen?« Fangen Sie dann an, tiefer zu bohren und Schichten abzutragen. Haken Sie nach: »Worum geht es dabei? … Was würde passieren, wenn das geschehen würde?« Sie könnten beispielsweise zu Ihrem Klienten sagen: »Mir fällt auf, dass wir jede Woche neue Pläne machen – aber es passiert nichts. Wo ist der Widerstand? Wären Sie bereit, sich das anzusehen? Holen Sie tief Luft, beruhigen Sie sich und erzählen Sie mir, was da los ist!«

Falls der Klient dann sagt, er habe Angst, sollten Sie ihm zu verstehen geben, dass Sie das akzeptieren, aber dennoch weiterbohren wollen: »Sie haben Angst. Wovor haben Sie Angst? Vor neuen Misserfolgen! Ich weiß, dass das schlimm für Sie wäre.« Hier sind wir an einem wichtigen Wendepunkt. Sie haben das Gefühl des Klienten anerkannt und schließen sich seiner Schlussfolgerung an, dass ein Misserfolg schrecklich wäre. Sie hätten auch einen anderen Weg einschlagen und das Coaching auf das Thema »Auch aus Misserfolgen können Sie etwas lernen!« oder eine andere Form der Problemlösung lenken können. Stattdessen aber rücken Sie seinen Lebensprozess in den Fokus. Durch das Lebensprozess-Coaching reden Sie es dem Klienten nicht aus, sich angesichts von Misserfolgen schlecht zu fühlen; sich schlecht zu fühlen ist das, was im Augenblick für ihn wahr ist. Sie müssen in diesem Gefühl bei ihm sein – und sich gleichzeitig an dem großen Baum am Ufer festhalten.

Erweitern und erforschen

Wenn Sie den Weg, der zum Coaching des Lebensprozesses führt, einmal eingeschlagen haben, dürfen Sie ihn nicht wieder verlassen. Sie müssen dann bereit sein, den Lebensprozess zusammen mit dem Klienten zu erforschen. Vertiefen Sie die Erfahrung weiter. Lassen Sie Ihre Fantasie spielen, um sie zu verstärken: »Wo spüren Sie den Misserfolg in Ihrem Körper? Was sehen Sie sonst noch? Wie ist Ihre Haltung? Und Ihre Atmung?« Erinnern Sie den Klienten daran, dass Sie bei ihm sind: »Sind Sie bereit, weiterzumachen? Dann wollen wir die Intensität steigern. Legen Sie Ihre Hand auf den Lautstärkeregler und drehen Sie ihn ein bisschen höher. Was fällt Ihnen jetzt auf?«

Sie werden feststellen, dass es beim Lebensprozess-Coaching oft besonders effektiv ist, eine Metapher zu verwenden. Sie stellt dem Klienten eine Geschichte und Bilder zur Verfügung, um seine starken, häufig unausgesprochenen Gefühle auszudrücken. So könnten Sie dem Klienten vorschlagen, gemeinsam mit Ihnen in das Problem einzutauchen und darin herumzuschwimmen. Sie könnten ihn auch auffordern, die Höhle zu erforschen und mit seiner Taschenlampe in alle Ecken und Winkel zu leuchten. Oder die Ärmel hochzukrempeln und seine Hand bis zum Ellbogen in das Problem hineinzustecken. Oder es wie ein Wissenschaftler zu untersuchen und die Ergebnisse dann aufzuzeichnen.

Oft wird der Klient sich frühzeitig mit der Erforschung eines Lebensaspekts zufrieden geben. Doch darf diese Erforschung bereits abgeschlossen werden? Stellen Sie ihm zunächst weitere Fragen wie: »Was sehen Sie sonst noch? Was liegt da noch vor Ihnen?« Ihre Intuition und Ihre Erfahrung werden Ihnen sagen, wenn der Klient die Erforschung tatsächlich abgeschlossen hat. Erst jetzt können Sie den nächsten Schritt machen: »Was können Sie daraus lernen? Was bringt Ihnen das? Was werden Sie von hier mitnehmen? Was wollen Sie hinter sich lassen? Was könnten Sie beim nächsten Mal anders machen?«

Das Leben reicher machen

Sie haben dem Klienten gezeigt, wie er sich diesem Teil seines Lebens stellen kann – er hat das, was er nicht benennen und nicht ertragen wollte oder konnte, akzeptiert. Jetzt kann er anfangen, es in sein Leben zu integrieren.

Genau darum geht es beim Coaching des Lebensprozesses: Platz für das ganze Leben zu schaffen – nicht nur für diejenigen Segmente, die angenehm sind, sondern auch für das Chaos, die Peinlichkeiten, die Dinge, deren man sich schämt und die man bereut, für alles, was der Klient nicht ertragen zu können glaubt. Wenn der Klient *alles* einschließen und zur Sprache bringen kann, was das Leben zu bieten hat, statt sich vor bestimmten Teilen zu verstecken oder sich dagegen zu wehren, ist er in der Lage, sein Leben reicher zu machen. Und das ist eine elementare Erfahrung für ihn.

Gefühle sind keine Krankheitssymptome

Es gibt einen Aspekt des Lebensprozess-Coachings, der für viele Coachs eine Schwierigkeit darstellt: die damit verbundenen Gefühle zu ertragen und mitzutragen. Die Erforschung ihrer Probleme berührt sehr tiefe Gefühle in den Klienten – Gefühle, die sie dann oft nicht nur verbal, sondern auch emotional zum Ausdruck bringen. Tapfer zurückgehaltene Tränen, lange unterdrückte Wut … Wenn der Klient jene Tür öffnet und bisher verbotenes Terrain betritt, kann es zu einer wahren Gefühlsflut kommen. Die Coachs sind dann manchmal beunruhigt und verwirrt. Weil der Klient vor allem seine Gefühle artikuliert, glauben sie, nun eher als Therapeuten gefragt zu sein. Aber: Wenn jemand weint, heißt das nicht, dass er krank ist. Er weint vielmehr, weil er weint – so drücken wir eben unsere starken Gefühle aus.

Der Coach darf Emotionen – Tränen, Trauer, Schmerz, Wut – durchaus zulassen und sollte den Klienten sogar dazu ermutigen, sie zu zeigen. Emotionen sind eine legitime Ausdrucksform, wie Worte, Musik und Tanz. Dann sollten Sie allerdings nicht den Detektiv spielen und herauszufinden versuchen, warum der Klient weint (was die typische Reaktion ist). Wichtig ist nicht die Ursache an sich, sondern dass das Gefühl akzeptiert wird. Es gehört auch nicht zu den Aufgaben des Coachs, sich zu bemühen, es zu heilen oder dafür zu sorgen, dass es aufhört (eine weitere typische Reaktion). Erforschen Sie es einfach und erkennen Sie es an: »Das ist ein sehr starkes Gefühl! Ich merke, dass es auch mit einem Schmerz verbunden ist.«

Emotionen sind keine Krankheitssymptome. Es ist normal, wenn wir uneingeschränkten Zugang zu unseren Gefühlen haben. In Schwierigkeiten geraten die Klienten erst dann, wenn sie sie verbergen, leugnen, unterdrücken. Durch unsere Gefühle können wir uns ausdrücken; durch sie entdeckt und entlädt unser Körper das, was in ihm ist. Nur so können wir wachsen. Unterbleibt diese Entladung aber, können wir körperlich und seelisch krank werden. Tränen, Wut oder Freude wirken reinigend – beim Lebensprozess-Coaching sind sie sehr hilfreich. Ermutigen Sie den Klienten daher, sich seinen Gefühlen zu stellen, damit er sie in sein Leben integrieren kann. Fordern Sie ihn dazu heraus! Ohne die Erforschung der Gefühlsebene fehlt es dem Coaching an Tiefe und Breite. Auch dann kann der Klient sich vorwärts bewegen; doch wichtiger ist es, dorthin vorzustoßen, wo die existenziellen Veränderungen stattfinden.

Obwohl das Lebensprozess-Coaching emotional sehr belastend sein kann, gibt es dabei durchaus Raum für den Humor. Wenn die Klienten in der Lage sind, selbst verbotenes Terrain und die zunächst Angst einflößende Höhle mit Humor zu betreten, kann es sein, dass die dunklen Bereiche von ihrem Schrecken verlieren.

Fallstricke beim Lebensprozess-Coaching

Beim Coaching des Lebensprozesses muss man sich vor ein paar Fallstricken hüten. Diese Form des Coachings ist meist schwieriger als das Coaching der anderen Bereiche (Erfüllung, mit den Schwerpunkten Werte, innerer Schweinehund und Vision; Gleichgewicht, mit der soliden Struktur einer aus sieben Schritten bestehenden Methode, die zum Handeln führt) – auch weil hier Gefühle ein große Rolle spielen. Deswegen müssen Sie die Augen offen halten und auf Gefahrenquellen achten.

Keine bloße Technik

Hin und wieder verfallen Coachs dem Irrtum, dass es beim Lebensprozess-Coaching allein um die Technik geht – etwa um die Schutzschichten abzutragen, die der Klient um sich herum errichtet hat. Lassen Sie sich von Ihrer Intuition und Ihrem eigenen Stil leiten, wenn Sie Klienten dazu auffordern wollen, Ihnen zu beschreiben, wo genau sie stehen. »Wo spüren Sie es in Ihrem Körper?«, ist oft eine nützliche

Frage, weil sie gerade kopflastige Klienten davon befreit, allein ihrem Verstand zu vertrauen.

Eine Reihe geschickter Fragen, die zur Erforschung des Körpers führt, genügt aber nicht, um zu einem effektiven Coaching des Lebensprozesses zu gelangen. Diese Technik eröffnet lediglich eine Zugangsweise. Und wenn Sie sie als bloße Technik verwenden, empfinden die Klienten sie schnell als oberflächlich; Sie als Coach leben ihnen also Oberflächlichkeit vor, nicht Risikobereitschaft. Wieso sollten die Klienten dann bereit sein, tiefer zu bohren und Risiken auf sich zu nehmen? Als Coach müssen Sie ganz nahe bei Ihren Klienten sein, sonst ist ein Lebensprozess-Coaching nicht möglich. Die Klienten wissen genau, ob und wann Sie bereit sind, sich ganz auf sie einzulassen.

Angst bekommen

Wenn Emotionen an die Oberfläche dringen und das Lebensprozess-Coaching schwierig gestalten, bekommen viele Coachs regelrecht Angst. Das Coaching für das Gleichgewicht wird durch jene anschauliche Vorgehensweise in sieben Schritten erleichtert, das Coaching hinsichtlich der Erfüllung durch die konkrete Klärung der Werte. Beim Lebensprozess-Coaching aber ist es notwendig, tief in das Leben des Klienten einzutauchen, ohne genau zu wissen, was man dort finden wird. Dies nicht zu wissen, nicht die Kontrolle zu haben, Angst zu haben, eher eine Therapie als ein Coaching zu veranstalten, der Drang, aufzugeben und wegzulaufen – all das sind häufige Reaktionen verängstigter Coachs, wenn sie entdecken, dass sie mitten in einem Lebensprozess-Coaching stecken. Doch das Lebensprozess-Coaching bietet auch die außergewöhnliche Erfahrung, auf einer sehr tiefen Ebene – jenseits von Denken und Verstehen –, bei einem anderen Menschen zu sein, ganz mit ihm in den Fluss seines Lebens einzutauchen. Auch für die Klienten ist dies eine sehr tief gehende Erfahrung. Sie dürften es bisher kaum erlebt haben, dass jemand sie so bereitwillig auf einer gefährlichen Reise begleitet – ohne ihnen lediglich Ratschläge zu erteilen, ohne sie davon abzuhalten, sich auf die gefährliche Reise einzulassen, ohne ihnen davon abzuraten, sich schlecht oder schwach zu fühlen, ohne ihnen zu sagen, dass schon alles wieder gut werden wird. Das Coaching des Lebensprozesses eröffnet den Klienten einen geistigen Ort, an dem sie wirklich *sie selbst* sein können.

Dem Rausch verfallen

Nachdem sie erlebt haben, wie nützlich das Lebensprozess-Coaching sein kann und dass sie den Klienten so den Zugang zu brachliegenden Ressourcen erschließen können, sehen manche Coachs plötzlich überall Gelegenheiten für diese Form des Coachings. Es ist wie ein Rausch, und sie werden süchtig nach dieser Erfahrung, nach den Endorphinen, dem Adrenalin oder den Gefühlen. Das Lebensprozess-Coaching ist jedoch kein Zaubertrank. Es sollte vorsichtig eingesetzt werden und nur zusammen mit anderen Coaching-Strategien. Bedenken Sie: Wenn Sie ausschließlich und von vornherein ein Lebensprozess-Coaching anstreben, schaden Sie der Coaching-Beziehung. Die Klienten haben das Recht, dass das Coaching sie auch zu ganz konkreten Handlungen führt.

Es gibt noch eine letzte Gefahr: auf halbem Weg stehen zu bleiben. Wenn Sie diesen Weg nach reiflicher Überlegung erst einmal eingeschlagen haben, dürfen Sie ihn nicht mehr verlassen. Sie müssen dem Klienten helfen, ihn durchzustehen.

■ Beispieldialog

KLIENT: *Sieht so aus, als müsste ich meine Bewerbungsunterlagen doch wieder hervorholen.*

COACH: *Sie haben endlich etwas über den Job in Südamerika gehört?*

KLIENT: *Oh ja – aber nicht das, was ich hören wollte! Also werfe ich jetzt die alte Suchmaschinerie wieder an.*

COACH: *Es schien Ihnen sehr wichtig zu sein, diesen Job zu bekommen. Ich erinnere mich daran, dass Sie nach dem letzten Gespräch mit den Leuten ganz aufgeregt waren. Jetzt hört es sich so an, als würden Sie die Absage ziemlich gleichgültig hinnehmen – als ob das gar nicht so wichtig wäre. Was stimmt denn nun?*

KLIENT: *Ich bin doch sehr enttäuscht.*

COACH: *Ah ja.*

KLIENT: *Bei dem Gespräch war ich wirklich in Hochform. Es hätte gar nicht besser laufen können.*

COACH: *Es ist eine große Enttäuschung.*

KLIENT: *Ich möchte mich wirklich nicht mehr damit befassen!*

COACH: *Das verstehe ich. Es sieht aber so aus, als wollte Ihr Leben sich noch damit befassen.*

KLIENT: *Und wie! Ich glaube nicht, dass ich schon einmal so deprimiert gewesen bin. Vielleicht habe ich einfach zu viel darauf gesetzt, endlich aus diesem Land herauszukommen.*

COACH: *Wie sieht es für Sie aus? Ich spüre Traurigkeit. Was ist Ihre Erfahrung?*

KLIENT: *Als ob man mir mit der Faust in den Magen geschlagen hätte. Ich habe das Gefühl, dass mir der Atem genommen worden ist. Es hat mich wirklich in die Magengrube getroffen. Als könnte ich nicht mal mehr gerade stehen.*

COACH: *Was schmerzt denn so?*

KLIENT: *Der Verlust, das Warten, die Energieverschwendung.*

COACH: *Wären Sie einverstanden, das jetzt gleich zu erforschen? Ich finde, Sie sollten es tun, statt darüber hinwegzugehen.*

KLIENT: *Ja. Ich hasse das, aber es lässt mir ja keine Ruhe.*

COACH: *Also – wie ist es dort?*

KLIENT: *Dunkel … Schneidend und dunkel … Schlecht zu erkennen, gezackte Kanten. Ich fühle es hinter meinen Augen, diesen Druck. Meine Stirn ist angespannt, und in meinen Ohren dröhnt es – ja, und ich höre etwas wie Stimmen.*

COACH: *Was sagen die Stimmen?*

KLIENT: *Das, was der innere Schweinehund immer sagt. Dieses Mal sind es aber mehrere Stimmen, und alle reden gleichzeitig: »Du warst nicht wirklich qualifiziert. Das erste Gespräch hast du vermasselt. Du warst die ganze Zeit überfordert. Sie haben dich durchschaut, sie haben gemerkt, dass du Kompetenz nur vorgetäuscht hast!« Sie wissen schon, solche Sachen.*

COACH: *Gut. Ich möchte, dass Sie nun die Lautstärke höher drehen, zuerst nur ein bisschen. Im Augenblick steht sie auf 5. Stellen Sie sie jetzt auf 6.*

KLIENT: *Die Stimmen?*

COACH: *Die Stimmen, den Schmerz, den Druck, alles. Erforschen Sie diesen Ort richtig – und tief. Ich werde bei Ihnen sein.*

KLIENT: *Gut – ich drehe die Lautstärke hoch. Sie steht jetzt auf 6.*

COACH: *Was bemerken Sie?*

KLIENT: *Misserfolg. Wie eine riesige Welle, die über alles hereinbricht.*

COACH: *Eine Welle des Misserfolgs. Sind Sie an einem sicheren Ort?*

KLIENT: *Ja, sie schwappt an mir vorbei.*

COACH: *Wenn Sie so weit sind, versuchen Sie, die Lautstärke weiter zu erhöhen – auf 7.*

KLIENT: *Jetzt spüre ich den Verlust wirklich. Wie einen Traum, der zerplatzt ist. Als hätte sich meine letzte Chance, etwas Wichtiges aufzubauen, gerade in Luft aufgelöst.*

COACH: *Sie betrauern also den Verlust Ihres Traums. Wie groß ist diese Trauer?*

KLIENT: *Riesig!*

COACH: *Ja, das merke ich. Was fällt Ihnen jetzt auf?*

KLIENT: *Dass ich die Lautstärke wieder niedriger stellen kann.*

COACH: *Wollen Sie das jetzt tun?*

KLIENT: *Ja.*

COACH: *Was passiert mit dem Gefühl des Verlusts und des Misserfolgs, das Sie so fest im Griff hatte?*

KLIENT: *Mir war gar nicht klar, wie fest dieser Griff wirklich war. Jetzt hat er sich ein bisschen gelockert.*

COACH: *Und Sie haben auch herausgefunden, dass Sie zumindest zum Teil die Kontrolle darüber haben. Es steht in Ihrer Macht, die Auswirkungen dieses Gefühls auf Sie zu begrenzen.*

KLIENT: *Ich bin nicht bloß ein Opfer! Ich kann mich immer noch entscheiden.*

COACH: *Dann sieht meine Aufforderung für die nächste Woche so aus: Ich möchte, dass Sie eine Zeit lang an diesem Ort der Enttäuschung, des Verlusts und des Misserfolgs bleiben. Werden Sie das tun?*

KLIENT: *Das kann nicht Ihr Ernst sein!*

COACH: *Doch. Sie wissen, wie Sie all die Dinge handhaben müssen, die mit der Suche nach einem Job zusammenhängen – einen Lebenslauf schreiben, die Vorstellungsgespräche absolvieren … Das Schwierige ist für Sie, mit der Enttäuschung zu leben. Und genau das müssen Sie lernen. Was würde es Ihnen geben, wenn Sie das aushalten könnten?*

KLIENT: *Freiheit! Bloß … Ich brauche es doch nicht gern zu machen, oder?*

COACH: *Nein. Und Sie können auch alles tun, was Sie normalerweise machen. Der Punkt ist: Sie werden sich diesem Gefühl des Verlusts und des Misserfolgs noch öfter gegenübersehen. Wenn Sie es jetzt aushalten können – und ein paar Muskeln für den Umgang damit entwickeln –, werden Sie besser mit diesem Gefühl umgehen können.*

KLIENT: *Wie ein emotionales Fitnessprogramm …*

COACH: *Das Universum hat Ihnen eine große Trainingshalle zur Verfügung gestellt. Lassen Sie uns das ausnutzen und Kraft dafür aufbauen, mit Enttäuschungen und Misserfolgen in Ihrem Leben umzugehen. Ich habe eine Denkfrage für Sie: »Was lerne ich aus meiner Enttäuschung?« Wollen Sie darüber etwas in Ihr Tagebuch schreiben?*

KLIENT: *Ja, ich glaube, ich kann sehr viel daraus lernen!* ■

Lebensprozess und Verantwortlichkeit

Das Coaching des Lebensprozesses ist mit einem intensiven Nachdenken verbunden. Andererseits gehört – darauf haben wir schon hingewiesen – auch der Aspekt des Handelns zum Coaching. Daher muss auch beim Lebensprozess-Coaching die Klärung der Verantwortlichkeit einfließen, genauso wie bei der Erfüllung und der Balance. Coach und Klient suchen dann nach Möglichkeiten, das Handeln voranzubringen, und besprechen, welche Aktivitäten notwendig sind. Nehmen wir an, dass Ihr Klient es einfach nicht schafft, seinem Chef, seinen Angestellten, seiner Frau und seinen Kindern etwas Unangenehmes zu sagen. Er steckt so fest, dass er sich nicht weiterbewegen kann. Als sein Coach könnten Sie diesen Klienten dazu herausfordern, in der nächsten Woche 15-mal unangenehme Dinge zu sagen und darauf zu achten, was dann passiert – damit er die Konfrontation erleben und aushalten kann, statt ihr aus dem Weg zu gehen oder sie zu leugnen. Jetzt ist der Klient dafür verantwortlich, diese schwierige Situation auszuhalten. Vielleicht erklärt er sich aber auch dazu bereit, jeden Tag drei unangenehme Dinge aufzuschreiben und immer zu vermerken, ob er sie gegenüber dem Betreffenden ausgesprochen hat. Oder jeden Tag etwas zu der Frage »Was sind die unangenehmen Dinge, die ich vor mir selbst verberge?« in sein Tagebuch zu schreiben.

Auch andere, bereits dargestellte Methoden sind geeignet, im Lebensprozess-Coaching eingesetzt zu werden. Wenn Ihr Klient sich einverstanden erklärt, in der nächsten Woche 30 Seiten seines Buches zu schreiben, und sagt, er werde es tun, obwohl es ihm sehr schwer fallen werde, können Sie kontern: »Dann fordere ich Sie dazu heraus, nächste Woche 30 Seiten zu schreiben und es *leicht* zu machen.« Sie können den Klienten auch empfehlen, was sie tun sollten – und sie dann fragen, wie sie es anstellen möchten, ganz in dem Prozess zu *sein*, wie sie also die Handlungen dazu nutzen wollen, tief in die Erforschung eines Lebensaspekts einzutauchen. Und Sie können sie fragen, wie sie dies tun wollen: Soll es auf eine spielerische, intensive, kreative Weise geschehen? Wie viele Weisen gibt es für sie, die tiefe Erfahrung des Seins zu machen?

Wo hören Sie auf?

Nun muss noch eine letzte Frage gestellt und beantwortet werden: Wo hören Sie mit dem Coaching auf? Mit welchen Bereichen in Ihrem Leben können *Sie* nur schwer umgehen? Die Antwort ist wichtig, weil Sie diese Stellen auch mit Ihren Klienten nicht gern aufsuchen werden. Wenn Sie beispielsweise finanzielle Probleme haben oder nicht mit Gefühlen wie Wut oder Einsamkeit umgehen können, sind das Orte, die Sie auch im Coaching nicht aufsuchen sollten. Vielleicht müssen Ihre Klienten dorthin gehen, vielleicht sind sie auch durchaus dazu bereit. Sie selbst aber werden nicht dazu in der Lage sein, an diesen Orten zu coachen; Ihre Klienten werden dann zu kurz kommen, denn sobald sie anfangen, dorthin zu gehen, werden Sie sie davon weglenken, diese Orte näher zu erforschen – weil dort Ihr eigener nicht betretbarer Raum liegt. Daher muss der Coach einen strengen Prozess der Selbsterforschung durchlaufen – am besten mit einem eigenen Coach. Sie sollten möglichst bald beginnen, sich mit diesen Bereichen zu befassen, sodass Sie sie in Ihr eigenes Leben integrieren können und sie auch für Ihre Arbeit mit Ihren Klienten zugänglich werden.

Integration von Erfüllung, Balance und Lebensprozess

Sie haben immer die Wahl zwischen einem Dutzend verschiedener Tunnel, in die Sie mit Ihrem Klienten gehen können. Ein Regelwerk oder ein Handbuch für das Coaching gibt es nicht – zumindest keinen vorprogrammierten Weg, der Sie unfehlbar zum nächsten Schritt oder zur nächsten Frage führen würde. Für welchen Tunnel Sie sich entscheiden, hängt von mehreren Faktoren ab: Ihrem Bewusstsein, Ihrer Intuition und Ihrer Bereitschaft, auf Entdeckungsreise zu gehen, ohne das Ergebnis schon vorher zu kennen. Vielleicht führt der erste Tunnel, den Sie wählen, nicht zu den gewünschten Ergebnissen. Das macht nichts, denn ein Coaching ist ja langfristig angelegt, und schon in einer 30-minütigen Sitzung ist es durchaus möglich, mehrere Tunnel aufzusuchen. Beschreiten Sie den Tunnel zum Thema »Erfüllung«, klären Sie die Werte, wechseln Sie zum Tunnel »Balance«, eröffnen Sie dem Klienten eine neue Perspektive, widmen Sie sich dann dem Lebensprozess. Im Laufe der Zeit werden Sie sehr geschickt mit den Techniken umgehen und auf der zweiten und dritten Ebene zuhören können. Dann wird das Coaching wirklich zu einem Tanz – einem Tanz im Jetzt.

Die meisten Leute – auch Coachs! – finden es leichter, zu erkennen, wann ein Erfüllungs- oder Balance-Coaching angebracht ist. Diese beiden Tunnel werden Coach und Klient wahrscheinlich zuerst betreten. Hier lassen sich sicht- und messbare Aktivitäten vereinbaren, durch die das Coaching sehr konkret wird. Wenn wir aber das ganze Leben des Klienten coachen wollen – und dafür sorgen wollen, dass der Klient ein erfülltes, ganz zum Ausdruck gebrachtes Leben führen kann –, müssen wir auch das ungleich komplexere Lebensprozess-Coaching verstehen und einsetzen können. Es ist das Herz des Coachings.

KAPITEL 11

Tipps und praktische Hinweise

Bisher haben wir vor allem über die Prinzipien, Kontexte und Techniken des Coachings gesprochen, wir haben Ihnen Beispiele gegeben und Anwendungen beschrieben. Jetzt müssen wir uns noch mit einigen wichtigen praktischen Details befassen. Die Behandlung aller Fragen, die mit der Gründung, dem Marketing und dem Management einer Coaching-Praxis zusammenhängen, würde ein ganzes Buch füllen. Wir haben sie daher außen vor gelassen. Wir wollen aber noch ein paar Themen ansprechen, die mit der Beziehung zwischen Coach und Klient zu tun haben und sie beeinflussen.

Der Zeitrahmen

Das Coaching findet über einen längeren Zeitraum statt – das ist einer seiner Grundpfeiler und aus mehreren Gründen wichtig. Tiefe, dauerhafte persönliche Veränderungen lassen sich nun einmal nicht im Schnellschussverfahren erreichen – sie erfordern Zeit. Natürlich kann es immer wieder zu sprunghaften Fortschritten kommen – von einem Augenblick zum anderen ist ein großer Schritt getan. Das aber ist die Ausnahme, bei den meisten Klienten hat der Veränderungsprozess eher doch das Tempo einer Schnecke – doch auch sie kommt zum Ziel. Denn man muss sich in den Coachingprozess eingraben, man muss pflanzen, hegen und ernten. Wer schon einmal auf einem Bauernhof in freier Natur gearbeitet hat, weiß, wie lange dies alles dauert – wie schön und erfüllend aber auch das Ergebnis ist. Außerdem brauchen die Klienten Zeit, um sich über die Dinge klar zu werden und die alten Denkweisen, durch die sie sich selbst einschränken und die sie zurückhalten, abzuschütteln. Die meisten Coaching-Beziehungen beginnen mit einem Vertrag über mindestens drei Monate, doch auch sechs Monate oder noch längere Zeiträume sind nicht ungewöhnlich.

Dieser Zeitrahmen hilft den Klienten, innere Verpflichtungen einzugehen, statt nach einer vorläufigen Lösung zu suchen. Das Coaching darf kein Flickwerk sein, sondern soll die Grundlage für existenzielle Veränderungen legen, die das ganze Leben betreffen. In den ersten drei Monaten tauchen Coach und Klient in den Prozess ein, immer tiefer. Zu Beginn der Beziehung sind die Klienten voller Begeisterung, Energie und sogar Euphorie, weil sie ja vor einem Neuanfang stehen. Nach einigen Wochen, wenn der Veränderungsprozess immer schwieriger, komplexer oder auch unangenehmer wird, legt sich das aber. Vielleicht ist der innere Schweinehund aufgescheucht worden, und oft stellen die Klienten auch fest, dass sie die Veränderung eigentlich gar nicht wollen – vor allem, wenn sie schmerzhaft ist. Wenn ein Leben umgebaut wird, entstehen – wie bei jedem Umbauprojekt – Durcheinander, Unbequemlichkeiten, die Notwendigkeit, Entscheidungen zu treffen und mit Leuten zu verhandeln ... Wenn die Luft voller Kalkstaub ist, verliert man die Vision leicht aus dem Blick. Während der drei Monate bietet sich dem Klienten natürlich allein aufgrund des weiten Zeitrahmens immer wieder die Möglichkeit, sich entmutigen zu lassen, etwa vom inneren Schweinehund.

Aufgrund ihrer anfänglichen Energie und des Schwungs ihrer Aufbruchstimmung gelingen den Klienten zunächst oft enorme Fortschritte. An irgendeinem Punkt gelangen sie aber an die Grenzen ihrer Komfortzone. Sie bleiben dann auf der Schwelle stehen – gewöhnlich hält ihr innerer Schweinehund sie zurück – und bezweifeln, dass sie weitergehen können. Dies passiert zumeist in den ersten Monaten. Außerdem finden die Klienten ihr eigenes Spiel nun oft langweilig und versuchen, herauszufinden, wie weit sie abschweifen und ihre inneren Verpflichtungen missachten können, bevor Sie sich zum Eingreifen gezwungen sehen. Sie loten die Grenzen aus. Es wird also eine Weile dauern, die Beziehung aufzubauen und die Grundregeln festzulegen.

Auch das persönliche Zeitgefühl der Klienten muss berücksichtigt werden. In welchem Tempo sollen die Veränderungen ablaufen? Wenn Sie die Klienten zu früh zu hart bedrängen, können sich gerade diejenigen, die bereit und guten Willens sind, zu viel aufbürden – dann erleiden sie Schiffbruch. An sich sind Misserfolge gar nichts Schlechtes, sondern Gelegenheiten zum Lernen. Doch am Anfang der Beziehung könnten etwas mehr Lernen und ein bisschen weniger Misserfolg den Klienten zum Durchhalten motivieren. Die Entscheidung, wann es richtig ist, voranzudrängen oder zu ignorieren, sich zurückzuhalten oder mit vollem Tempo voranzuschreiten, ist nicht leicht. Der Klient soll ja so viele Fortschritte wie nur möglich machen. Wie bei Sportlern, die sich auf einen Wettkampf vorbereiten, kann man die Muskeln am schnellsten aufbauen und sich dauerhaft kräftigen, indem man auf intensives Training Ruhezeiten folgen lässt. Nach einer bewussten Überbeanspruchung der Muskeln ist eine Phase, in der es ruhiger zugeht, anzuraten. Daher ist es sehr wichtig, dass der Coach das richtige Zeitgefühl hat – er muss seine ganze Erfahrung und seine Intuition einbringen und dem Klienten auf der dritten Ebene zuhören.

Manchmal werden die Klienten sich eine Auszeit – vielleicht sogar mehrere Wochen – nehmen oder zu einem Zwei-Wochen-Rhythmus übergehen wollen. Dann besteht aber die Gefahr, dass sie ihren Schwung verlieren und ihre Verpflichtungen vernachlässigen. Fehlt die kurzfristige – wöchentliche – Verstärkung, flaut die Entwicklung, die sie erfahren, wenn sie sich jede Woche mit Ihnen treffen, ab. Außerdem könnte das Bedürfnis nach einer Auszeit gar nicht wirklich gewollt, sondern das Ergebnis der Sabotage des inneren Schweinehundes sein. Falls es einem Klienten nach einer Auszeit schwer fällt, wieder in die Spur zurückzukehren, falls er Boden verloren oder das Feuer in ihm nachgelassen hat, ist das für Coach und Klient eine Gelegenheit, wichtige Erkenntnisse zu gewinnen. Vielleicht aber ist das schwächere Feuer auch genau das, was der Klient gebraucht hat. Als Coach wissen Sie, dass Veränderungen Monate dauern. Das ist ein großer Vorteil, wenn Sie den Klienten helfen wollen, Entscheidungen zu treffen. So werden die Klienten sich manchmal auf Handlungen verpflichten, die – das sagt Ihnen Ihre Erfahrung oder Ihre Intuition – fast unweigerlich in einem Fiasko enden werden. Dann können Sie eingreifen und dem Klienten diesen Misserfolg ersparen. Sie können es aber auch zulassen, dass er den Misserfolg erlebt und daraus etwas lernt, denn Sie wissen ja, dass die Zeit bei ihm genau diejenigen Lernprozesse in Gang setzen wird, die er am dringendsten für seine Entwicklung braucht.

Das befreit den Coach auch von dem selbsterzeugten Druck, bei jeder Sitzung Wunder wirken zu müssen. Sie müssen sich davor hüten, das Coaching zu forcieren, bei jeder Sitzung Durchbrüche und große, das Leben verändernde Erkenntnisse zu erwarten. Wenn diese

Durchbrüche überhaupt stattfinden, dann eher im Laufe der Woche, zwischen den Sitzungen. Wenn Sie es sich zur Mission machen, bei jeder Sitzung außergewöhnliche Wirkungen zu erzielen, besteht die Gefahr, dass Sie Ihre eigene Agenda vorantreiben (um als großartiger Coach dazustehen), statt die Agenda des Klienten zu fördern.

Auf gleicher Augenhöhe

Bei der Coaching-Beziehung blicken sich Coach und Klient als gleichrangige Partner in die Augen, die sich darauf verpflichtet haben, gemeinsam daran zu arbeiten, dass die Beziehung das bestmögliche Ergebnis produziert (siehe Abbildung 8). Die Klienten bringen Ziele in den Coaching-Prozess mit. Sie brauchen jemanden, der ihnen hilft,

Abb. 8: Die Beziehung zwischen Coach und Klient

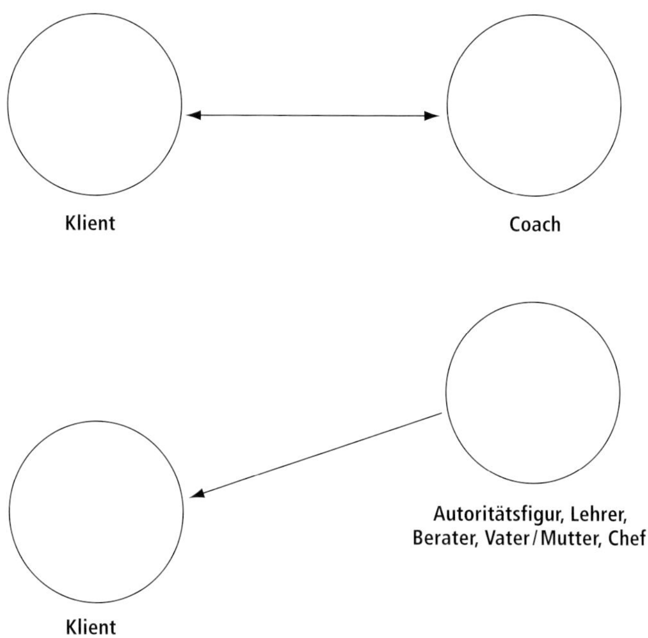

ihre Ziele zu ordnen, der ihnen den Weg zu einem befriedigenden Leben weist und sie zur Ziellinie begleitet. Als Coach sind Sie bei diesem Prozess ein gleichberechtigter Begleiter. Außerdem schaffen Sie die Voraussetzungen dafür, dass der Klient Sie irgendwann nicht mehr brauchen wird, weil er nun über ausreichende Ressourcen, Unabhängigkeit und Selbstvertrauen verfügt.

Es gehört zu den Hauptzielen des Coachings, den Klienten so stark zu machen, dass er selbst zu Veränderungen fähig ist. Ständig wird ein Teil von dem, was Sie als Coach in die Beziehung einbringen, auf den Klienten übertragen. Beim co-aktiven Coaching geschieht das dadurch, dass Coach und Klient sich als gleichberechtigt betrachten: auf gleicher Augenhöhe. Wenn Sie dagegen auf einem Podest stehen, droht immer die Gefahr, dass Sie die Fähigkeit des Klienten, seine Potenziale zu entfalten, einschränken. Das ist mit der Elternrolle vergleichbar: Manchmal wollen die Klienten Ihre Anerkennung gewinnen, manchmal sich gegen Ihre Autorität auflehnen. Solange Sie für sie Vater oder Mutter sein wollen, können die Klienten in die Rolle des Unterlegenen oder des Opfers schlüpfen. Und damit haben sie immer eine bequeme Ausrede, falls die Dinge weiterhin schlecht laufen. Wenn Sie jedoch auf gleicher Augenhöhe mit ihnen arbeiten, ermöglichen Sie es ihnen, sich von Ihnen allmählich abzunabeln und zu lösen; sie werden sich dann immer weniger auf Sie verlassen und die Stärke der Beziehung auf sich selbst übertragen.

Der Fluss des Coachings

Der Fluss des Coachings wird nicht durch ein Naturgesetz bestimmt, doch es scheint ein natürliches Muster mit zahlreichen Variationen zu geben. Es handelt sich aber definitiv nicht um eine lineare Abfolge. Beim Coaching geht es darum, im Laufe der Zeit menschliche Veränderungen zu erreichen, und etwas so Menschliches lässt sich per se nicht vorhersagen. Die Erfahrung hat uns jedoch gelehrt, dass es Tendenzen gibt, die sich oft wiederholen, wenn die Leute mit dem Coaching anfangen, seine Auswirkungen erleben und sich beim Handeln und Lernen beobachten können.

Betonung des Handelns: Was tue ich?

Die Klienten bringen »Dinge« in die Coaching-Beziehung mit, die sie tun müssen: Angelegenheiten, mit denen sie sich befassen müssen, ein ganzes Bündel an Aufgaben, die sie erledigen, oder Gewohnheiten, die sie entwickeln müssen. Sie werden durch die Verantwortlichkeit, das zu tun, was getan werden muss, motiviert. Ziele und Aktionspläne sind wichtig: Entscheidungen treffen, den Fokus finden, »Ja« sagen und »Nein« sagen. Das ist eine sehr aktive Phase und eine Zeit, in der die Klienten den Prozess, die Struktur und auch die Sprache der Coaching-Beziehung kennen lernen. Sie erfahren von den Denkfragen für die Hausaufgabe, stellen sich ihrem inneren Schweinehund, begegnen ihrem zukünftigen Ich, entdecken unendlich viel über ihre Werte und Überzeugungen und darüber, was sie vom Leben wollen. Sie durchlaufen einen kreativen, manchmal mit unsicherem Herumtappen verbundenen Prozess, um herauszufinden, welche Strukturen für sie die richtigen sind: regelmäßige Meditation, Karatestunden … Sie entwickeln sich zum Regisseur ihres Lebens. Sie sehen Veränderungen um sich herum, sie entdecken neue Handlungsweisen, lernen neue Techniken, probieren neue Erfahrungen und sogar neue Kleidung, Frisuren und Bücher aus. Zu diesem frühen Stadium gehört ein kreativer Aufruhr. Es ist eine Forschungsreise in das Leben des Klienten, die er so noch nie gemacht haben dürfte – im Fokus steht, ins Handeln zu kommen. In diesem Stadium ist der Lernprozess eher ein Nebenprodukt.

Seinsweisen: Wer bin ich?

Es dauert eine Weile, bis das Lernen sitzt. Nach einiger Zeit richten die Klienten sich im Tun ein und beginnen, ihr Leben aus einer höheren Perspektive zu betrachten. Wie ein Sportler, der seit Monaten im Training ist, können sie sehen, dass sie Muskeln aufgebaut und Ausdauer gewonnen haben. Der Schmerz, der mit dem Aktivwerden anfangs einhergeht, hat nachgelassen. Jetzt fangen sie an, den Blick in die weitere Zukunft zu richten, mehr Seinsweisen zu betrachten, Einstellungen zu erforschen und die Aktivitäten, die sich auf ihr Leben auswirken, noch eingehender zu untersuchen. Die Agenda, die sie zur Coaching-Sitzung mitbringen, enthält zwar immer noch aktuelle Aspekte, doch sie neigen zunehmend dazu, nach innen zu schauen, auf ihre persönliche Entwicklung und die ihres Lebens insgesamt. Oft erweitert sich das Sichtfeld – von »Was passiert in meinem Leben?« zu »Was passiert in meinen Beziehungen und meiner Gemeinde?«. Der Klient fragt jetzt: »Wo kann ich einen Beitrag leisten? Wo kann ich etwas bewirken?«

Individuelle Entwicklung: Was kommt als Nächstes?

Schließlich erreichen die Klienten ein Stadium, in dem vor allem ihre individuelle Entwicklung und existenzielle Seinsweisen im Mittelpunkt des Coachings stehen. Sie haben Stärken, die sie vorher nicht erkannten, und wollen sie nun einsetzen. Irgendwann gelangen die Klienten an einen Punkt, an dem sie zufrieden sind – an dem sie wirklich bereit sind, das Coaching hinter sich zu lassen. Dann ergeben sich keine Fragen mehr aus der Coaching-Beziehung; der Klient hat seinen eigenen Weg gefunden, eine Möglichkeit, seine Seinsweise auszudrücken. Bei manchen Klienten dauert der gesamte Prozess von der ersten Kennenlernsitzung bis zum Abschluss des Coachings nur drei Monate, bei anderen dagegen viele Jahre, weil die Coaching-Beziehung immer wieder neu erfunden werden muss und der Klient sämtliche Stadien und Phasen seines Lebens in das Coaching einbringt. Denn natürlich werden die Fragen eines 30-Jährigen zum Tun, zu den Werten und Entscheidungen sich geändert haben, wenn er 40 ist.

Wenn ein Klient den Punkt der ständigen Selbstreflexion und des selbstbestimmten Handelns erreicht hat, kann er bereit sein, die Coaching-Beziehung zu verlassen. Der Coach sollte ihm dann vorschlagen, die Beziehung in viel größeren Abständen (die Sitzungen und Gespräche finden dann einmal im Monat oder sogar nur alle zwei Monate statt) fortzusetzen oder jedes Vierteljahr eine mindestens einstündige Sitzung durchzuführen – vielleicht mit einer Vorbereitungsarbeit, um ihm vor allem zu helfen, zu klären, wo er steht. Trotzdem ist es fast immer ein herzergreifender Moment, wenn ein Klient das Coaching beendet. Auch wenn Ihr Verstand Ihnen sagt, dass dies keine persönlichen Gründe hat, die mit Ihnen zu tun haben, sondern einfach die normale Entwicklung des Klienten zu voller Selbstständigkeit und Verantwortung ist, haben Sie doch gemeinsam viele Erfahrungen und Abenteuer durchgestanden und waren sich dabei oft sehr nahe. Natürlich werden Sie sich über das, was Ihr Klient geschafft hat, und sein neues Gefühl der Stärke freuen, doch der Abschied dürfte auch von Traurigkeit begleitet sein.

Der Abschluss: Das Buch zuklappen

Es ist für den Coach und für den Klienten wichtig, ihre Beziehung durch einen definitiven Abschluss zu beenden – unabhängig davon, ob es eine lange, fruchtbare, vertraute Beziehung war oder eine, die aus irgendwelchen Gründen nicht funktioniert hat. Durch den Prozess des gewissenhaften Abschlusses wird sozusagen das Buch zugeklappt. Vielleicht werden Sie und dieser Klient irgendwann wieder eine Coaching-Beziehung eingehen. Es ist jedenfalls nicht angebracht, einfach zu gehen – dazu war die Coaching-Beziehung einfach zu individuell, zu persönlich, zu authentisch. Zu der Beziehung gehören ja Ehrlichkeit, Direktheit, Anerkennung, Risikobereitschaft, Entdeckung und Lernen – und der Abschluss bietet die Gelegenheit, all das noch einmal zu feiern. Am einfachsten ist es, den Klienten für die letzte Sitzung eine Liste mit allem, was er als positiv beziehungsweise negativ empfunden hat, schreiben zu lassen: Was hat funktioniert, was nicht? Zu diesem Zeitpunkt kann man auch auf das zurückblicken, was der Klient geschafft hat: Worauf ist er besonders stolz? Wobei hatte er die größte Angst? Wann fühlte er sich am stärksten? Wann und womit hat er sich selbst am meisten überrascht? Was ist ihm an den Veränderungen in ihm selbst und bei seinen Beziehungen zu anderen aufgefallen? Diese Abschlussbesprechung ermöglicht es den Klienten, den vollen Umfang ihrer Erfahrung und der Fortschritte bei der Arbeit, die sie geleistet haben, zu erfassen. Sie dient also auch noch einmal der Stärkung ihres Selbstbewusstseins. Gleichzeitig ist sie für den Coach eine letzte Gelegenheit, dem Klienten Anerkennung dafür zu zollen, was er sein musste, um das tun zu können, was er getan hat, und ihn für die Gestaltung seiner Zukunft zu coachen.

Auch am Jahresende haben wir ja oft das Bedürfnis nach einem Abschluss und einem Neuanfang. Viele Coachs benutzen ein Ritual, das den Klienten hilft, die Lernprozesse des ausgehenden Jahres zu würdigen und anzuerkennen und alles aufzuarbeiten, was liegen geblieben ist. Der Coach kann den Klienten zudem eine Liste mit allem, was er als positiv oder negativ empfunden hat, schreiben lassen, sie sich bei der letzten Sitzung des Jahres laut vorlesen lassen und sie dann zerreißen oder verbrennen. Der Klient geht ohne Belastungen ins neue Jahr. Das Abschlussritual kann auch die Festlegung von Zielen und die Formulierung der Vorhaben für das neue Jahr umfassen.

Alte Gleise und neue Energie

Wir wollen ehrlich sein: Es gibt Zeiten, wo die Batterien des Coachs einfach leer sind. Er arbeitet immer wieder mit denselben Leuten und an den gleichen Problemen, benutzt dabei immer dieselben Fragen und Techniken. Schließlich gerät er so in eine Routine und ausgefahrene Gleise, dass er abschaltet. Er hat großartige Arbeit dabei geleistet, den Klienten für die Agenda und das Handeln verantwortlich zu machen, doch jetzt fehlt es ihm selbst an Kraft.

Es gibt eine ganze Reihe von Möglichkeiten, Ihre Coaching-Batterien wieder aufzuladen. Sie können beispielsweise eines Tages Ihre eigene Agenda zur Sitzung mitbringen. Das ist eine wirklich radikale Methode, denn wir haben ja immer wieder betont, wie wichtig es ist, dass die Klienten ihre Agenda selbst entwerfen. Die Umkehrung der Rollen könnte aber genau das sein, was Sie und Ihr Klient im Moment brauchen, um neue Denkweisen entwickeln zu können. Den Klienten ist der Rollentausch übrigens meist durchaus willkommen; es ist nämlich anstrengend für sie, immer selbst die Agenda zu liefern, und daher freuen sie sich über die Pause.

Es gibt viele Methoden, sich von der Coaching-Routine zu verabschieden:

- Bitten Sie den Klienten, ein wichtiges Buch zu lesen, das Sie selbst gelesen haben. Sprechen Sie mit ihm darüber, wie er das, was er dabei lernt, anwenden will.
- Suchen Sie für die tägliche Arbeit am Tagebuch ein Thema aus, das sich von dem aktuellen Problem des Klienten unterscheidet, aber zu einer Lösung beitragen kann. Dazu eignet sich fast immer eine große Denkfrage, zum Beispiel: »Wo mache ich mir etwas vor?«
- Empfehlen Sie dem Klienten, mit Freunden oder Kollegen zu Themen wie »Wozu in Ihrem Leben sagen Sie im Augenblick ›Nein‹?« oder »Welchen Ruf habe ich?« Gespräche zu führen,

die darauf abzielen, neue Informationen über das Leben des Klienten zu erhalten.
- Bitten Sie den Klienten, eine schriftliche Visionsaussage zu formulieren, über seine Vision ein Lied zu schreiben oder dazu eine Collage mit Bildern aus Zeitschriften anzufertigen.

Das Ziel ist, die zentralen Themen im Leben des Klienten auf kreative Weise auszudrücken.

Es kann auch eine gute Strategie sein, den Klienten alle drei bis vier Monate einfach zu fragen: »Was würde passieren müssen, damit sich der Wert des Coachings für Sie vervierfacht?« Manche Coachs wiederholen die Intake Session alle vier bis sechs Monate; sie fokussieren sich dabei zumeist auf einen bestimmten Aspekt. Sie können sich beispielsweise eine ganze Stunde nur mit der Werteklärung, dem zukünftigen Ich oder dem Lebenszweck befassen. Oder Sie versuchen, für den Klienten ein persönliches Performance-Profil zu erstellen, das drei oder vier Gewohnheiten beschreibt, die er sich in den wichtigen Bereichen seines Lebens gern aneignen würde. Auf dieses Profil können Sie sich dann bei den weiteren Sitzungen beziehen.

Manche Coachs überlegen sich Monats- oder Wochenthemen. Durch eine Reihe dieser Themen lässt sich ein kaskadenartiger Lerneffekt erzielen. In der ersten Woche fragen Sie Ihren Klienten: »Was erwarten Sie vom Leben?«, in der zweiten Woche: »Inwiefern nützen Ihnen diese Erwartungen?«, danach: »Was kosten Ihre Erwartungen Sie?«, »Wie können Sie sich von diesen Erwartungen lösen?« und schließlich: »Welche Erwartungen können Sie nicht aufgeben?« Und so weiter ...

Auch eine Änderung der Umgebung und der Verfahren beim Coaching kann frischen Wind in den Coachingprozess bringen. Falls Sie zum Beispiel bei den Anrufen Ihrer Klienten normalerweise sitzen, sollten Sie sie eine Woche lang im Stehen entgegennehmen. Sie können auch das Telefon in ein anderes Zimmer stellen oder in ein Berghotel fahren und Ihren Blick bei den Anrufen über das Bild der majestätischen, schneebedeckten Dreitausender schweifen lassen – natürlich nur, um aus Ihrer Coaching-Routine ausbrechen zu können!

Mal mit Humor

Auch Humor kann ein Tool für das Coaching sein. Sie als Coach geben den Ton vor, in dem die Klienten bei den Sitzungen – und auch in ihrem Leben – mit Ihnen interagieren. Selbstverständlich ist das Coaching eine ernste Angelegenheit. Wir sprechen hier ja über das Leben von Menschen, über ihr Glück, ihren Lebenszweck und ihre Erfolge. Eine Prise Humor kann jedoch Wunder wirken, wenn jemand das Leben zu ernst nimmt. Natürlich muss man dabei feinfühlig vorgehen, doch durch eine scherzhafte Bemerkung im richtigen Augenblick kann man einer Beinahe-Katastrophe den Schrecken nehmen. Humor verbreitet Licht, er holt die Leute aus ihren Gräben und gibt ihnen eine Perspektive.

Humor ist gut für die Seele und verbessert die Coaching-Arbeit. Die Klienten sind dann eher bereit, mit den Optionen zu spielen, Risiken einzugehen, sich auf gefährliches Terrain zu wagen. Betrachten Sie Ihr eigenes Coaching einmal unter diesem Gesichtspunkt oder hören Sie sich eine Aufnahme von einem Telefongespräch mit einem Ihrer Klienten an. Welche akustische Umgebung erzeugen Sie? Wirkt sie belastend, verliert das Coaching an Energie? Humor bringt die Dinge zum Funkeln. Wo gelacht wird, gibt es Lebendigkeit und Energie. Ihr Humor gehört zu den Tools, durch die Sie effektiv bleiben können. Verlieren Sie ihn nicht!

Die anderen Techniken: Sagen und Verlangen

Die Techniken Sagen und Verlangen – was genau damit gemeint ist, wird gleich deutlich – tauchen bei der Beschreibung der Coaching-Techniken gewöhnlich nicht auf, da sie nur von sehr erfahrenen Coachs angewendet werden sollten. Bei der Ausbildung zu wirklich kompetenten Coachs dauert es lange, die Leute von ihrem Drang zum Sagen und Verlangen zu kurieren. Wir legen großen Wert darauf, dass der Coach beim co-aktiven Coaching die Agenda des Klienten respektiert und ihm keine Ratschläge erteilt. Und wir legen Wert auf die Kunst des Fragens – nicht des Sagens –, sodass der Lernprozess und das Handeln vom Klienten ausgeht, nicht vom Coach. Selbst bei unseren stärksten Eingriffsmöglichkeiten – die Aufforderungen und Herausforderungen – gilt unumstößlich, dass der Klient sich weigern oder ein Gegenangebot machen kann.

Dennoch gibt es Zeiten, wo die richtige Coaching-Taktik darin bestehen kann, dem Klienten etwas zu sagen und etwas von ihm zu verlangen. Wenn der Klient sich etwa völlig im Chaos befindet, sich verzettelt hat, selbst keinen Ausweg mehr findet, wenn der Widerstand undurchdringlich ist, wenn er gleichsam selbstzerstörerisch handelt – dann ist es an der Zeit, dass der Coach aktiv eingreift und »Stopp« ruft. Es hat dann keinen Sinn, auf halbem Weg stehen zu bleiben. Der Coach muss vielmehr sagen und verlangen: »Das ist völlig destruktiv! Hören Sie sofort damit auf!« Das ist keine Aufforderung oder ein sanfter Anstoß, kein Hinweis oder Ratschlag, kein Angebot für eine Lösung, sondern der ganz große aktive Eingriff in die Agenda des Klienten. Und weil der Coach sich so selten auf diese Weise einmischt, wird das auf den Klienten eine ungeheuer starke Wirkung ausüben.

Ein so starkes Tool gehört nur in die Hände eines erfahrenen Coachs. Und es wird auch nur benutzt, weil der Coach sich darauf verpflichtet hat, den Lebensprozess des Klienten zu unterstützen. Manchmal ist es die einzige Möglichkeit, den inneren Schweinehund zu stoppen, der den Klienten an der Kehle gepackt hat, oder den Klienten von einer Überzeugung, durch die er sich selbst zu enge Grenzen gesetzt hat und die zur Gewohnheit geworden ist, zu befreien. Dazu gehören Sätze wie: »Ich nehme es nicht hin, dass Sie sich so klein machen! Sie wissen, dass Sie stark genug sind. Ich weiß, dass Sie stark genug sind. Tun Sie es einfach!« Merken Sie, welch große Anerkennung für den Klienten in dieses geradezu explosionsartige Eingreifen eingebaut ist? Es hat die Kraft von Dynamit.

Zeitpläne und Strukturen

Die Coachs bringen ihre eigenen Vorgehensweisen und Gewohnheiten, ihren persönlichen Stil und ihr Temperament in ihre Arbeit ein. Für manche ist ein 30-minütiges Telefongespräch mit dem Klienten ideal, für andere hingegen zu kurz – sie brauchen eine ganze Stunde, um genügend Tiefe entwickeln zu können, oder das Gespräch unter vier Augen. Zeitplan und Struktur des Coachings hängen von den individuellen Vorlieben des Coachs ab und werden zudem durch den jeweiligen Klienten beeinflusst. Kurz gesagt: Das co-aktive Modell lässt sich auf verschiedene Art und Weise strukturieren.

Wöchentliche Sitzungen

Es gibt eine ganze Reihe guter Gründe dafür, das Coaching in Form wöchentlicher 30-minütiger Sitzungen oder Telefonate durchzuführen. Für den Coach ist das praktisch und bequem – und für den Klienten gewöhnlich auch. Der Wochenrhythmus sorgt dafür, dass der Schwung nicht verloren geht, und die Dauer von 30 Minuten ist effizient. Coach und Klient haben dann beide das Gefühl, schnell zur Sache kommen zu müssen und nicht vom Thema abschweifen zu dürfen; es wird kaum Zeit verschwendet. Coachs, die sich auf das Telefoncoaching spezialisiert haben, können dadurch von zu Hause aus mit Klienten auf der ganzen Welt arbeiten.

Man kann das Coaching aber auch anders strukturieren. Viele Coachs sitzen ihren Klienten lieber persönlich gegenüber. Für manche Coachs (und auch für manche Klienten) sind einstündige Sitzungen im Abstand von zwei Wochen geeigneter. Andere Coachs lassen auf drei telefonische Sitzungen eine persönliche folgen – oder umgekehrt. Letztendlich gibt es keine Regel dafür, wie Sie Ihr Coaching strukturieren und aufbauen sollten – wichtig ist, dass es für Sie selbst und für Ihre Klienten funktioniert.

Tages- und Wochenpläne

Viele Coachs setzen mehrere halbstündige Gespräche mit Klienten unmittelbar hintereinander an. Sie geraten dann in eine Art Energierausch, und das schlägt sich auf ihr Coaching nieder. Man sollte dann allerdings nach etwa vier Gesprächen eine Pause einplanen, um sich nicht zu viel zuzumuten. Manche Coachs legen sich alle Gespräche mit ihren Klienten auf zwei oder drei Tage in der Woche und benutzen die restlichen Tage, um sich neue Klienten zu suchen, Vorträge zu halten, zu schreiben oder persönliche Angelegenheiten zu erledigen. Ein Hinweis an alle Selbstständigen: Legen Sie Ihre Pausen schon Monate vorher fest – das gilt für die Pausen im Tagesablauf ebenso wie für freie Tage, Wochenendreisen und den Urlaub –, da Sie ansonsten versucht sein könnten, diese Zeit doch noch mit beruflichen Angelegenheiten voll zu packen. Achten Sie darauf, sich dann auch wirklich freizunehmen, denn Sie werden die Ruhe und Erholung brauchen, um neue Kraft zu tanken. Außerdem: Was für ein Beispiel würden Sie Ihren Klienten geben, wenn Sie es nicht schaffen würden, in Ihrem eigenen Leben ein gewisses Gleichgewicht herzustellen?

Coaching von Gruppen

Wir haben das ganze Buch hindurch vom Coaching mit jeweils nur einem Klienten gesprochen, doch natürlich kann man auch Gruppen coachen; dabei werden im Wesentlichen die gleichen Techniken und die gleiche Coaching-Philosophie verwendet. Manche Coachs arbeiten mit Paaren oder auch mit kleinen Gruppen: den Mitgliedern eines Arbeitsteams in einer Firma; einem Team von Führungskräften oder Managern; Leuten mit dem gleichen Coaching-Ziel, wie einer Gruppe von Immobilienmaklern, Finanzplanern oder Pfarrern … Im Fokus der Intake Session stehen dann die gemeinsamen Ziele der Gruppe und die angestrebten Ergebnisse. Auch die Festlegung der Allianz findet dort statt, oft mit spezifischen Zielen oder Ergebnissen für die einzelnen Teilnehmer. Die Gruppe trifft sich in einem von ihr festgelegten Rhythmus mit dem Coach.

Oft erfolgt das Gruppen-Coaching per Telefonkonferenz. Die Sitzungen können dann eine Stunde dauern und einmal pro Woche abgehalten werden, die Telefongespräche eine Länge von 30 Minuten haben und an fünf Tagen in der Woche jeden Morgen zur gleichen Zeit geführt werden. Beim telefonischen Coaching von Gruppen sollte ein sehr starker Fokus gewählt werden und das Handeln im Mittelpunkt stehen, besonders, wenn es täglich stattfindet. In der (meist vorher festgelegten) Agenda für die Telefonkonferenz ist gewöhnlich für jeden der Teilnehmer Zeit für Berichte über die Verantwortlichkeit, Erfolge und Misserfolge vorgesehen; außerdem wird die Gruppe zum Brainstorming, zur Diskussionen und zur Suche nach individuellen Lernoptionen angeregt. Und es werden die Aufgaben für die nächste Konferenz verteilt. Das Coaching einer Gruppe erfordert eine gewisse Beweglichkeit und Erfahrung mit der Dynamik von Gruppen, um wirklich alle zu einer Beteiligung zu bringen und dafür zu sorgen, dass die Bedürfnisse der Gruppe erfüllt werden. Beim Gruppen-Coaching muss sich Ihre Fähigkeit, auf der dritten Ebene zuzuhören, in ganz besonderem Maße bewähren.

Der intensive und kurze Gruppenprozess ist eine spezielle Form des Gruppen-Coachings. Er wird meist auf drei Wochen begrenzt und ist sozusagen ein Turbo-Coaching: mit täglichem Team-Coaching, um das Team und seine Mitglieder auf Kurs zu halten, für Fortschritte zu sorgen, Hindernisse zu entdecken und Widerstände zu beseitigen. Dabei motivieren sich alle gegenseitig, ein schwieriges kurzfristiges Ziel zu erreichen.

Jeder Coach hat seinen eigenen Stil

Dieses Kapitel sollte Ihnen nicht zuletzt ein besseres Bild vom Coaching und seiner Praxis vermitteln. Auch wenn das wöchentliche 30-minütige Telefongespräch am häufigsten ist, gibt es bei den professionellen Coachs mit erfolgreichen Praxen viele Variationen. Entscheidend ist, dass das Coaching gut ist und *funktioniert*.

Noch ein Wort zum Schluss: Die Prinzipien, Kontexte und Techniken des Coachings sind wichtig, um zu verstehen, was das Coaching ausmacht, doch eine Zauberformel, die den Erfolg garantieren würde, hat noch niemand gefunden. Die Klienten sind Menschen und bringen daher Stärken mit, aber auch Eigenschaften, die nicht immer liebenswert sind. Auch die Coachs unterscheiden sich – in ihren Stärken, Lebenserfahrungen und Methoden. Tatsache ist: Es gibt kein unfehlbares Rezept dafür, ein perfekter Coach zu werden. Die Unterschiede sind aber durchaus positiv zu sehen, denn sie machen das Leben interessant und erzeugen mehr Möglichkeiten für mehr Menschen, die Kraft einer Coaching-Beziehung zu nutzen.

KAPITEL 12

Eine Vision für die Zukunft

Bei unserer Vision ging es uns nie um das Coaching an sich, sondern darum, dass die Leute Erfüllung, eine Balance und Lebendigkeit in ihrem Leben finden sollten. Das Coaching ergab sich als Mittel; wir sammelten Teile und setzten sie zusammen, sodass eine Coaching-Methode entstand. Wir redeten, lasen und experimentierten. Das Coaching erhielt eine Form, eine Struktur, die entsprechenden Techniken kamen nach und nach hinzu. Wir spielten mit dem, was funktionierte, und warfen das, was sich nicht bewährte, über Bord. Wir entwickelten ein Vokabular und ein Modell, auf das wir stolz sind, weil es erklärt, worum es beim co-aktiven Coaching geht. Im Laufe der Jahre hat es uns noch mehr fasziniert, Coachs zu sein, Coachs zu trainieren und vor allem bekannt zu machen, wie sehr das Coaching Leben verändern kann. Aber bei unserer Vision ging es nie um das Coaching, sondern darum, dass die Leute ganz und leidenschaftlich leben, ihre Arbeit gern machen und ihr Bestes geben können.

Der Beruf des Coachs steckt immer noch in den Kinderschuhen, er ist noch damit beschäftigt, seine Stimme auszuformen und laufen zu lernen. Doch inzwischen gibt es nicht nur in Nord- und Südamerika professionelle und persönliche Coachs, sondern auch in Europa und Asien. Damit hat das Coaching zweifellos das Potenzial, sich zu einem überall anerkannten Beruf zu entwickeln; es breitet sich mit beeindruckender Geschwindigkeit aus, weil wir Menschen das Bedürfnis haben, unsere Potenziale zu entfalten und zu nutzen. Dass dieser Beruf Substanz hat und wächst, verdanken wir aber den Klienten.

Ein neuer Beruf entsteht

Ralph L. Sanderson führt in seinem »Essay on Professional Ethics« fünf traditionelle Kriterien auf, an denen man den Profi erkennt:

- Die Angehörigen eines Berufsstands verfügen über besondere Fachkenntnisse oder Techniken.
- Sie verpflichten sich auf einen höheren ethischen Standard als andere Mitglieder der Gesellschaft.
- Sie sind autonom in dem Sinne, dass sie den Zugang zu ihrem Beruf selbst regeln, die Performance der Mitglieder überwachen und diejenigen, die ihrer Verantwortung nicht nachkommen, ausschließen.
- Sie bieten der Gesellschaft wichtige Vorteile.
- Ihnen werden bestimmte Rechte und Privilegien gewährt, die anderen Berufsgruppen gewöhnlich verweigert werden.

Wie bei einem Foto, das gerade entwickelt wird, zeichnen sich die Details des Coachings als Beruf erst allmählich ab. Schon jetzt aber ist klar, dass das Coaching die Grundkriterien erfüllt. Man kann seinen heutigen Zustand mit dem der Finanzplanung vergleichen. Ende der 1970er-Jahre gab es in verschiedenen Geschäftszweigen Leute, die Dienstleistungen zur Finanzplanung anboten. Es existierte jedoch keine offizielle Organisation, keine Finanzplanung als Beruf im Sinne von zertifizierten Wirtschaftsprüfern. Doch es bestand ein Bedarf an professioneller Finanzplanung. So entwickelte sich allmählich der entsprechende Beruf – mit gleich gesinnten Leuten, die die Bedürfnisse ihrer Klienten erfüllen und gleichzeitig die Integrität ihres Berufs wahren wollten. Die Entwicklung zur Etablierung einer Berufsidentität scheint mit einem starken Bestreben einherzugehen, die Angehörigen dieses Berufsstands durch ethische Standards und eine Zertifizierung von anderen, die diese Tätigkeit auf andere Art und Weise ausüben, abzuheben.

Berufsethos und Standesnormen

Profi zu sein bedeutet auch, sich an bestimmte Normen zu halten. Normen dieser Art werden üblicherweise durch einen Berufsverband festgelegt. Die *International Coach Federation* (ICF) hat für ihre Mitglieder die folgenden ethischen Richtlinien entwickelt – sie mögen als ein Beispiel dienen, wie Standesnormen für Coachs formuliert werden können:

> Präambel: Ein Coach glaubt an die Würde und Integrität aller Menschen und verpflichtet sich, die jedem Menschen gegebenen Fähigkeiten und Ressourcen zu entwickeln. Durch einen interaktiven Prozess entwickelt er klientenspezifische Strategien und Lösungen, die dem Klienten helfen, seine Ziele schnell zu erreichen. Ein Coach achtet die Verletzlichkeit der Klienten und schützt sie, erlegt den Klienten aber gleichzeitig konstruktiv einen hohen Standard der Eigenverantwortung und Verantwortlichkeit auf. Den Coach zeichnet ein hohes Maß an Objektivität und Kompetenz aus, und er arbeitet zum Vorteil des Klienten, der Gemeinde und der Gesellschaft.
>
> **1. Coaching-Beziehung und Vertrag**
>
> Am Anfang einer Coaching-Beziehung halten ICF-Coachs die Bedingungen für die Beziehung zwischen Coach und Klient in einer klaren schriftlichen Vereinbarung fest. (Diese Vereinbarung kann über eine Website, Broschüre, E-Mail oder in Form eines unterzeichneten Vertrags auf Papier erfolgen.) Zu den Bedingungen gehören: die Qualifikationen des Coachs; die Art seiner Dienstleistungen; Grenzen und Perspektiven des Coachs und der angebotenen Dienstleistungen; eine Erklärung zu den Rechten des Klienten; die Vertragsbedingungen, z. B. Dauer des Coachings, Zahl der Termine, Kommunikationsmethoden und Honorar.
>
> **2. Schutz des Klienten**
>
> Im Mittelpunkt der Coaching-Beziehung steht das Wohl des Klienten. Somit ist der Coach während der ganzen Vertragsdauer auf ein Höchstmaß an Integrität und Vertraulichkeit verpflichtet. Daher respektiert er die Bedürfnisse und Forderungen der Klienten; er ist bei seinem Feedback konstruktiv; er berücksichtigt die Grenzen und Beschränkungen, die sich auf beiden Seiten ergeben können; er

beachtet Fragen der Vertraulichkeit und berücksichtigt Interessenkonflikte, die er schließlich löst; er befasst sich direkt und authentisch mit all diesen Punkten, sobald sie relevant sind. Der Coach wird niemals einen Klienten persönlich, gesellschaftlich, sexuell oder finanziell ausnutzen. Er wird alle persönlichen Vorteile, die ihm aus der Beziehung zum Klienten erwachsen, offenbaren – auch nützliches Wissen, persönliches Wachstum und Honorare, die er aufgrund von Empfehlungen, die der Klient ausspricht, erhält. Der Coach wird nicht nur darüber sprechen, dass jeder Informationsaustausch, jede Diskussion, Weiterverweisung oder Empfehlung dem Wachstum und dem Wohl des Klienten dienen soll – was vor allem der Förderung seiner eigenen Interessen dienen würde –, sondern dies auch ständig unter Beweis stellen.

3. Vertraulichkeit

Der Coach bemüht sich nach Kräften, sich des Vertrauens des Klienten würdig zu erweisen, kann ihm das allerdings nicht grundsätzlich garantieren. Er wird den Klienten über alle Umstände informieren, die seine Objektivität oder seine Beurteilungen beeinträchtigen oder beeinflussen könnten, und über alle Entscheidungen oder damit zusammenhängende Faktoren – zum Beispiel wenn er vertrauliche Informationen des Klienten an höhere Stellen weitergibt – berichten. Die Klienten werden darüber aufgeklärt, dass der Coach keiner gesetzlichen Schweigepflicht unterliegt. Wenn hinsichtlich der Wahrung der Vertraulichkeit Probleme auftreten, sollte der Coach einen Mentor-Coach aufsuchen und mit ihm zusammen über den besten Umgang mit der Situation entscheiden. Ganz selten – wenn die vertraulichen Informationen etwa »schädlich«, »ungesetzlich« oder »für den Klienten oder andere gefährlich« sind – ist der Coach sogar verpflichtet, einen Mentor-Coach und/oder einen Anwalt zurate zu ziehen, um entscheiden zu können, ob die Behörden zu informieren sind. Die kann gegebenenfalls auch ohne Einwilligung des Klienten geschehen. Der Klient wird darauf hingewiesen, dass er die ihm vom Coach zur Verfügung gestellten

Materialien ohne dessen ausdrückliche Zustimmung weder weiterverkaufen noch veröffentlichen oder außerhalb der Coaching-Beziehung benutzen darf, und erklärt sich damit einverstanden.

4. Interessenkonflikte

Alle Interessenkonflikte müssen besprochen und im Sinne des Klienten gelöst werden. Sobald es zu einem Konflikt dieser Art kommt, ist der Coach ethisch verpflichtet, ihn konkret zu benennen und zu versuchen, ihn zu lösen. Falls der Coach dem Klienten während der Coaching-Beziehung nicht objektiv, achtungsvoll und ohne Konflikte, die der Coaching-Beziehung existenziell abträglich sind, dienen kann, ist er ethisch verpflichtet, den Coaching-Vertrag zu kündigen, und zwar unter Wahrung einer zumutbaren Frist und einer angemessenen Erklärung, welcher Konflikt ihn zu dieser Entscheidung hat kommen lassen.

5. Weiterverweisung und Kündigung des Vertrags

Wenn sich innere oder äußere Umstände ergeben, die sich offenbar nicht coachen oder bearbeiten lassen, ist der Coach ethisch verpflichtet, den Klienten über seine Beobachtungen und seine Ansicht zu informieren. Er wird dann eine oder mehrere durchführbare Lösungen für das Problem vorschlagen und alles unternehmen, damit die Würde des Klienten nicht verletzt wird. Falls zu der Lösung die Verweisung an einen anderen Coach gehört, ist der ursprüngliche Coach ethisch verpflichtet, dafür drei geeignetere Coachs zu benennen, von denen einer der Referral Service der ICF sein kann. Falls der Lösungsvorschlag des Coachs dagegen eine Kündigung ohne Weiterverweisung beinhaltet oder eine Verschiebung der Coaching-Beziehung auf eine geeignetere Zeit, ist der Coach ethisch verpflichtet, dem Klienten die Gründe für diese Empfehlung klar zu erläutern.

6. Ethische Verstöße

Verstößt ein Coach bewusst, wiederholt oder besonders rücksichtslos gegen die ethischen Richtlinien der ICF, wird er zur Arbeit mit einem Mentor-Coach aufgefordert und / oder aus der ICF ausgeschlossen. Ein Coach, der von der ICF gerügt wird, soll sich an einen Mentor-Coach wenden und mit ihm zusammenarbeiten – entweder für eine bestimmte Zeit (die vom Vorstand der ICF festgelegt wird) oder bis der Gegenstand der Beschwerde behoben ist. Der Ausschluss aus der ICF bedeutet, dass der Coach nicht mehr autorisiert ist, sich als ICF-Mitglied auszugeben, diese Mitgliedschaft zu benutzen oder auf seine frühere Mitgliedschaft hinzuweisen, um sich gegenüber Konkurrenten einen Wettbewerbsvorteil zu verschaffen. Bei einer Rüge der ICF gegen einen Coach, die zu dessen Ausschluss führt, verfallen sämtliche Vorauszahlungen, die er an die ICF geleistet hat.

Das *Coaches Training Institute* empfiehlt darüber hinaus folgende Regeln für ein professionelles Verhalten im Coaching:

1. Wir betrachten den Inhalt der Beziehung zu unseren Klienten als vertraulich. Selbst die Namen unserer Klienten werden vertraulich behandelt, sofern sie uns nicht erlauben, ihren Namen zu nennen oder zu verwenden.
2. Wir verstoßen für unsere Klienten nicht gegen das Gesetz. Wir handeln nicht als Mittäter bei etwaigen Gesetzesbrüchen.
3. Wir schließen keine ergebnisbasierten finanziellen Vereinbarungen mit unseren Klienten ab (z.B., dass sie zehn Prozent der Provision, die sie von ihrer Firma für ihre Verkäufe erhalten, an uns weitergeben).
4. Wenn wir Verträge mit Firmen abschließen, betrachten wir deren Mitarbeiter als unsere Klienten und respektieren ihr Recht auf Vertraulichkeit.
5. Mit Klienten, hinter deren Verhalten, Handlungen und Denkweise wir uns nicht stellen können, arbeiten wir nicht.
6. Wir sorgen dafür, dass unserer eigener innerer Schweinehund die Fortschritte der Klienten nicht behindert.
7. Wir behandeln unsere Kollegen, unsere Konkurrenten und den Beruf des Coachs mit Respekt.

8. Wir erklären uns einverstanden, die Agenda des Klienten zu fördern, dem Klienten den Weg zur Erfüllung, zum Gleichgewicht und zum Lebensprozess zu weisen, sein Handeln voranzubringen und sein Lernen zu vertiefen.

Durch diese Regeln zum Berufsethos und zu den Standesnormen des Coachs ist es uns möglich zu beurteilen, was genau einen professionellen Coach auszeichnet. Sie sind aber nicht nur Mindeststandards für ein gesetzestreues Verhalten, sondern helfen zugleich, die Integrität des Coachings zu beurteilen und zu wahren. Selbst ohne weithin akzeptierte Regeln würde das ethische Coaching sich behaupten können, denn dieser Beruf unterliegt von Natur aus hohen ethischen Standards. Die Verpflichtung, einen Klienten mit allen zur Verfügung stehenden und ethisch legitimierten Mitteln bei der Entfaltung seiner Ressourcen zu unterstützen, sollte bereits Grund genug sein, sich ethisch zu verhalten. Die Coachs sollten sich bei ihren Entscheidungen an ethischen Werten orientieren und in der Lage sein, sich professionell zu verhalten. Das ist die tiefere Verpflichtung, die über den von den Coachs akzeptierten Verhaltenskodex hinausgeht – die Verpflichtung auf die Integrität des eigenen Ichs.

Weiterverweisungen

Die Frage des ethischen Verhaltens stellt sich oft im Zusammenhang mit den Grenzen des Coachings. Wo liegen seine Grenzen? Wann braucht der Klient eine Therapie, kein Coaching? Natürlich gibt es keinen Test, durch den sich das mit wissenschaftlicher Zuverlässigkeit feststellen ließe – die Entscheidung liegt immer beim Coach.

Da Coaching und Therapie sich überschneiden können, muss der Coach bei denjenigen Aspekten seiner Arbeit, die im Kopf des Klienten Verwirrung hervorrufen könnten, vorsichtig sein. So könnten sich sowohl das Coaching als auch eine Therapie mit einem äußerst problematischen Lebensumstand befassen (beispielsweise einem Betrug in einer Beziehung oder einem geschäftlichen Misserfolg). Der Therapeut und der Coach könnten die Situation auch ähnlich angehen: nach Lern- und Handlungsoptionen suchen, durch die der Klient einen Zustand erreicht, in dem er über mehr Ressourcen verfügt. Selbst die Gespräche könnten sich zum Teil ähnlich anhören, und in beiden

Fällen könnte der Klient tiefe Gefühle wie Wut, Schmerz und Trauer zum Ausdruck bringen. Es ist dann Aufgabe des Coachs, das Gesamtbild zu sehen, zu erkennen, dass es gefährlich sein kann, ein Coaching anzubieten, wenn eigentlich eine Therapie erforderlich wäre, und offen mit dem Klienten darüber zu sprechen. Viele Coachs verfügen über eine Liste mit Kontaktadressen, wenn Klienten einen Therapeuten, einen Berufs- oder einen anderen Berater brauchen und weiterverwiesen werden sollten.

Auch wenn es sich tatsächlich um eine Coaching-Beziehung handelt, kann es sein, dass Sie sich bei diesem Coaching aus irgendeinem Grund – wegen des Klienten oder wegen der Situation – nicht wohl fühlen. Vielleicht ist der Klient ein Kollege oder ein Freund Ihres Ehepartners. Oder seine Persönlichkeit ist nicht mit Ihrem Coaching vereinbar, auch wenn Sie sich wirklich bemühen, professionell unvoreingenommen zu bleiben. Oder Sie kommen einfach zu dem Schluss, dass dieser Klient sich nicht coachen lässt – zumindest nicht von Ihnen. Wenn die Coaching-Beziehung mit hoher Wahrscheinlichkeit nicht zum Wohl des Klienten beitragen kann, so kann dies viele Gründe haben. In solchen Fällen bleibt Ihnen nur eins: Sie müssen sich der Wahrheit stellen und es dem Klienten leicht machen, zu gehen.

Eine neue Welt

Wer schon Coachs trainiert und Klienten gecoacht hat, weiß, wie stark die Auswirkungen des Coachings auf das Leben der Menschen sein können. Wir haben sie in unserem eigenen Leben gespürt! Das kann wirklich eindrucksvoll sein. Wenn wir allein schon diese umfassenden und tief befriedigenden Erfahrungen machen durften – was ist dann möglich, wenn sich das Coaching ausbreitet und immer mehr Menschen von seinen Vorteilen profitieren können! In dieser Welt gibt es Restaurants und Fitnesscenter, Berufsberater – jeder kennt ihren Wert und ihre Funktion und versteht sie. Doch ein Coach muss immer noch einen erheblichen Teil seiner Zeit darauf verwenden, zu erklären, was Coaching überhaupt ist. Wenn das Wesen und der Wert des Coachings weithin bekannt wären, wäre es viel leichter, die Leute zu animieren, sich auf eine Coaching-Beziehung einzulassen. Stellen Sie sich eine Welt vor, in der die grundlegenden Techniken und Vorgehensweisen des Coachings in großem Umfang genutzt werden – nicht nur von den Coachs, sondern von allen Menschen. Was wäre nicht alles möglich, wenn die in diesem Buch dargestellten Prinzipien – vor allem Erfüllung, Balance und Lebensprozess – Grundbestandteil unserer Kultur wären! Wenn die Leitsätze, die wir bei den Coaching-Beziehungen als selbstverständlich betrachten, ihren Weg ins Alltagsleben finden würden! Stellen Sie sich vor, wie das sein würde!

In dieser neuen Welt, in der man überall auf die fundamentalen Coaching-Prinzipien trifft, sind die Menschen darauf verpflichtet, Erfüllung im Leben und bei der Arbeit anzustreben. Sie werden eher aufhören, ein mittelmäßiges Leben hinzunehmen, und beschließen, sich nur mit einem erfüllten und erfüllenden Leben zufrieden zu geben, in dem sie all ihre Talente und Fähigkeiten einsetzen können. Die Kinder werden lernen, dass Erfüllung nichts ist, was manchen Menschen eines Tages, wenn sie reich und berühmt sind, plötzlich und unerwartet begegnet und gleichsam zustößt, sondern dass Erfüllung für diejenigen, die auf dem Weg zu ihr sind, schon in diesem Augenblick möglich ist, und im nächsten auch …

Stellen Sie sich eine Welt vor, in der alle eine zwingende Vision von ihrer Arbeit haben, vollkommene Entscheidungsfreiheit haben und ihren Lebenszwecks kennen. Eine Welt voller leidenschaftlicher Menschen, die sich darauf verpflichtet haben, nicht nur selbst ein erfülltes Leben zu haben, sondern auch im Leben anderer etwas zu bewirken. Diese Welt wird von jedem das Beste bekommen, alles, was er geben kann, all seine Gaben – statt nur seine Willfährigkeit, seinen Körper, der an einem Schreibtisch sitzt, an einer Maschine arbeitet oder hinter einem Schalter steht und dabei nur ein Zehntel seiner Geisteskraft nutzt. Wenn sich diese Menschen coachen ließen, könnten dieselben Leute ein Jahr später noch die gleiche Arbeit machen, aber in einem ganz anderen Bezugsrahmen. Der Wert der Arbeit würde sich völlig ändern, weil es nicht mehr darauf ankäme, welchen Job man hat, sondern darauf, was man bewirken kann – welchen Werten man durch seine Arbeit treu bleibt.

Stellen Sie sich eine Welt vor, in der die Leitsätze des Coachings überall zum Tragen kommen: bei den interpersonellen und internationalen Beziehungen, am Arbeitsplatz … Stellen Sie sich vor, wie anders es wäre, wenn Menschen als gleichberechtigte Partner eine Allianz planen und gestalten würden, bevor sie ein geschäftliches Projekt starten oder eine Beziehung beginnen. Wie wäre es, wenn die Leute sich gegenseitig immer die Wahrheit sagen würden – auch wenn sie unerfreulich ist – und sich genau dafür einsetzen würden? Wie würde unser politisches System sich dann verändern! Stellen Sie sich eine Welt vor, in der die Leute wirklich bereit sind, zuzuhören – nicht nur den Worten, sondern auch allem, was dahintersteht; eine Welt, in der Sie unangenehme Dinge hören und empfangen und dies als Anstoß zum Lernen nehmen, statt gleich Ihre Verteidigungsmechanismen in Gang zu setzen. Wie wäre es, wenn wir füreinander das größtmögliche Bild von dem, was wir sein könnten, hochhalten würden, statt uns gegenseitig auf unsere Grenzen hinzuweisen, und das auch für unsere Kinder machen würden? Wenn wir Größe von ihnen erwarten würden, nicht, dass sie versagen? Wenn wir ganz darauf verpflichtet wären, dass unsere Freunde, Partner und Kinder mehr Erfolg haben, als sie sich je träumen ließen – ihnen aber trotzdem genug Raum für Misserfolge lassen würden, ohne dass sie sich schlecht fühlen müssten (sondern einfach als Menschen), und Misserfolge vor allem als Möglichkeiten interpretieren würden, den Lernprozess voranzutreiben? Wenn wir einfach die Stärken der anderen anerkennen würden, statt permanent auf ihre Schwächen hinzuweisen?

Diese Welt wäre voller Menschen, die der Neugier, des Staunens und bewussten Zuhörens fähig wären. In dieser Welt würden wir unserer Intuition viel Raum geben. Wir würden uns gegenseitig dafür verantwortlich machen, wer wir sind und was wir tun wollen. Wir wären der Wahrheit über uns selbst ebenso verpflichtet wie der Wahrheit, die wir anderen sagen.

In dieser Welt wäre es wichtig, zu lernen und zu wachsen – wichtiger, als es bequem zu haben und gut dazustehen. Stellen Sie sich eine Welt vor, in der motivierende Visionen die Energien der Menschen entfesseln, ihre Ressourcen zur vollen Entfaltung bringen, in der alle Menschen sich uneingeschränkt unterstützen, ermutigen und ihre Erfolge gemeinsam feiern, auch die der anderen. Stellen Sie sich das vor …

Tools für den Coach

Unterlagen für die Intake Session bei privaten Klienten

Die folgenden Arbeitsblätter bieten Beispiele für die Vorgehensweise bei der Arbeit mit privaten Klienten, vor allem bei der Intake Session. Betrachten Sie sie bitte nicht als die »richtigen« Arbeitsblätter – sie sollen Ihnen lediglich ein Gefühl für die Richtung geben und Sie in die Lage versetzen, selbst Arbeitsblätter zu entwerfen, die Ihrem eigenen Coaching-Stil entsprechen.

Checkliste für die Intake Session bei privaten Klienten

(Punkte, die Sie mit dem Klienten durchgehen sollten)

1. Begrüßen Sie den Klienten.
2. Erläutern Sie ihm, wie diese Sitzung ablaufen wird.
3. Erklären Sie ihm, was Coaching bedeutet.
4. Schildern Sie kurz Ihre Ausbildung.
5. Sprechen Sie über die Punkte Vertraulichkeit und Zuverlässigkeit.
6. Fragen Sie den Klienten, ob Sie anderen gegenüber erwähnen dürfen, dass er Ihr Klient ist.
7. Sprechen Sie über die Allianz: »Wie wollen Sie gecoacht werden?«
8. Verleihen Sie der Coaching-Beziehung Energie.
9. Erläutern Sie die Lebensbalance und lassen Sie den Klienten sein Lebensrad erstellen.
10. Sprechen Sie über die Werte und den inneren Schweinehund des Klienten.
11. Füllen Sie das Blatt zum Hauptfokus aus.
12. Gehen Sie die anderen Blätter durch: Checkliste für die strategische Planung usw.
13. Tragen Sie im Arbeitsblatt zu den Terminen ein, welche Handlungen durchgeführt werden sollen.
14. Tragen Sie die drei nächsten Termine in Ihren Kalender ein und halten Sie auch den Klienten dazu an.
15. Sprechen Sie über die Vorgehensweise bei den Anrufen, erläutern Sie dem Klienten Art und Zweck der Denkfragen und erinnern Sie ihn an die Höhen und Tiefen, die er und Sie bei diesem Prozess erleben werden.
16. Füllen Sie den Coaching-Vertrag und das Formular zu den Informationen über den Klienten aus; halten Sie fest, wie bei einem Urlaub verfahren werden soll und welche Auswirkungen verspätete oder gar nicht getätigte Anrufe haben.
17. Lassen Sie sich Ihr Honorar für die Intake Session und den ersten Monat auszahlen. Erklären Sie dem Klienten die monatliche Zahlungsweise (schriftliche Rechnung).
18. Sprechen Sie über die inneren Verpflichtungen und Antriebskräfte des Klienten, über das Dasein an sich (Lebenszweck) und darüber, dass Lern- und Veränderungsprozesse Zeit erfordern.
19. Sonstiges: …
20. Danken Sie dem Klienten und sagen Sie ihm, dass Sie sich auf die Arbeit mit ihm freuen.

Coaching-Vertrag

Name des Klienten: ____

Dieser Vertrag zwischen Coach ____________ und dem oben genannten Klienten beginnt am _______ und gilt für mindestens drei Monate. Das Honorar für die erste Sitzung beträgt _____ Euro, das Honorar für die ersten drei Monate jeweils _____ Euro; es ist jeden Monat im Voraus zu zahlen.

Der Coach liefert dem Klienten, wie mit ihm vereinbart, ein persönliches telefonisches Coaching. Dabei handelt es sich nicht um eine Beratung oder Therapie; Gegenstand können spezifische persönliche Projekte, berufliche Erfolge oder allgemeine Umstände im Leben oder bei der Arbeit des Klienten sein. Weitere Dienstleistungen beim Coaching sind unter anderem: Klärung der Werte, Brainstorming, Erstellung von Aktionsplänen, Untersuchung der Vorgehensweisen, sein Leben zu gestalten, klärende Fragen und Aufforderungen, die dem Klienten Kraft verleihen sollen.

Nach Ablauf der drei Monate wird das Coaching auf Monatsbasis fortgesetzt. Für die Beendigung des Coachings vereinbaren Klient und Coach eine Kündigungsfrist von 14 Tagen für beide Seiten. Bei der Berechnung des Monatshonorars werden durchschnittlich vier Wochen pro Monat zugrunde gelegt.

Der Coach sichert dem Klienten eine streng vertrauliche Behandlung aller Informationen zu.

Während der Arbeitsbeziehung führt der Coach direkte, persönliche Gespräche mit dem Klienten. Der Klient kann sich darauf verlassen, dass der Coach bei seinen Fragen und Aufforderungen offen und ehrlich ist. Der Klient weiß, dass nur er selbst der Coaching-Beziehung die notwendige Energie verleihen kann, und erklärt sich einverstanden, genau das zu tun: dafür zu sorgen, dass die Coaching-Beziehung stark ist. Falls der Klient der Ansicht ist, dass die Coaching-Beziehung nicht wie gewünscht funktioniert, teilt er das dem Coach mit und unternimmt etwas, um ihr wieder Energie zu verleihen.

Mit unserer Unterschrift unter diesen Vertrag bestätigen wir, dass wir die hier aufgeführten Informationen verstanden haben und sie akzeptieren.

Klient ____________ Datum ________ Coach ____________ Datum ________

Persönliche Informationen

Alle persönlichen Informationen werden vertraulich behandelt.

Klient

Vollständiger Name ______________________________

Wie Sie angesprochen werden möchten ______________________________

Anschrift ______________________________

Telefonnummern

Privat ______________________ Arbeitsstelle ______________________

Handy ______________________________

Pager/weitere Telefone ______________________________

Fax ______________________ E-Mail ______________________

Berufliches

Beruf/Beschäftigung ______________________________

Name des Arbeitgebers ______________________________

Angaben zur Person

Geburtsdatum ______________________________

Familienstand ______________________ Zahl der Kinder ______________________

Name des Ehe-/Lebenspartners ______________________________

Geburtsdatum des Ehe-/Lebenspartners ______________________________

Hochzeitstag/andere wichtige Jahrestage ______________________________

Namen und Alter der Kinder ______________________________

____

Lebensrad

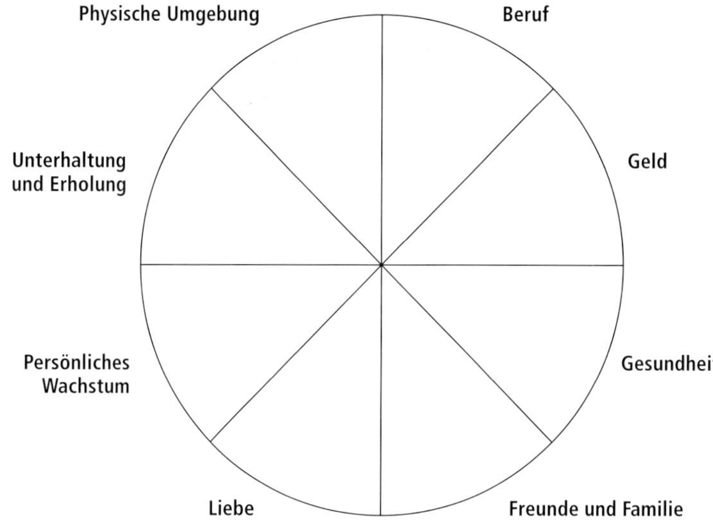

Anleitung: Die acht gleichmäßigen Abschnitte im Lebensrad stehen für die Balance zwischen den Lebensbereichen. Betrachten Sie den Mittelpunkt des Rades als 0, den äußeren Rand als 10; zeichnen Sie durch gerade oder gebogene Linien einen neuen äußeren Rand, um zu zeigen, wie zufrieden Sie in den einzelnen Bereichen Ihres Lebens sind (siehe unser Beispiel). Der neue Umfang des Kreises steht für Ihr Lebensrad. Wie holprig wäre Ihre Fahrt, wenn es sich dabei um ein echtes Rad handeln würde?

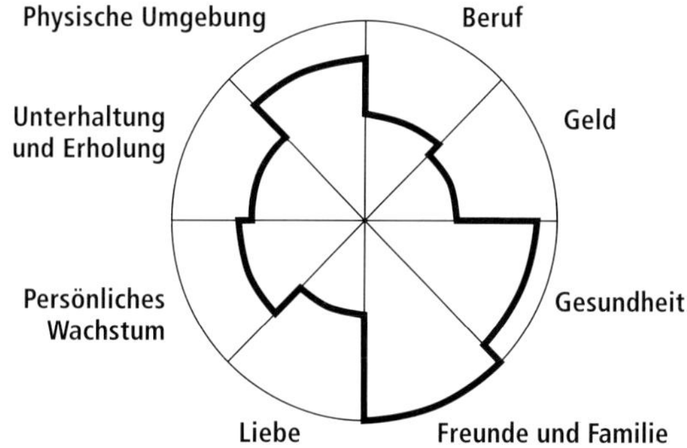

Hauptfokus

Geben Sie an, welche fünf Bereiche den Hauptfokus der Coaching-Beziehung bilden sollen. Suchen Sie für jeden dieser Bereiche eine einfache Überschrift und beschreiben Sie ein messbares Ergebnis. Beispiel:

Produktiver sein
Ich verfüge über ein System für das Nachfassen bei Anrufen und Briefen, ich liege im Zeitplan, ich schaffe es, alle Aufgaben zu bewältigen, ich habe realistische Ziele für neue Projekte.

1. ______________________________

____

____

2. ______________________________

____

____

3. ______________________________

____

____

4. ______________________________

____

____

5. ______________________________

____

____

Fragebogen für private Klienten

Als Ihr Coach muss ich wissen, wie Sie die Welt im Allgemeinen und sich selbst im Besonderen sehen. Jeder Mensch hat eine einzigartige Weise, zu denken und mit den Personen in seiner Umgebung zu interagieren.

Beantworten Sie die folgenden Fragen bitte so klar und ausführlich wie möglich, sodass ich mir ein gutes Bild von Ihnen machen kann. Es sind Fragen, die Ihr Denken auf eine besondere Art anregen sollen, sodass unsere gemeinsame Arbeit noch produktiver wird. Nehmen Sie sich für die Abfassung Ihrer Antworten bitte einige Tage Zeit. Vielen Dank!

1. Was müssen Sie in Ihrem Leben schaffen, damit Sie es als befriedigend oder als gut gelebt empfinden – ein Leben, bei dem Sie nichts oder nur wenig bereuen?

2. Falls es eine geheime Leidenschaft in Ihrem Leben geben dürfte – was wäre das?

3. Wie sehen Sie Ihre Rolle in Ihrer Gemeinde? In Ihrem Land? In der Welt?

4. Wenn Sie Ihr Leben dem Dienst an anderen Menschen widmen könnten und dabei weiter genügend Geld hätten und den Lebensstil, den Sie brauchen, halten könnten – würden Sie das tun? Wie würde es aussehen?

5. Wenn Sie Ihrem Coach genug vertrauen würden, um ihm zu sagen, wie er am effektivsten mit Ihnen arbeiten kann – welche Tipps würden Sie ihm geben?

6. Wenn Sie ein Fünf-Jahres-Ziel hätten und während der ganzen Zeit weiter die Dienste eines Coachs in Anspruch nehmen könnten (und Geld keine Rolle spielen würde) – was wäre dieses Ziel? Welche Vorteile würde die Arbeit mit einem Coach dann mit sich bringen?

7. Was fehlt in Ihrem Leben? Was müsste passieren, damit sie es als zufriedenstellender bezeichnen könnten?

8. Glauben Sie an Gott oder an eine andere höhere Macht? Falls ja: Beschreiben Sie die Aspekte Ihrer Beziehung zu Gott, die für Sie am nützlichsten sind und aus denen Sie besonders viel Kraft ziehen. Falls nein: Welchen Bezugspunkt benutzen Sie?

Checkliste für die strategische Planung

(Punkte, die jede Woche zu beurteilen sind)

1. Welche wichtigen Dinge muss ich in dieser Woche erledigen?
2. Welche beruflichen oder geschäftlichen Angelegenheiten muss ich planen oder ausführen?
3. Was kann ich tun, um meine Bewertungen im Lebensrad zu verbessern?
4. Zu welchem Mitglied meiner Familie / Freund / Kollegen / Angestellten soll ich in dieser Woche Verbindung aufnehmen?
5. Für welchen Geburtstag oder besonderen Anlass muss ich planen?

6. ______________________________

7. ______________________________

8. ______________________________

9. ______________________________

10. ______________________________

11. ______________________________

12. ______________________________

13. ______________________________

14. ______________________________

15. ______________________________

Arbeitsblatt zu den Terminen

(Vom Coach und/oder vom Klienten zu benutzen)

Anstehender Punkt	Zu erledigender Punkt	Erledigt
1.		
2.		
3.		
4.		
5.		
6.		
7.		
8.		
9.		
10.		
11.		
12.		
13.		
14.		
15.		
16.		
17.		

Fragebogen zur Vorbereitung auf das Coaching

(Anmerkung: Sie sollten dem Klienten das Arbeitsblatt vorab per Fax oder E-Mail zukommen lassen.)

Durch eine gute Vorbereitung auf die Coaching-Sitzung können Sie Ihre Ergebnisse und unsere gemeinsame Zeit optimieren. Vor der Sitzung sollten Sie folgende Fragen beantworten:

1. Wie geht es mir im Augenblick? Wie war meine Woche?

   ____

   ____

2. Was soll mir die heutige Sitzung bringen?

   ____

   ____

3. Welche Aktivitäten habe ich seit der letzten Sitzung ausgeführt? Wo lagen die Gewinne/Herausforderungen?

   ____

   ____

4. Was habe ich zu berichten? Wofür will ich verantwortlich gemacht werden?

   ____

   ____

5. Welche Punkte will ich bei der heutigen Sitzung vertiefen? Über welche Herausforderungen, Befürchtungen, Erfolge oder Lernbereiche sollten wir reden?

   ____

   ____

6. Besprechung der Denkfrage aus der letzten Woche:

   ____

   ____

7. Sonst noch etwas?

   ____

   ____

Unterlagen für die Intake Session bei Geschäftskunden

Die folgenden Blätter und Listen sind auf Geschäftskunden zugeschnitten. Angesichts der Vielzahl der Möglichkeiten – wie etwa 360-Grad-Feedback und regelmäßige Beurteilungen der Performance – geben wir hier nur ein paar Beispiele. Verwenden Sie aus diesem und dem vorherigen Teil das, was Ihnen am nützlichsten erscheint, und entwerfen Sie für Ihre Arbeit eigene Arbeitsblätter und Listen.

Checkliste für die Intake Session bei Geschäftskunden

1. Führen Sie vor der ersten Sitzung ein Gespräch mit dem Klienten. Sagen Sie ihm, was ihn erwartet, was er mitbringen soll (Terminkalender, Performance-Beurteilungen), wie lange die Sitzung dauern wird und alles andere, was es ihm ermöglicht, sich darauf vorzubereiten und zu freuen.
2. Sorgen Sie dafür, dass die Umgebung und die Ausstattung des Raums bei der ersten Sitzung Sicherheit und Ruhe ausstrahlen und dass es keine Ablenkungen und Störungen gibt (zum Beispiel keine Anrufe, keine Besucher).
3. Begrüßen Sie den Klienten. Sagen Sie ihm, dass Sie sich auf die Arbeit mit ihm freuen.
4. Erläutern Sie dem Klienten den Ablauf der Sitzung: zeitlicher Umfang; ob Sie sich Notizen machen, ob der Klient sich Notizen machen möchte; umreißen Sie die Themen, die abgedeckt werden (Vision, Werte, Ziele, Aktionspläne etc.). Sagen Sie ihm, was diese Sitzung bringen soll, und alles andere, was nötig ist, damit er sich entspannt.
5. Erklären Sie dem Klienten, worum es beim Coaching geht und wie es sich als Beruf entwickelt hat. Erzählen Sie ihm von Leuten (mit deren Erlaubnis), die sich coachen ließen, und von den Vorteilen, die ihnen das gebracht hat. Sprechen Sie über die Tools, die Sie verwenden wollen, über den zeitlichen Abstand zwischen den Sitzungen, ob sie telefonisch oder persönlich abgehalten werden sollen usw. Geben Sie dem Klienten einen Überblick über das Coaching, ohne auf die Details einzugehen. Weisen Sie ihn darauf hin, dass es sich bei der Coaching-Beziehung um eine klientenspezifische Allianz handelt.
6. Informieren Sie den Klienten über Ihre Ausbildung. Bitten Sie ihn dann um die Erlaubnis, sein Coach zu werden.
7. Beschreiben Sie den Aspekt der Vertraulichkeit und definieren Sie genau, was dies bedeutet. (Falls keine absolute Vertraulichkeit zugesichert werden kann: Legen Sie gemeinsam die Grundregeln fest – zum Beispiel, dass der Coach nur dann über den Klienten spricht, wenn dieser anwesend ist, oder dass der Klient den Coach informiert, wenn er selbst mit einem Dritten über das Coaching sprechen will.) Versichern Sie dem Klienten, dass Sie wissen, wie wichtig die Vertraulichkeit für den Erfolg des Coachings ist, und dass Sie das immer berücksichtigen werden. Dies ist der Zeitpunkt, mit dem Aufbau von Vertrauen – der Grundlage für die Beziehung zwischen dem Klienten und Ihnen – zu beginnen.
8. Erklären Sie dem Klienten ausführlich, wie er die Beziehung gestalten kann, um dorthin zu gelangen, wohin er will. Geben Sie ihm Beispiele dafür, wie Sie mit ihm arbeiten könnten. Zu den Punkten, die Sie abdecken sollten, gehören: Verantwortlichkeit, Brainstorming, Entwicklung der Techniken und Fähigkeiten,

360-Grad-Feedback und wie viel Aufmerksamkeit dem Privatleben des Klienten gewidmet werden soll.

9. Erläutern Sie dem Klienten die Bedeutung seiner Werte und seines inneren Schweinehundes und sprechen Sie kurz mit ihm über seine Vision.
10. Füllen Sie zusammen mit dem Klienten das Blatt zum Hauptfokus aus. Es ist hilfreich, auch einen Bereich aus seinem Privatleben oder seiner persönlichen Entwicklung aufzunehmen. So erfährt der Klient, dass das Coaching sehr persönlich und individuell ausgerichtet ist, dass es dabei nicht nur um seinen Beruf geht. Hier spricht er über das, was wirklich wichtig ist. Für diesen Punkt sollten Sie ziemlich viel Zeit vorsehen.
11. Gehen Sie mit dem Klienten andere Arbeitsblätter und Tools durch, die Sie für nützlich halten (zur Arbeitsplanung, zur Verfolgung der Fortschritte und zur persönlichen Bestandsaufnahme).
12. Setzen Sie gemeinsam klare Ziele mit Terminen zur Zielerreichung fest und sorgen Sie dafür, dass der Klient sie in seinen Terminkalender einträgt. Definieren Sie die Verantwortlichkeiten und erklären Sie dem Klienten, was dies bedeutet (seine Übernahme von Verantwortung für den Coachingprozess). Versichern Sie ihm, dass die Aktionspläne von ihm selbst aufgestellt werden und dass Sie kein Zuchtmeister sind.
13. Sprechen Sie über die zu erwartende euphorische Hochstimmung vor allem zu Beginn des Coachings und den darauf folgenden Durchhänger (das Abflauen der Begeisterung, zu dem es nach vier bis acht Wochen Coaching oft kommt). Erklären Sie dem Klienten, dass er derjenige ist, der der Coaching-Beziehung Energie verleiht, bitten Sie ihn, das zu tun, und fragen Sie ihn, ob Sie ihn von Zeit zu Zeit daran erinnern dürfen. Weisen Sie ihn darauf hin, dass mit dem Auftauchen seines inneren Schweinehundes zu rechnen ist.
14. Besprechen Sie das Verfahren für die künftigen Coaching-Sitzungen. Vereinbaren Sie die Termine und legen Sie Grundregeln bei Unpünktlichkeit, Nichterscheinen beziehungsweise bei nicht getätigten Anrufen, Urlaub und anderen Unterbrechungen fest.
15. Sprechen Sie über Sinn und Zweck der Aufgaben, Aufforderungen und Denkfragen.
16. Beenden Sie die Sitzung mit Optimismus und versichern Sie dem Klienten, dass Sie wissen, dass er eine gute Zukunft vor sich hat.

Checkliste für den ersten Termin

Coach: ______________________________

Telefon: ______________________________

E-Mail: ______________________________

Zeit und Ort: ______________________________

Bringen Sie zum ersten Termin bitte Folgendes mit:

- ausgefülltes Klientenprofil
- Terminkalender und Schreibpapier

Klientenprofil für Geschäftskunden

Nehmen Sie sich bitte die Zeit, die Fragen auf den folgenden Seiten zu beantworten. Bei manchen geht es um Informationen dazu, wo Sie heute stehen; andere sollen Sie dazu bringen, darüber nachzudenken, was Sie vom Coaching, von Ihrer Arbeit und vom Leben allgemein erwarten. Diese Informationen werden eine gute Grundlage bilden und es uns ermöglichen, uns vorwärts zu bewegen.

▪ **Bringen Sie dieses Arbeitsblatt bitte zum ersten Termin mit!** ▪

Informationen über den Klienten

Allgemeines ______________________________

Name ______________________________

Postanschrift ______________________________

Gebäudenummer ______________________________

Abteilung ______________________________

Telefon privat ______________________________

Telefon beruflich ______________________________

Fax ______________________________

E-Mail ______________________________

Berufliches

Job-Titel ______________________________

Dauer der Beschäftigung bei dieser Firma ______________________________

Das Coaching

1. Was soll die Coaching-Beziehung Ihnen auf jeden Fall bringen?

2. Wie soll ich als Ihr Coach sein?

3. Sonstiges:

Arbeit

1. Was soll Ihre Arbeit Ihnen bringen?

2. Welche Projekte leiten Sie?

3. Was sind Ihre wichtigsten Ziele?

4. Welche Techniken entwickeln Sie derzeit, welches Wissen eignen Sie sich an?

5. Inwiefern erhalten Ihre beruflichen Ziele Unterstützung durch Ihre persönlichen?

6. Was können Sie sonst noch tun, um die Ziele der Firma zu fördern?

Persönliches

1. Welchen einzigartigen Beitrag können Sie (für wen oder was) leisten?

2. Über welches besondere Wissen verfügen Sie?

3. Woran glauben Sie?

4. Was tun Sie, wenn Sie vor wirklich großen Schwierigkeiten stehen?

5. Welche Aktivitäten liegen Ihnen am Herzen?

6. Was würden Sie auf der Welt gern ändern?

7. Überlegen Sie sich zwei Schritte, die Sie sofort verwirklichen könnten und die Ihre derzeitige Situation besonders tief greifend verändern würden.

8. Was kann ich, wenn Sie einmal wirklich »feststecken«, zu Ihnen sagen, um Sie wieder ins Handeln zu bringen?

Beurteilung des Performance-Bewusstseins

Schreiben Sie auf, welche Performance-Techniken Ihre Arbeit von Ihnen verlangt.
Kennzeichnen Sie Ihren heutigen Stand durch ein X, den angestrebten durch ein O.

	Wichtigkeit auf Skala von 0 – 10		gering – groß
Technik oder Eigenschaft	**Für mich**	**Für die Firma**	**0 2 4 6 8 10**
1.			
2.			
3.			
4.			
5.			
6.			
7.			
8.			
9.			
10.			

Performance bei der Arbeit

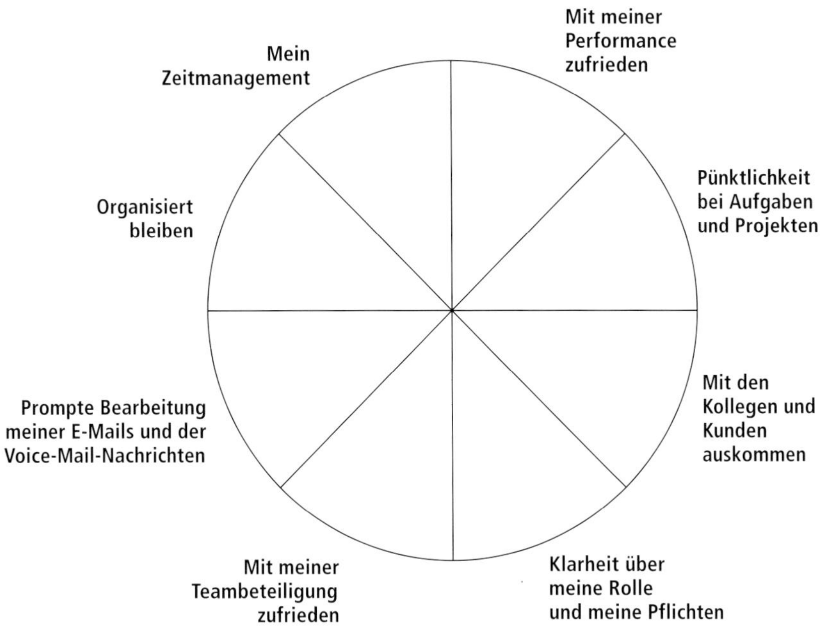

Anleitung: Geben Sie an, wie zufrieden Sie mit den obigen Aspekten Ihrer Performance bei der Arbeit sind. Falls einer dieser Aspekte bei Ihnen nicht relevant ist, ersetzen Sie ihn bitte durch einen passenderen. Schätzen Sie Ihre Performance auf der Grundlage einer Skala von 0 bis 10 ein. Geben Sie an, in welchen Bereichen Sie sich verbessern möchten, und überlegen Sie sich, durch welche Handlungen Sie das erreichen können.

Management/Führung

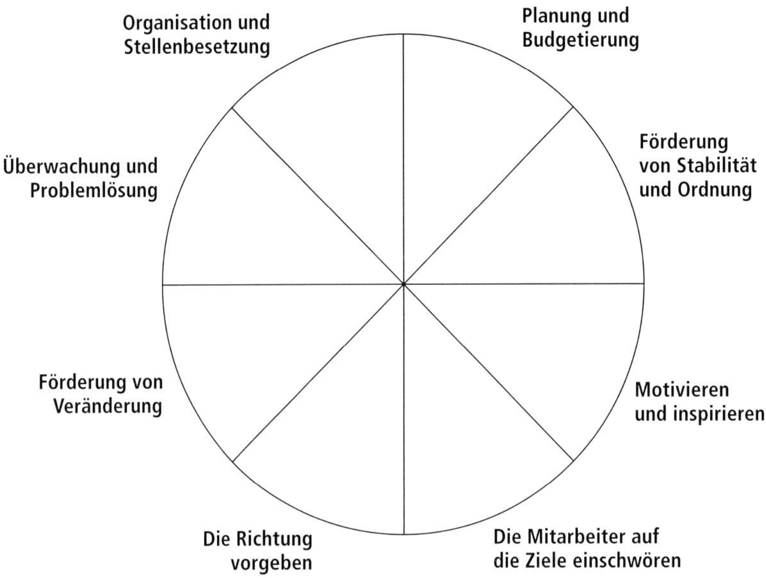

Anleitung: Bewerten Sie (0–10) Ihre Zufriedenheit mit Ihrer Fähigkeit in folgenden Bereichen:

- **Planung und Budgetierung:** Festlegung detaillierter Schritte und Zeitpläne für das Erreichen von Ergebnissen, dann Zuweisung der erforderlichen Ressourcen
- **Die Richtung vorgeben:** Entwicklung einer Vision von der (oft fernen) Zukunft und von Strategien, um die zur Verwirklichung dieser Vision nötigen Veränderungen herbeizuführen
- **Organisation und Stellenbesetzung:** Aufbau einer Struktur zur Durchführung des Plans, Besetzung dieser Struktur mit Leuten, Delegierung der Autorität für die Ausführung, Bereitstellung von Verfahren zur Anleitung der Leute und Entwicklung von Methoden und Systemen zur Überwachung der Ausführung
- **Die Mitarbeiter auf die Ziele einschwören:** durch Worte und Taten alle überzeugen, deren Mitarbeit erforderlich sein könnte, um ein Team zu bilden, das die Vision und die Strategien versteht und akzeptiert

- **Überwachung und Problemlösung:** eingehende Kontrolle der Ergebnisse, Ermittlung von Abweichungen vom Plan, dann das Notwendige organisieren, damit diese Probleme gelöst werden
- **Motivieren und inspirieren:** die Leute durch die Befriedigung grundlegender, oft jedoch unerfüllter menschlicher Bedürfnisse so beflügeln, dass sie alle Hindernisse überwinden wollen und können, die den Veränderungen entgegenstehen
- **Förderung von Stabilität und Ordnung:** Bedingungen schaffen und Potenziale aufbauen, die Voraussetzung dafür sind, dass Ergebnisse bewirkt und erzielt werden können
- **Förderung von Veränderungen:** Bedingungen schaffen und Potenziale aufbauen, dass Veränderungen (wie gewünschte neue Produkte) und Weiterentwicklungen erreicht werden können

Weitere Arbeitsblätter

(für spätere Sitzungen)

Coaching

**Eine starke Beziehung,
die den lebenslangen Prozess des Lernens,
der Effektivität und der Erfüllung
voranbringen und verstärken soll.**

Lebensrad

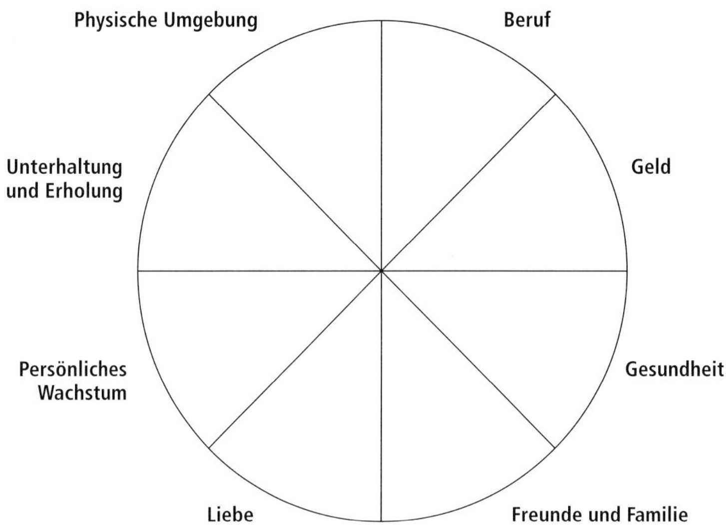

Anleitung: Die acht gleichmäßigen Abschnitte im Lebensrad stehen für die Balance zwischen den Lebensbereichen. Betrachten Sie den Mittelpunkt des Rades als 0, den äußeren Rand als 10; zeichnen Sie durch gerade oder gebogene Linien einen neuen äußeren Rand, um zu zeigen, wie zufrieden Sie in den einzelnen Bereichen Ihres Lebens sind (siehe unser Beispiel). Der neue Umfang des Kreises steht für Ihr Lebensrad. Wie holprig wäre Ihre Fahrt, wenn es sich dabei um ein echtes Rad handeln würde?

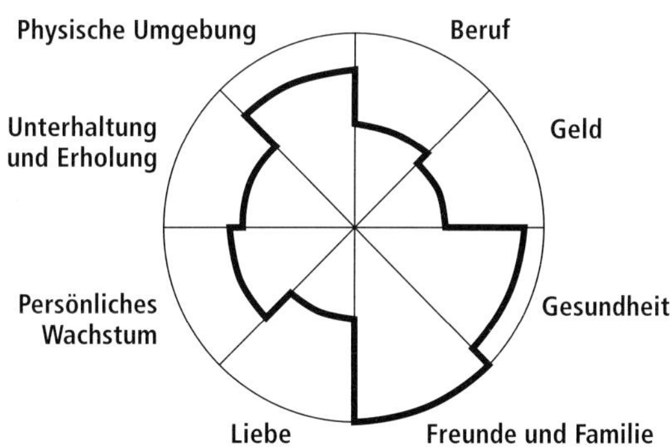

Lebensrad »Prioritäten«

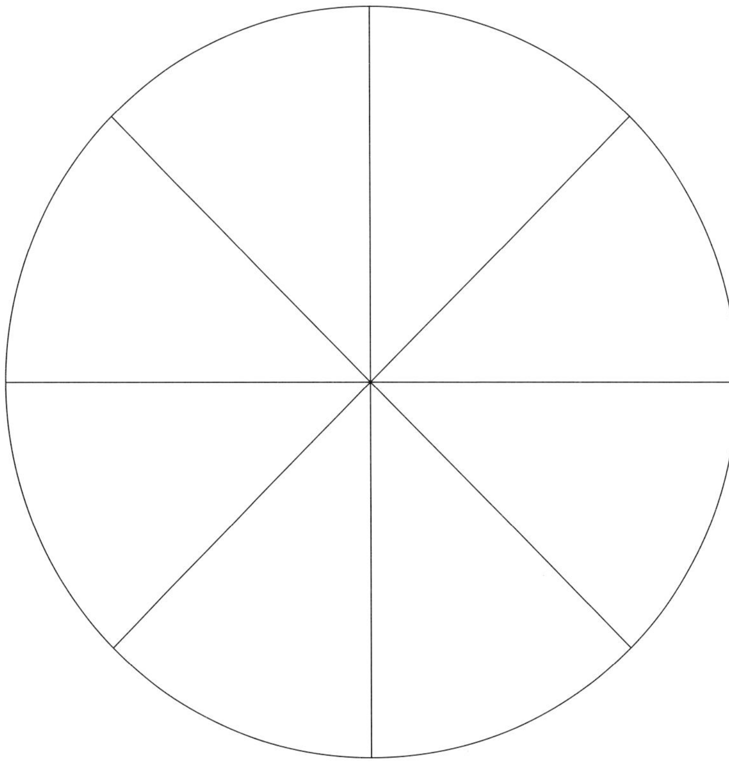

Anleitung: Versehen Sie das Rad mit den acht Prioritäten, die Sie bei Ihrer Arbeit oder in Ihrem Leben berücksichtigen wollen; stützen Sie sich dabei auf das Modell des Lebensrades. Geben Sie dann für jede dieser Prioritäten auf einer Skala von 0 bis 10 den Grad Ihrer Zufriedenheit an. Welche ein oder zwei Ergebnisse wollen Sie sofort verbessern? Welche Handlungen werden Sie dazu durchführen? Wann? Welche Unterstützung brauchen Sie, damit sichergestellt ist, dass Sie diese Handlungen tatsächlich durchführen?

Lebensrad »Managementkompetenzen«

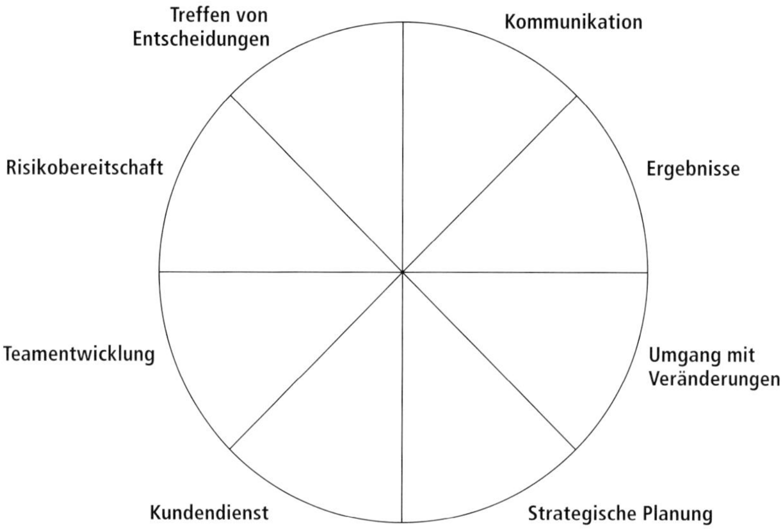

Anleitung: Die acht gleichmäßigen Abschnitte im Lebensrad stehen für eine Balance. Betrachten Sie den Mittelpunkt des Rades als 0, den äußeren Rand als 10; zeichnen Sie durch gerade oder gebogene Linien einen neuen äußeren Rand, um zu zeigen, wie zufrieden Sie in den einzelnen Kompetenzbereichen sind (siehe unser Beispiel). Der neue Umfang des Kreises steht für Ihr Lebensrad. Wie holprig wäre Ihre Fahrt, wenn es sich dabei um ein echtes Rad handeln würde?

Leeres Rad

(vom Coach oder vom Klienten mit Bezeichnungen zu versehen)

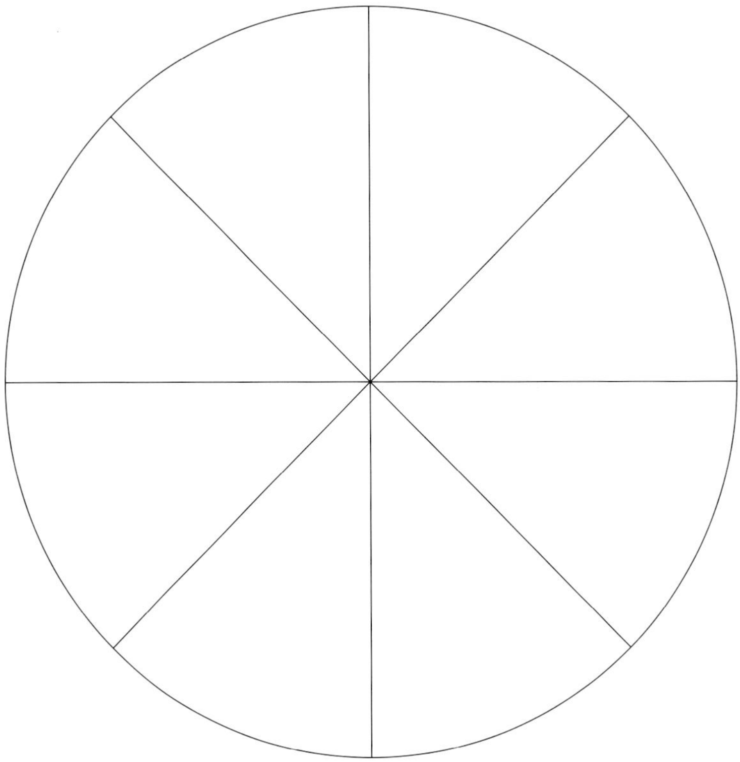

Planungsräder

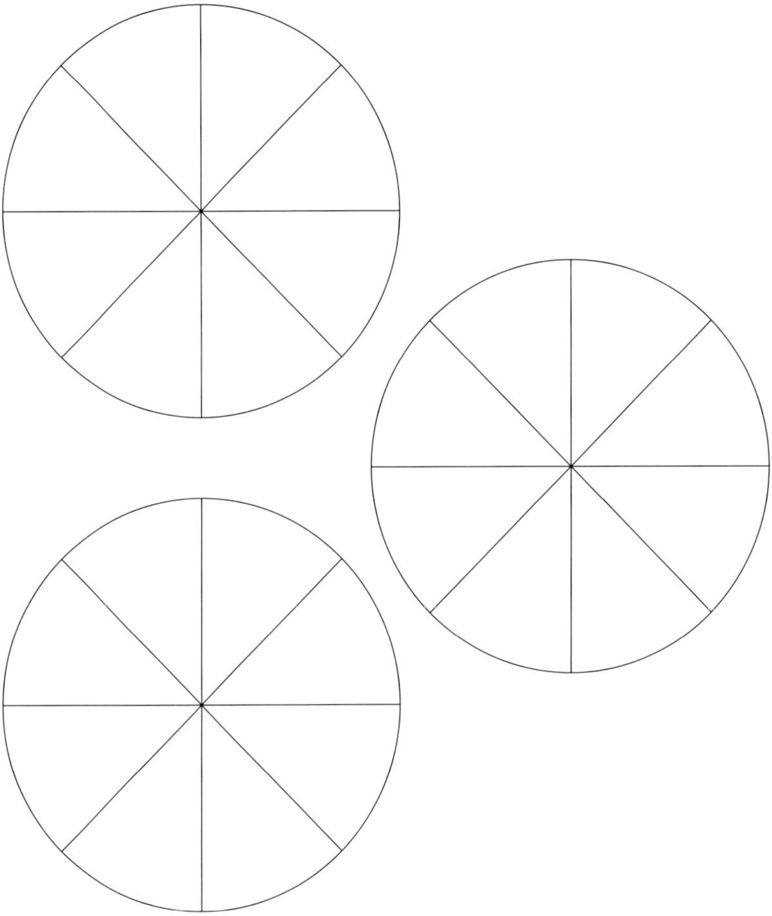

Anleitung: Versehen Sie die Räder jeweils mit der Bezeichnung für einen Abschnitt aus einem der bisherigen Räder (zum Beispiel dem Lebensrad) oder mit einem gewünschten Ergebnis. Ordnen Sie die Segmente Ergebnissen oder Handlungen zu, die im Zusammenhang mit dem neuen Rad wichtig sind, und benutzen Sie das so entstandene Rad, um einen Aktionsplan zu erstellen.

Karussell

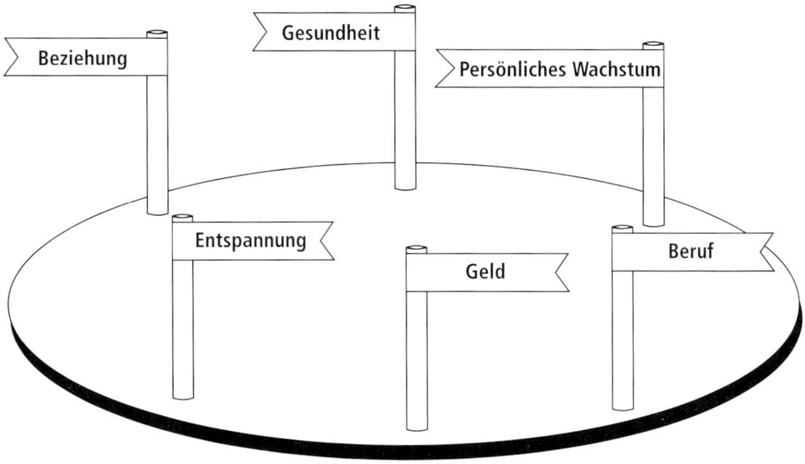
Gesundheit
Beziehung
Persönliches Wachstum
Entspannung
Geld
Beruf

Ziele und Verpflichtungen

Bei Zielen gibt es einen spezifischen Zeitpunkt, an dem man sie erreicht oder auch nicht erreicht hat. Sie sind messbar und spezifisch – Ihr Einkommen ist bis zum 31. Juli um 30 Prozent gestiegen oder nicht. Verpflichtungen dagegen betreffen kontinuierliche Veränderungen in der Lebensqualität. Sie sind nicht messbar. Sie können etwas mit dem Zustand oder der Qualität des *Seins* zu tun haben, die Sie in Ihrem Leben erschaffen wollen. »Ich habe mich dazu verpflichtet, bei der Arbeit Freude, Selbstverwirklichung und Teamgeist entwickeln zu wollen« oder: »Ich habe mich dazu verpflichtet, meinen Körper lieben und feiern zu wollen«. Benutzen Sie das Lebensrad als Grundlage und schreiben Sie Ihre Ziele (mit spezifischen Terminen) und Ihre Verpflichtungen auf.

	Ziele	**Verpflichtungen**
Beruf	1. ____________	____________
	2. ____________	____________
Geld	1. ____________	____________
	2. ____________	____________
Gesundheit	1. ____________	____________
	2. ____________	____________
Freunde und Familie	1. ____________	____________
	2. ____________	____________
Liebe	1. ____________	____________
	2. ____________	____________
Persönliches Wachstum	1. ____________	____________
	2. ____________	____________
Unterhaltung und Erholung	1. ____________	____________
	2. ____________	____________
Physische Umgebung	1. ____________	____________
	2. ____________	____________

Tägliche Gewohnheiten

Durch kleine konstruktive Handlungen, die Sie regelmäßig durchführen, können Sie sich schnell das Gefühl verschaffen, etwas zu leisten und voranzukommen. Diese Gewohnheiten (oder Erfolgspraktiken) bilden die Grundlage für größere Veränderungen. Sehen Sie sich Ihre Ergebnisse beim Lebensrad an, um herauszufinden, welche Gewohnheiten Ihnen weiterhelfen würden. Welche Handlungen würden bei regelmäßiger Durchführung wichtige Veränderungen in einem der Bereiche bewirken? Diese Gewohnheiten können sowohl Ihr Berufs- als auch Ihr Privatleben betreffen (zum Beispiel: jeden Tag die ganze eingehende Post bearbeiten, viermal in der Woche Sport treiben). Denken Sie auch an die Dinge, die Ihnen gut tun und Befriedigung bringen (Beispiele: jeden Tag 20 Minuten mit Ihren Kindern verbringen oder sich spontan 30 Minuten lang etwas Gutes tun, zweimal in der Woche ein entspannendes Bad nehmen und/oder sich massieren lassen, dreimal in der Woche einen Spaziergang im Wald machen, jeden Tag einen guten Freund anrufen usw.).

1. ______________________________

2. ______________________________

3. ______________________________

4. ______________________________

5. ______________________________

6. ______________________________

7. ______________________________

8. ______________________________

9. ______________________________

10. ______________________________

Arbeitsblatt zu den täglichen Gewohnheiten

Neue tägliche Gewohnheiten für den Monat _____

Gewohnheit	1	2	3	4	5	6	7	8	9	10	11	12	13	14	15	16	17	18	19	20	21	22	23	24	25	26	27	28	29	30	31
1.																															
2.																															
3.																															
4.																															
5.																															
6.																															
7.																															
8.																															
9.																															
10.																															

Anleitung: Tragen Sie Ihre neuen täglichen Gewohnheiten in die linke Spalte ein. Malen Sie die entsprechenden Kästchen jedes Mal farbig aus, damit Sie Ihre Fortschritte verfolgen können. Ziel ist es, im Lauf des Monats alle Kästchen einzufärben. An den Wochenenden können Sie sich »freinehmen«.

Arbeitsblatt für die Planung

(für spezifische Aufgaben und langfristige Ziele)

Aufgaben

Handlung	Zu erledigen bis zum
______________________________	____________
______________________________	____________
______________________________	____________
______________________________	____________
______________________________	____________
______________________________	____________
______________________________	____________
______________________________	____________

Langfristige Ziele

____

____

____

____

____

Der innere Schweinehund

Name meines inneren Schweinehunds:

Mein innerer Schweinehund sagt gern oder oft:

In meiner Firma/Gemeinde/Familie benutzen wir folgende Bemerkungen zum inneren Schweinehund:

»Ja« sagen – »Nein« sagen

Indem ich »Ja« sage zu	sage ich »Nein« zu
1. ______________________	______________________
	______________________
2. ______________________	______________________
	______________________
3. ______________________	______________________
	______________________
4. ______________________	______________________
	______________________

Indem ich »Nein« sage zu	sage ich »Ja« zu
1. ______________________	______________________
	______________________
2. ______________________	______________________
	______________________
3. ______________________	______________________
	______________________
4. ______________________	______________________
	______________________

Übungen für das Coaching

Auf die Übungen, die hier folgen, haben wir in diesem Buch bereits hingewiesen. Wir beschreiben sie nun detaillierter, damit Sie diese starken Übungen bei der Intake Session oder bei späteren Sitzungen besser mit Ihren Klienten durchführen können.

Das zukünftige Ich

Die folgenden Visualisierungen beruhen auf einer Übung zum zukünftigen Ich, die in den Workshops des *Coaches Training Institute* benutzt wird. Scheuen Sie sich nicht, die folgenden Worte zu verwenden, wenn Sie die Übung mit Ihren Klienten durchführen. Es ist wichtig, dass der Klient sich entspannen kann; Sie sollten das Licht dimmen, dafür sorgen, dass es keine Störungen gibt, und ruhige, meditative Musik zu Gehör bringen. Wenn der Klient bereit ist, können Sie mit der Visualisierung beginnen. Machen Sie an geeigneten Stellen immer wieder eine Pause, um dem Klienten genug Zeit zu geben, sich an den entsprechenden Ort zu versetzen oder die Fragen zu beantworten. Planen Sie für den Schluss ein paar Minuten für ein kurzes Gespräch über die Visualisierung ein, stellen Sie dem Klienten dann die Hausaufgabe für die folgende Woche, die Übung fortzusetzen. Führen Sie in der Woche nach der eingehenden Besprechung der ersten Visualisierungsübung eine zweite durch, um herauszufinden, welche Gabe das zukünftige Ich für den Klienten mit sich bringt.

Erste Visualisierung

Nehmen Sie eine bequeme Stellung ein. Erlauben Sie es Ihren Augen jetzt, sich zu schließen, und beginnen Sie, Ihr Bewusstsein auf Ihren Atem zu konzentrieren. Einatmen, ausatmen. Leicht einatmen, ohne Anstrengung. Dann ausatmen. Durch jeden Atemzug werden Sie entspannter und fühlen sich wohler. Geräusche von außen ermöglichen es Ihnen nur, tiefer nach innen zu dringen: eine Erinnerung daran, wie gut es tut, den Lärm und den Stress der Außenwelt zu verlassen und in die Stille und den Frieden Ihrer eigenen inneren Welt zu reisen.

(Den nächsten Absatz sollten Sie nur einbeziehen, wenn Sie wollen, dass der Klient in einen noch tieferen meditativen Raum gelangt.)

> Während Sie sich tiefer in einen Zustand der Entspannung sinken lassen, können Sie sich vielleicht daran erinnern, dass Sie einmal an einem Teich oder See standen und alles still und friedlich war. Sie haben damals einen Kieselstein in die Mitte geworfen und die kleinen Wellen beobachtet, die sich daraufhin ausbreiteten – eine nach der anderen, nach außen, immer weiter. Dann wurden die Wellen langsamer und der Abstand zwischen ihnen wurde größer, bis das Wasser schließlich wieder still und friedlich war. Ich möchte Sie jetzt einladen, sich vorzustellen, dass Ihr Körper wie dieses Gewässer ist. Werfen Sie einen Kieselstein ins Zentrum Ihres Körpers – Sie können die kleinen Wellen der Entspannung spüren, die sich

ausbreiten. Wellen der Entspannung, die durch Ihren Körper laufen. Durch Ihren Rumpf in die Brust und den Rücken. Das Rückgrat hinauf, in jeden einzelnen Muskel Ihres Rückens. Durch Ihre Schultern und Arme, durch Ihren Hals, den Kiefer, das Gesicht, die Kopfhaut. Sie spüren, wie die Wellen Sie entspannen, wie Ihre Muskeln weich und locker werden. Die Wellen der Entspannung breiten sich auch in den unteren Teil Ihres Körpers aus; sie laufen durch Ihren Bauch und Ihr Becken, durch die Schenkel, Schienbeine, Knöchel und Zehen. Jedes Mal, wenn Sie einen Kieselstein ins Zentrum Ihres Körpers werfen, können Sie entspannter werden.

Während Sie entspannter werden, merken Sie, dass Sie ruhiger und friedlicher werden. Richten Sie Ihre Aufmerksamkeit nun auf den Bereich zwischen Ihren Augen: das dritte Auge. Stellen Sie sich vor, dass dort ein Licht ist. Welche Farbe hat das Licht zwischen Ihren Augen?

Stellen Sie sich jetzt vor, dass sich aus dem Licht ein Strahl bildet, der sich nach draußen erstreckt. Folgen Sie diesem Strahl bei seiner Reise aus diesem Gebäude, über die Stadt, aus ihr hinaus und immer weiter, sodass Sie die ganze Gegend erkennen können. Reisen Sie immer weiter, bis in den Weltraum; Sie können nun die Krümmung der Erde sehen … Reisen Sie immer weiter ins Weltall; Sie merken, dass seine Weichheit und seine Stille Sie umhüllen. Blicken Sie auf die große blaugrüne Kugel hinab, weit unten, auf die weißen Wölkchen über ihr. Erlauben Sie es sich, diesen Anblick einen Moment lang zu genießen.

Jetzt bemerken Sie einen weiteren Lichtstrahl, ganz in Ihrer Nähe; er hat eine andere Farbe als der, dem Sie ins All gefolgt sind. Fangen Sie an, mit diesem neuen Strahl zur Erde zurückzureisen. Er bringt Sie zur Erde zurück – 20 Jahre in die Zukunft. Folgen Sie dem Strahl weiter nach unten; Sie sehen die Krümmung der Erde und die Landschaften tief unten. Jetzt nähern Sie sich dem Ende des Strahls – achten Sie weiter darauf, wo Sie sind! Hier lebt Ihr zukünftiges Ich, in 20 Jahren. Setzen Sie die Füße auf die Erde und blicken Sie sich um. Wie sieht die Umgebung aus? Gehen Sie nun dorthin, wo Ihr zukünftiges Ich wohnt. Wie sieht das Haus aus? In welcher Landschaft steht es? Gibt es dort Bäume? Blumen? Welche Bäume, welche Blumen? Verschaffen Sie sich einen Eindruck von diesem Ort.

Sorgen Sie nun dafür, dass jemand an die Tür kommt. Hinter dieser Tür wartet Ihr zukünftiges Ich, um Sie zu begrüßen: Sie selbst, in 20 Jahren. Was sehen Sie, als die Tür geöffnet wird? Begrüßen Sie Ihr zukünftiges Ich. Wie erwidert es Ihre Begrüßung, wie heißt es Sie in dieser Zeit und an diesem Ort, 20 Jahre in der Zukunft, willkommen? Betrachten Sie diese Person – Ihr zukünftiges Ich. Wie sieht sie aus? Wie steht sie da, was hat sie an? Versuchen Sie, ihr Wesen zu erfassen. Betrachten Sie das Innere des Hauses. Was für eine Person wohnt hier? Welche Farben gibt es?

Gehen Sie nun mit Ihrem zukünftigen Ich an ein bequemes Plätzchen, wo Sie miteinander sprechen können. Vielleicht bietet Ihr zukünftiges Ich Ihnen etwas zu trinken an. Setzen Sie sich, machen Sie es sich bequem. Sprechen Sie dann mit Ihrem zukünftigen Ich. Welche Fragen möchten Sie ihm stellen? Fragen Sie als Erstes: »Zukünftiges Ich, an was aus den letzten 20 Jahren erinnerst du dich am deutlichsten?« Warten Sie einen Augenblick, um die Antwort hören zu können. *(Pause.)* Stellen Sie Ihrem zukünftigen Ich nun folgende Frage: »Was muss ich wissen, damit ich von dort, wo ich jetzt bin, dahin gelangen kann, wo du bist? Was wäre am nützlichsten?« Hören Sie sich an, was Ihr zukünftiges Ich Ihnen zu sagen hat. *(Pause.)* Gut.

Nehmen Sie sich jetzt einen Augenblick Zeit und stellen Sie Ihrem zukünftigen Ich dann eigene Fragen. Welche anderen Fragen würden Sie Ihrem zukünftigen Ich gern stellen? *(Pause.)* Stellen Sie Ihrem zukünftigen Ich nun noch eine letzte Frage, bevor Sie gehen: »Wie nennt man dich, außer bei deinem Vornamen? Ich frage nach einem besonderen Namen. Es könnte ein Bild sein, oder ein Symbol für dein Wesen. Wie lautet dieser Name?« *(Pause.)* Gut. Beenden Sie den Besuch bei Ihrem zukünftigen Ich nun, danken Sie ihm dafür, dass es heute hier mit Ihnen zusammen war und Ihnen Ihre Fragen beantwortet hat.

Gehen Sie jetzt zu dem Lichtstrahl zurück und reisen Sie an ihm hinauf; Sie sehen, wie diese Welt, 20 Jahre in der Zukunft, immer kleiner wird, während Sie sich ins All hinausbewegen. Sie können wieder die blaugrüne Kugel weit unten sehen, die weißen Wölkchen über ihr. Nun schneidet Ihr Lichtstrahl sich mit einem anderen, der Sie hierher zurückbringen wird, in dieses Jahr und an diesen Ort. Folgen Sie diesem Strahl in die heutige Zeit auf der Erde zurück. Sie reisen an ihm hinab und sehen, wie die Erde immer größer wird. Jetzt können Sie die geografische Beschaffenheit erkennen, die Umrisse und die Landschaft. Schließlich kehren Sie in dieses Zimmer zurück. Gut. Gleich werde ich von drei bis eins zählen. Bei eins werden Sie erfrischt und wach sein, als hätten Sie genau die richtige Menge Schlaf bekommen, und Sie werden wissen, dass Sie sich an alles von dieser inneren Reise erinnern können, an das Sie sich erinnern wollen.

Sagen Sie bitte nichts, wenn Sie die Augen öffnen. Schreiben Sie sich alles von dieser Reise auf, woran Sie sich erinnern wollen. *Drei.* Kehren Sie in die Gegenwart zurück, werden Sie wacher und erfrischter. *Zwei.* Strecken Sie sich, fühlen Sie den Boden unter sich. Und *eins.* Öffnen Sie die Augen – Sie sind erfrischt und wach.

Zweite Visualisierung

Machen Sie es sich bequem, erlauben Sie Ihren Augen, sich zu schließen, und fangen Sie an, lange, tiefe, langsame Atemzüge zu machen. Atmen Sie durch die Nase ein, halten Sie die Luft einen Augenblick an ... und atmen Sie durch den Mund wieder aus. Werden Sie sich einfach nur Ihrer Atmung bewusst. Leicht, natürlich, ohne Anstrengung.

Ich möchte Sie nun zu einer mentalen Bestandsaufnahme Ihres Körpers einladen. Beginnen Sie oben an Ihrem Kopf und machen Sie sich die Anspannungen, die Sie finden, bewusst. Geben Sie diesen Anspannungen dann eine Farbe und lassen Sie sie durch Ihre Zehen- und Fingerspitzen abfließen. Ermöglichen Sie es den Anspannungen einfach, hinauszuströmen. Bewegen Sie sich jetzt weiter nach unten und richten Sie Ihre Aufmerksamkeit auf Ihre Schultern und Arme. Falls Sie auf Anspannungen stoßen, lassen Sie sie wieder einfach abfließen. Gleiten Sie nun mit Ihrem Bewusstsein Ihren Rücken hinab, in Ihren Bauch und den Beckenbereich. Eliminieren Sie wieder alle Anspannungen, die Sie dort entdecken. Stellen Sie sich vor, dass sie einfach wegschmelzen, durch Ihre Zehenspitzen abfließen. Gibt es Anspannungen in Ihren Beinen, in den Knöcheln oder Füßen? Lassen Sie auch diese Anspannungen einfach durch Ihre Zehen wegströmen. Stellen Sie sich jetzt vor, dass Sie wie ein starker, stämmiger Baum sind, der seine Wurzeln in den Boden schlägt; erlauben Sie es diesen Wurzeln, immer tiefer vorzudringen, sich auszubreiten und Sie fest mit der Erde zu verbinden.

Richten Sie Ihre Aufmerksamkeit nun auf den Bereich zwischen Ihren Augen: das dritte Auge. Stellen Sie sich vor, dass dort ein Licht ist. Welche Farbe hat das Licht zwischen Ihren Augen? Stellen Sie sich jetzt vor, dass sich aus dem Licht ein Strahl bildet, der sich nach draußen erstreckt. Folgen Sie diesem Strahl bei seiner Reise aus diesem Gebäude, über die Stadt, aus ihr hinaus und immer weiter, sodass Sie die ganze Gegend erkennen können. Reisen Sie immer weiter, bis in den Weltraum; nun können Sie die Krümmung der Erde sehen ... Reisen Sie immer weiter ins Weltall; Sie merken, dass seine Weichheit und seine Stille Sie umhüllen. Blicken Sie auf die große blaugrüne Kugel hinab, weit unten, auf die weißen Wölkchen über ihr. Erlauben Sie es sich, diesen Anblick einen Moment lang zu genießen.

Jetzt bemerken Sie einen weiteren Lichtstrahl, ganz in Ihrer Nähe; er hat eine andere Farbe als der, dem Sie ins Weltall gefolgt sind. Fangen Sie an, mit diesem neuen Strahl zur Erde zurückzureisen. Er bringt Sie zur Erde zurück – 20 Jahre in die Zukunft. Folgen Sie dem Strahl weiter nach unten; Sie sehen die Krümmung der Erde und die Landschaften tief unten. Jetzt nähern Sie sich dem Ende des Strahls – achten Sie weiter darauf, wo Sie sind! Hier lebt Ihr zukünftiges Ich, in 20 Jahren. Setzen Sie die Füße auf die Erde und blicken Sie sich um. Gehen Sie nun dorthin, wo Ihr zukünftiges Ich wohnt. Sie kennen den Weg – Sie sind ja schon einmal hier gewesen. Ihr zukünftiges Ich erwartet Sie, es wartet darauf, mit Ihnen zu sprechen. Wie ist es, wieder mit dieser Person zusammen zu sein? Nehmen Sie die Umgebung mit allen Sinnen in sich auf. Achten Sie auf die Farben.

Sie haben jetzt die Chance, Ihr zukünftiges Ich alles zu fragen, was Sie wissen möchten. Wollen Sie Ihren nächsten Schritt erfahren? Wer Sie in diesem Augenblick sein müssen, um voranzukommen? Sie können Ihr zukünftiges Ich alles fragen, was Sie für angebracht halten. *(Pause.)* Nehmen Sie sich nun die Zeit, sich die Antwort Ihres zukünftigen Ichs anzuhören. *(Lange Pause.)*

Jetzt möchte ich Sie einladen, tief Luft zu holen und in das Sein Ihres zukünftigen Ichs zu treten. Tauchen Sie in den Körper dieser Person ein. Erleben Sie, wie es sich anfühlt, Ihr zukünftiges Ich zu sein. Machen Sie sich bewusst, wie gut es sich anfühlt, in seinem Körper zu sein. Wie sieht die Welt durch seine Augen aus? Gehen Sie herum, spüren Sie, wie Sie sich als Ihr zukünftiges Ich bewegen. Gibt es eine Stelle an Ihrem Körper, wo Sie seine Kraft besonders stark spüren? Das ist die Kraft, die Sie gewinnen, wenn Sie Ihr zukünftiges Ich sind. Erlauben Sie es diesem Gefühl, sich auszubreiten, sodass es Ihren ganzen Körper erfüllt, jede einzelne Zelle. Vielleicht möchten Sie diese Stelle an Ihrem Körper jetzt berühren, um das Gefühl zu verankern? Immer wenn Sie mit Ihrem zukünftigen Ich in Verbindung treten wollen, können Sie diese Stelle an Ihrem Körper berühren und diese positiven, wundervollen Gefühle hervorrufen. Wenn Sie die betreffende Stelle berühren, wird diese Erfahrung Ihren Körper durchfluten, leicht und ohne Anstrengung.

Blicken Sie nun mit den Augen Ihres zukünftigen Ichs auf Ihr heutiges Ich. Was fällt Ihnen an Ihrem heutigen Ich auf? Was wollen Sie ihm sagen, wenn Sie es mit den Augen Ihres zukünftigen Ichs betrachten? *(Pause.)*

Atmen Sie jetzt tief ein und verlagern Sie Ihr Bewusstsein, verlassen Sie den Körper Ihres zukünftigen Ichs und werden Sie wieder Ihr heutiges Ich. Lassen Sie sich ganz in den Körper Ihres heutigen Ichs sinken.

Blicken Sie auf Ihr zukünftiges Ich zurück – es hat ein Geschenk für Sie! Eine besondere Gabe, die Sie daran erinnern soll, wer Sie werden und wohin Sie sich bewegen. Ihr zukünftiges Ich überreicht Ihnen diese Gabe. Fragen Sie Ihr zukünftiges Ich, ob sie irgendeine Bedeutung hat. Gibt es irgendetwas, was Sie darüber wissen müssen? *(Pause.)*

Jetzt ist es Zeit, zu gehen. Bedanken Sie sich bei Ihrem zukünftigen Ich dafür, dass es Ihnen Ihre Fragen beantwortet hat. Von jetzt an wird es eine innere Ressource sein, die Sie immer benutzen können, wenn Sie sie brauchen. Immer wenn Sie einen Rat brauchen, wenn Sie wissen müssen, wie Ihr nächster Schritt aussehen sollte, können Sie in Verbindung zu Ihrem zukünftigen Ich treten, einem starken Verbündeten, einer großen Ressource. Verabschieden Sie sich nun; Sie wissen, dass Sie sich an alles von dieser inneren Reise erinnern können, an das Sie sich erinnern müssen.

Gehen Sie jetzt zu dem Lichtstrahl zurück und reisen Sie an ihm hinauf; Sie sehen, wie diese Welt, 20 Jahre in der Zukunft, immer kleiner wird, während Sie sich ins All hinausbewegen. Sie können wieder die blaugrüne Kugel weit unten sehen, die weißen Wölkchen über ihr. Nun schneidet Ihr Lichtstrahl sich mit dem ersten, der Sie hierher zurückbringen wird, in dieses Jahr und an diesen Ort. Folgen Sie diesem Strahl in die heutige Zeit auf der Erde zurück. Sie reisen an ihm hinab und sehen, wie die Erde immer größer wird.

Jetzt können Sie die geografische Beschaffenheit erkennen, die Umrisse und die Landschaft. Schließlich kehren Sie in dieses Zimmer zurück. Gut. Gleich werde ich von drei bis eins zählen. Bei eins werden Sie erfrischt und wach sein, als hätten Sie genau die richtige Menge Schlaf bekommen, und Sie werden wissen, dass Sie sich an alles von dieser inneren Reise erinnern können, an das Sie sich erinnern wollen.

Drei. Kehren Sie in die Gegenwart zurück, werden Sie wacher und erfrischter. *Zwei.* Strecken Sie sich, fühlen Sie den Boden unter sich. Und *eins.* Öffnen Sie die Augen – Sie sind erfrischt und wach.

Lebenszweck

Wir sagen, dass wir Menschen mit einem Lebenszweck geboren werden. Manche suchen nie nach diesem Zweck, sodass er ihr ganzes Leben lang unausgesprochen bleibt. Doch er ist da. Unser Lebenszweck ist der Grund dafür, dass wir auf der Erde sind. Er ist unsere Bestimmung, die Gabe, die wir einbringen sollen. Beim Lebenszweck geht es nicht um unseren Job oder unseren Beruf – er ist der Ausdruck dessen, was wir sind, wenn wir unser volles Potenzial erreichen, und er ist immer da – rund um die Uhr, 24 Stunden am Tag, an jedem Tag unseres Lebens.

Wenn die Klienten gemäß ihrem Lebenszweck leben, sind sie erfüllt. Sie tragen etwas bei und bewirken etwas. Leben sie dagegen nicht im Einklang mit ihrem Lebenszweck, fühlen sie sich verloren und unerfüllt. Einen Lebenszweck hat jeder, auch wenn er ihn nicht schriftlich festhalten kann. Selbst wenn wir unseren Lebenszweck nicht so formulieren können, dass uns das Ergebnis zufrieden stellt, können wir sagen, ob wir im Einklang mit ihm leben. Wenn wir uns nicht an diesen Zweck halten, ist das furchtbar für uns; wir fühlen uns dann abgestorben und verloren.

Der Coach muss seinen Klienten helfen, eine schriftliche Formulierung ihres Lebenszwecks abzufassen, die sie benutzen können, um ihren Zweck in der Welt zu (er)klären. Eine Aussage dieser Art ermöglicht es ihnen, leicht und schnell eine Verbindung zu ihrem Lebenszweck herzustellen. Sie ist wie ein großes Leuchtsignal, das ihnen hilft, den Weg aus dem Sumpf zu finden, wenn sie festsitzen. Da es sich um eine persönliche Aussage zur ausschließlichen Verwendung durch den Klienten handelt, kann sie so gewaltig, so erhaben und umwälzend sein, wie der Klient es ertragen kann. Sie ist weder dem Spott noch dem Urteil anderer ausgesetzt.

Der Prozess, den wir benutzen, um den Lebenszweck zu finden und schriftlich zu formulieren, besteht aus drei Schritten:

1. Der Coach lässt den Klienten eine Visualisierung oder eine Übung machen, die Eindrücke hervorruft und es dem Klienten ermöglicht, Erkenntnisse über seinen Lebenszweck zu gewinnen. (In diesem Unterkapitel finden Sie dazu vier Visualisierungen.)
2. Coach und Klient sprechen über die Visualisierung(en), um zu ermitteln, welche Wirkungen der Klient erzeugen will. Aufgabe des Coachs ist es hier, zuzuhören und auf alle Wörter zu achten, zu denen der Klient durch die Visualisierung gelangt, auf wiederkehrende Wörter und Themen. Außerdem benutzt er seine Intuition, um die wichtigen Wörter und Ausdrücke aufzuspüren. Hierbei spielt die Intuition eine enorm wichtige Rolle. Klient und Coach müssen herausfinden, welche Wörter im Klienten den größten Widerhall auslösen. Der Coach trägt diese Wörter zusammen

und wiederholt sie für den Klienten, damit er sie hören kann und merkt, welche am stärksten widerhallen.

Die erste Formulierung bezüglich der Wirkungen ist meist sehr allgemein gehalten: »Ich will, dass die Menschen glücklich sind« oder »Ich will, dass die Menschen in besseren Beziehungen sind«. Das Problem bei einer so allgemeinen Formulierung ist, dass die Aussage zu unbestimmt ist, um den Klienten zum Handeln zu motivieren. Deshalb konzentriert sich das Coaching darauf, den Klienten tiefer in die Wirkungen hineinzuführen, damit sie spezifischer werden und der Klient etwas hat, an das er sich halten kann. Die Aussage über die Wirkungen muss so klar und stark sein, dass der Klient jederzeit auf sie zurückgreifen kann, wenn er vom Kurs abgekommen ist. Die Aussage beschreibt die Wirkungen, die der Klient haben möchte – beispielsweise, dass die Leute bewusster leben, authentisch handeln, ihr wahres Ich erkennen, ihre persönliche Kraft finden, ihre Kreativität entdecken, erfahren, wie großartig sie sind, oder wieder ins Leben zurückfinden.

3. Wenn die Aussage über die Wirkungen formuliert wurde, besteht der nächste Schritt darin, eine Metapher zu suchen, die das Wesentliche des Lebenszwecks erfasst. Zum Beispiel: »Ich bin der Zauberer …«, »Ich bin der Leuchtturm …«, »Ich bin das Dynamit …«, »Ich bin das Steinchen im Schuh …«, »Ich bin der Wecker …«.

   Bei der Metapher kann es auch um eine Handlung gehen: »Ich wecke die Leute auf …«, »Ich zertrümmere die Lügen …«, »Ich decke die innere Wahrheit auf …«, »Ich rufe die Leute nach Hause …«.

   Eine geeignete Metapher zu finden, ist für die Klienten meist nicht einfach. Es fällt ihnen oft schwer, ihren Lebenszweck und sich selbst in Form einer Metapher oder eines Bildes zu sehen und auszudrücken. Außerdem lässt eine Aussage über die Wirkungen sich nicht von heute auf morgen finden. Dazu müssen nämlich die einzelnen Schichten nacheinander abgehoben werden, um zum Wesentlichen des Lebenszwecks vorzudringen. Bei der ersten Sitzung, in der der Lebenszweck zum Thema gemacht wird, wird der Klient vermutlich eine Version finden, die zwar nicht allzu genau formuliert ist, mit der er aber arbeiten kann. Die Verfeinerung kann Monate, manchmal sogar Jahre dauern. Im Laufe der Zeit kann sich die Metapher auch verändern. Ziel ist es, eine Version zu finden, die für den Klienten authentisch ist.

Die Aussage über den Lebenszweck sollte kurz und prägnant sein und für den Klienten möglichst viel Energie besitzen; im Allgemeinen sollte sie aus höchstens 15 Wörtern bestehen und folgende Form haben:

Ich bin der/die/das ______________________________ (Metapher),
der/die/das die Leute ______________________ (Aussage über die Wirkungen).

Beispiele für Aussagen über den Lebenszweck:

> Ich bin der Leuchtturm, der den Leuten den Weg zu ihren Träumen weist.
> Ich bin das Dynamit, das das Leben der Leute verwandelt.
> Ich bin das Steinchen im Schuh, das die Leute daran erinnert, lebendig zu sein.
> Ich bin der Wecker, der die Leute wachruft, sodass sie ihre Größe erkennen.

Aussagen über den Lebenszweck können kitschig, hochtrabend oder blumig sein – das ist durchaus in Ordnung. Diese Aussagen sind ja nicht zur Veröffentlichung gedacht, sondern nur für Sie und Ihre Klienten, damit die Klienten die Kraft ihres Lebenszwecks ganz in sich spüren können. Der Coach muss seine Klienten motivieren und sie dazu ermutigen, eine wirklich *große* Aussage über ihren Lebenszweck zu erschaffen. Sie werden ihren Lebenszweck nicht unbedingt erreichen, doch er sollte eine ungeheuer zwingende und antreibende Kraft haben und die Klienten dazu bringen, in ihrem Leben zu handeln und es an ihrem Zweck auszurichten. Die Visualisierungen sind nur der Anfang – eine Stelle, wo man mit dem Zusammentragen des Rohmaterials anfangen kann. Es gibt noch viele andere Möglichkeiten, den Klienten dazu zu verhelfen, ihren Lebenszweck vor sich zu sehen. Sie können beispielsweise Bilder von ihrem Lebenszweck malen oder ein Musikstück auswählen, das sie dann damit verbinden. Regen Sie Ihre Klienten dazu an, kreativ zu sein und nach allen Formen der Inspiration zu suchen, die ihnen helfen können, ihren Lebenszweck zu formulieren. Dem Coach fällt die Aufgabe zu, seine Klienten zu ermutigen, ihre Aussage durch weiteres Coaching zu verdeutlichen. Zudem kann der Coach den Lebenszweck nutzen, um den Klienten immer wieder vor Augen zu halten, was für sie sinnstiftend ist und ihr Leben zu einem erfüllten machen kann.

Erste Visualisierung

Stellen Sie sich vor, dass Sie sich in einer Menschenmenge befinden, die sich vor einer Bühne drängt. Auf der Bühne steht Ihr zukünftiges Ich. Es beginnt, zu dieser großen Zahl von Menschen zu sprechen. Plötzlich wird Ihnen bewusst, dass bei Ihnen selbst und dem ganzen Publikum eine Veränderung erfolgt ist. Ihr zukünftiges Ich hat eine starke Wirkung auf Sie und die anderen Menschen gehabt. Sie alle haben sich auf fundamentale Weise verändert. Sie sind sich dieser Wirkung auf Ihr Selbst und die anderen Menschen bewusst; wenn Sie den Raum verlassen, werden Sie für den Rest Ihres Lebens verändert sein.

Fragen:
Welche Wirkung hatte Ihr zukünftiges Ich auf Sie selbst und die anderen?
Wie wurden Sie und die anderen verwandelt?
Wodurch konnte Ihr zukünftiges Ich eine so starke Wirkung haben?

Zweite Visualisierung

Drehen Sie die Uhr zurück und betrachten Sie eine Zeit in Ihrem Leben, als Sie Ihre volle Kraft spürten – eine Zeit, als Ihr Rückgrat, Ihre Arme und Ihre Fingerspitzen vor Erregung vibrierten, als es Sie nicht im Geringsten interessierte, was andere wohl von Ihnen hielten. Sie waren ganz und gar lebendig! *(Pause.)*

Fragen:
Wo waren Sie damals?
Was haben Sie gemacht?
Wer war in Ihrer Nähe?
Was ging damals in diesen Leuten vor?
Welche Wirkung hatten Sie auf diese Leute?

Dritte Visualisierung

Kehren Sie wieder in den Saal zurück. Die Bühne ist da, und vor ihr drängen sich viele Leute. Durch den Saal schwirren Stimmen. Alles ist wie beim letzten Mal, doch jetzt befinden Sie sich selbst auf der Bühne. Blicken Sie auf die Menschenmenge hinab, zu der Sie gleich sprechen werden, lassen Sie sich von Ihren Gefühlen erfüllen. Als Sie ans Mikrofon treten, bleibt die Zeit für einen Augenblick stehen; Sie hören eine Stimme in Ihrem Ohr, die Sie mit Ihrem Namen anredet und dann sagt: »In den nächsten 30 Sekunden hast du die Chance, jede gewünschte Wirkung auf all diese Leute zu erzielen. Es ist nur eine einzige Chance, nur eine Wirkung, doch sie wird all diese Menschen auf irgendeine Weise verändern. Wegen der Wirkung, die du auf sie hast, wird ihr Leben anders werden. 30 Sekunden … 15 … 10–9–8–7–6–5–4–3–2–1.«

Frage:
Welche Wirkung hatten Sie auf die Leute? Was passierte mit ihnen?

Vierte Visualisierung

Sie steigen in ein Raumschiff. Es startet – Sie sind auf dem Weg zu einem noch unerschlossenen Planeten im All. Es ist ein in jeder Hinsicht wunderbarer Planet, doch er ist unbewohnt. Sie können diesen Planeten so gestalten, wie Sie wollen. Sie haben die Macht dazu! Was werden Sie geschehen lassen, wenn Sie dort landen – welche Wirkung wollen Sie erreichen? *(Pause.)*

Das Raumschiff landet auf dem Planeten. Die Tür gleitet zur Seite. Sie berühren den Planeten und sagen: »So soll es sein!« Wie sieht dieses »So« aus?

Klärung der Werte

Unsere Werte sind, wer wir *sind* – nicht, wer wir gern sein würden oder unserer Ansicht nach sein sollten. Wer ich in meinem Leben *bin*, wer wir in unserem Leben *sind*, in diesem Augenblick. Wir können auch sagen, dass unsere Werte unser einzigartiges, individuelles Wesen repräsentieren, unsere letztendliche und erfüllendste Form des Ausdrucks und der Beziehungen. Unsere Werte dienen uns als Kompass, sie zeigen uns an, was es bedeutet, uns selbst treu zu bleiben. Wenn wir unsere Werte nie verraten, ist das Leben gut, erfüllt und erfüllend.

Als Coachs wissen wir, wie vorteilhaft es für die Klienten sein kann, wenn sie sich über ihre Werte im Klaren sind. Wichtige Lebensentscheidungen sind leichter zu treffen und erfüllender, wenn sie durch eine Matrix gut verstandener persönlicher Werte betrachtet werden. Der Prozess der Werteklärung ist für die Klienten jedoch oft schwierig. Sie denken häufig zu viel nach oder geben sich Fantasien hin, statt auf ihr Leben zu blicken und die Werte zu betrachten, die bereits in ihren täglichen Handlungen und Interaktionen vorhanden sind und nur entdeckt werden wollen. Nicht zuletzt deshalb funktioniert es nur selten, Werte aus einer Liste auszuwählen; die Liste bietet nämlich die Möglichkeit, für die besonders erwünschten oder gesellschaftlich akzeptablen Werte zu stimmen, während doch eigentlich ermittelt werden soll, wer der Klient selbst und in Wirklichkeit ist – und zwar unter dem möglichen Deckmantel gesellschaftlich akzeptierter Normen. Bei der Auswahl von Werten aus einer Liste verstärkt sich der intellektuelle Drang, die *richtigen* Werte zu finden. Die Werte der Klienten lassen sich aber beobachten, sie leben gleichsam in der Welt; daher hat es keinen Sinn, dass die Klienten sich ihre Werte aus einer Liste aussuchen. Der Coach muss seinen Klienten helfen, ihr Leben so zu betrachten, dass die vorhandenen Werte enthüllt werden.

Manchmal scheint es den Klienten nicht zu gelingen, ihre Werte klar zu erfassen. Gerade in solchen Fällen funktioniert das Coaching gut, da der Coach Fragen stellen und Szenarien entwerfen kann, die den Klienten uneinvorgenommen sein *Leben* betrachten lassen. Das Coaching zur Werteklärung erlaubt es dem Klienten, seine Werte in einer sicheren, aber mutigen Umgebung zu untersuchen und zu artikulieren. Die genaue Wortwahl wird zwar langfristig für ihn wichtig sein, doch kurzfristig kommt es vor allem darauf an, den Wert zunächst einmal ungefähr zu bestimmen. Im Übrigen ist die Klärung der Werte für den Coach enorm hilfreich, um den Klienten kennen zu lernen, und für den Klienten, um sich selbst kennen zu lernen. Coach und Klient benutzen die Werte, um wichtige Entscheidungen zu ermöglichen, um Strategien für geeignete Handlungen zu entwickeln und Situationen zu erkennen, in denen die Werte wichtig sind.

Trotzdem ringen viele Klienten darum, die richtigen Worte zu finden. Sie sind zu angespannt, weil sie das Gefühl haben, dass sie das perfekte Wort finden müssen, dass der Wert aber andererseits eine viel zu große emotionale Bedeutung hat, als dass er mit einem einzigen Wort erfasst werden könnte. Tatsächlich hat jeder einzelne Wert für jeden von uns seine eigene, einzigartige Bedeutung – selbst dann, wenn wir das gleiche Wort verwenden. Wir haben ja schon auf Techniken hingewiesen, durch die sich die Angst vor Wörtern verringern lässt. Der erste Tipp besteht darin, mit Bleistift und Radiergummi zu arbeiten. Es widerstrebt den Klienten nämlich oft, einen einmal notierten Wert durchzustreichen, um an ihm zu feilen – wer mit Tinte schreibt, tut sich schwer, Korrekturen vorzunehmen. Der Coach kann den Vorteil hervorheben, wenn mit einem Bleistift geschrieben wird: Korrekturen sind leichter möglich. So erkennt der Klient, dass er nicht sofort die richtige Formulierung finden muss. Der zweite Tipp für die Werteklärung lautet: mehrere Wörter zusammen benutzen, sodass eine Kette entsteht, die den Wert beschreibt. Wenn man die Wörter durch Schrägstriche voneinander trennt, lässt die Kette sich leichter lesen. Zum Beispiel:

Integrität/Ehrlichkeit/Aufrichtigkeit/sein Wort halten
Integrität/ganz/übereinstimmend
Führung/Kraft verleihen/Zusammenarbeit
Führung/entschieden/stark

Bitten Sie den Klienten, bei der Bildung der Wertkette das wichtigste Wort an den Anfang zu stellen, wie »Integrität« oder »Führung« in unseren Beispielen. Weisen Sie ihn auch darauf hin, dass es mehrere Monate dauern kann, bis er eine einigermaßen vollständige Liste zusammengestellt hat. Da die Werte sich in unserem Leben entwickeln, ist es kaum möglich, sie in nur einer Sitzung vollständig und zutreffend zu erfassen.

Der Coach kann es dem Klienten erleichtern, seine Werte zu ermitteln, indem er ihm mehrere Szenarien anbietet. Die folgenden Szenarien können Ihnen als Ausgangspunkt dienen. Sie sollten sie ausprobieren, gleichzeitig aber auch mit anderen Methoden arbeiten, die es dem Klienten ermöglichen, seine Werte zu erkennen.

Ein Höhepunkt

Bitten Sie den Klienten, Ihnen von seinen Lebenshöhepunkten zu erzählen, von Augenblicken, in denen sein Leben besonders lohnend oder erfüllt war. Dabei muss der Zeitrahmen wirklich ganz eng gefasst werden, da das Erlebnis sonst so viel beinhaltet, dass der Klient keine spezifischen Werte mehr feststellen kann. Wenn der Klient an einen bestimmten Augenblick denkt, müssen Sie sich durch Fragen vortasten: »Was ist passiert?«, »Wer war da und was geschah?«, »Welchen Werten sind Sie in jenem Augenblick treu geblieben?«. Bestätigen Sie das, was Sie hören, und dringen Sie weiter vor, erproben Sie immer wieder Wörter, um herauszufinden, auf welche Werte der Klient reagiert. »Das hört sich nach einem großen Sieg an. Ist das ein Wert im Umfeld von Erfolgen?« Oder: »Was für ein besonderer Tag! Es hört sich so an, als seien Ihnen ein Wert im Umfeld der Natur und ein Wert wie Verbundenheit wichtig. Klingt das richtig?« Wenn die Wörter richtig klingen, kommt es zu einem starken Anstieg der Energie. Bitten Sie den Klienten, Ihnen zu dem ersten Wort mehr zu erzählen: »Was bedeutet ›Erfolg‹ für Sie?«; »Welche Worte sagen Genaueres über Ihren Wert der Verbundenheit aus?«. Betrachten Sie noch andere Höhepunkte, suchen Sie weiter nach Erfahrungen, die der Klient als besonders reich und erfüllend empfand.

Unterdrückte Werte

Man kann die Werte auch bestimmen, indem man Zeiten betrachtet, als der Klient wütend oder frustriert war. Das führt oft zur Identifizierung eines Wertes, der damals unterdrückt wurde. Lassen Sie den Klienten zunächst seine damaligen Gefühle und die Umstände benennen; suchen Sie dann nach einem Gefühl, mit dem das Gegenteil ausgedrückt wird. Falls der Klient beispielsweise sagt: »Ich kam mir wie in der Falle vor, wie in die Enge getrieben – es schien keinen Ausweg zu geben«, könnte der Coach sagen: »Wie in der Falle, wie in die Enge getrieben, kein Ausweg. Wenn wir das ins Gegenteil verkehren, klingt es so, als gäbe es einen Wert im Umfeld von Freiheit oder Entscheidungsmöglichkeiten. Stimmt das?« Da der Coach neutral ist, spielt es für ihn keine Rolle, ob die Worte sich für den Klienten richtig anfühlen, solange sie in ihm zu Selbstreflexionen und einem Nachdenken über sich selbst führen. Zur weiteren Verdeutlichung könnte der Coach dann sagen: »Es war also sehr frustrierend für Sie, dass Sie Ihre Zeit weiter verschwendeten und immer wieder dasselbe machten? Ist die andere Seite davon ein Wert im Bereich der Kreativität oder Veränderung?«

Die meisten von uns haben sich ihr Leben so eingerichtet, dass sie vielen ihrer Werte automatisch und leicht treu bleiben, ohne sich dessen bewusst zu sein. Daher erkennen sie sie oft gar nicht als *Werte*, bis irgendetwas verhindert, dass sie ihnen treu bleiben können. Der Coach muss seine Klienten also darauf hinweisen, dass die Augenblicke, in denen sie frustriert waren, wahrscheinlich signalisieren, dass ein Wert unterdrückt wurde.

Was der Klient unbedingt braucht

Die Klienten können ihre Werte auch ermitteln, indem sie sich ansehen, was sie unbedingt in ihrem Leben brauchen. Probieren Sie das doch selbst einmal aus: Was *müssen* Sie über die physischen Notwendigkeiten wie Nahrung, ein Obdach und Gemeinschaft hinaus in Ihrem Leben haben, damit Sie erfüllt sind? Eine Form des kreativen Selbstausdrucks? Abenteuer und Aufregung? Partnerschaft und Zusammenarbeit? Brauchen Sie das Gefühl, etwas geleistet zu haben, oder müssen Sie sich mit natürlicher Schönheit umgeben? Eine Grundfrage für diesen Prozess lautet: »Welchen Werten müssen Sie unbedingt treu bleiben, weil sonst ein Teil von Ihnen abstirbt?«

Zwanghafter Ausdruck

Wir alle sind zu zwanghaftem Verhalten fähig – wir können geradezu zwanghaft darauf bestehen, unserem Wert treu zu bleiben, und ihn dadurch so aufblähen, dass er zu einer unabdingbaren Forderung wird. Wahrscheinlich haben Sie auch schon einmal so eine Erfahrung gemacht, zum Beispiel, als der Wert »Ordnung« Ihrer Zimmergenossin sich in eine zwanghafte Forderung nach Perfektion verwandelte. Wenn wir auf etwas bestehen, wenn wir unbedingt unseren Kopf durchsetzen wollen, hat wahrscheinlich unser innerer Schweinehund seine Hand im Spiel. Oft erweisen unsere Freunde und unsere Familie uns einen Gefallen, indem sie uns darauf aufmerksam machen, dass wir unsere Werte zwanghaft zum Ausdruck bringen. »Du willst immer, dass alles nach deinem Willen geht!« »Du denkst immer bloß an deine Schüler!« »Du musst ja immer im Mittelpunkt stehen!« Diese Äußerungen könnten auf Werte wie persönliche Macht/Führung beziehungsweise Lernen/Wachstum und Anerkennung hindeuten. Lassen Sie Ihre Klienten darüber nachdenken, wann sie es mit bestimmten Werten zu weit treiben. »Was sagen die Leute über Sie? Was sagen Sie selbst über sich? Womit necken die Leute Sie, womit machen Sie sie verrückt?« Hier existieren wichtige Werte, die aus irgendeinem Grund eine zu exponierte und übertriebene Wirkung entfaltet haben. Suchen Sie nach dem Wert, statt sich auf dessen übertriebene Anwendung zu konzentrieren.

Die wertebasierte Entscheidungsmatrix

Eines der wirkungsvollsten Tools für die wirklich wichtigen Entscheidungen im Leben ist die wertebasierte Entscheidungsmatrix. Sie wird zu Beginn des Werteklärungsprozesses eingesetzt. (Es kann aber mehrere Monate dauern, bis die Auflistung der Werte vollständig und endgültig ist.) Nach einem gemeinsamen Brainstorming, in dem die Werte formuliert worden sind, sollten Sie den Klienten auffordern, seine zehn höchsten Werte nach der Priorität zu ordnen. Bitten Sie ihn dann, anhand einer Skala von 0 bis 10 anzugeben, inwiefern er den einzelnen Werten treu bleibt und sie tatsächlich »lebt« (= Zufriedenheit). Die meisten Klienten finden diese Übung sehr aufschlussreich; viele erschrecken über das, was sie dabei über sich erfahren. Im Allgemeinen achtet der

Coach besonders auf Ergebnisse, die unter dem Wert 7 liegen. Hier dürfte ein Coaching erforderlich sein, denn so niedrige Ergebnisse können bedeuten, dass der Klient sich selbst verrät und eine unannehmbare Situation einfach hinnimmt – einige seine wichtigsten Werte spielen in seiner Alltagswirklichkeit nicht die Rolle, die ihnen zukommen sollte. Zudem liegt der Verdacht nahe, dass hier der innere Schweinehund höchste Aktivität entfaltet und der Klient das bisher vielleicht noch gar nicht gemerkt hat. Es könnte sein, dass der Coach diesen Prozess von Zeit zu Zeit wieder aufnehmen muss, um dafür zu sorgen, dass der Klient in seinem Selbstgefühl stabil bleibt.

Im Laufe der Jahre haben wir festgestellt, dass die Zufriedenheit gewöhnlich groß ist, wenn es im Leben des Klienten besonders gut läuft. Falls der Klient schwere Zeiten oder eine Flaute erlebt, kann man die Wertematrix benutzen, um herauszufinden, wo Verbesserungen erforderlich sind. Denkt der Klient über eine Entscheidung von großer Tragweite nach – zum Beispiel, ob er sich eine neue Stelle suchen oder sich selbstständig machen soll oder sich sogar für ein Kind entscheiden will –, kann die wertebasierte Entscheidungsmatrix besonders aufschlussreich sein. Bitten Sie den Klienten zunächst, seine Werte für den Augenblick zu beurteilen. Fordern Sie ihn dann auf, sich in die Zukunft zu versetzen – um zwei Monate, um ein Jahr oder um einen bestimmten Zeitraum, den er festlegt. »Stellen Sie sich vor, dass Sie die Veränderung durchgeführt haben; schreiben Sie auf, wie Ihre Bewertungen dann aussehen würden. Nehmen Sie nun an, dass Sie die Veränderung nicht durchgeführt haben, und schreiben Sie Ihre Bewertungen auf.« Durch diese Übung gewinnt der Klient nützliche Erkenntnisse darüber, welche Entscheidungen ihn zufrieden stellen und für ihn erfüllend sein würden. Sie wird allerdings auch den inneren Schweinehund auf den Plan rufen, der dann sagt: »Ich sollte aber doch besser mehr Geld verdienen!«, »Ich glaube, ich sollte das Risiko doch lieber nicht eingehen!« oder »Ich wünsche mir aber doch einen Sohn!«. Die entscheidende Frage, die Sie dem Klienten in solchen Fällen stellen sollten, lautet: »Inwieweit erlaubt diese Handlung es Ihnen, Ihren Werten – und damit sich selbst – treu zu bleiben?«

Das folgende Beispiel für eine wertebasierte Entscheidungsmatrix zeigt die Antworten eines Klienten, der darüber nachdachte, ob er in seiner Firma eine Führungsrolle übernehmen sollte. Sie sehen, dass »Führung« nicht zu seinen zehn höchsten Werten gehört. Betrachten Sie die Zahlen so, als wären es Ihre eigenen Werte und Ihre Entscheidung. Sehen Sie, wie provokativ und aufschlussreich eine solche Betrachtung sein kann? Materielle Werte, wie Geld und Status – Faktoren, die üblicherweise die Grundlage für eine Entscheidungsfindung bilden, aber nur selten zu erfüllenden Entscheidungen führen –, stehen nicht auf dieser Liste!

Beispiel für eine wertebasierte Entscheidungsmatrix

Ihre Werte, nach der Priorität geordnet, und Zufriedenheit	Datum: Juli 98 Ergebnis für diesen Wert	Datum: 1999 Ergebnis für diesen Wert	Datum: 2000 Ergebnis für diesen Wert	Datum: Ergebnis für diesen Wert	Datum: Ergebnis für diesen Wert	Datum: Ergebnis für diesen Wert
1. Lernen/ Wachstum	9	9	6			
2. Selbstausdruck	7	9	8			
3. Freiheit/ Unabhängigkeit	5	7	8			
4. Erneuern/ Erschaffen	6	8	7			
5. Partnerschaft/ Zusammenarbeit	8	9	8			
6. Organisiert/ Ordnung	7	8	7			
7. Integrität/ Ehrlichkeit	9	9	7			
8. Spaß/Humor/ Spiel	7	6	8			
9. Verbundenheit/ Intimität	8	6	8			
10. Abenteuer/ Risikobereitschaft	5	8	7			

Weitere Arbeitsblätter

Auch die drei folgenden Blätter können bei der Arbeit mit den Werten sehr nützlich sein. Sie sollen dem Klienten helfen, seine Werte zu ermitteln (S. 287), Standards und Hindernisse dafür, dass er seinen Werten treu bleibt, zu etablieren beziehungsweise zu identifizieren (S. 288) und wertebasierte Aktionspläne zu erstellen (S. 289). Die Beispiel-Werteliste (S. 290) ist nur für den Coach gedacht. Im Eifer des Gefechts vergessen wir oft Werte; die Liste ermöglicht es dem Coach, den Klienten an seine Werte zu erinnern – besonders, wenn er spürt, dass der Klient einen wichtigen Wert, wie etwa Spiritualität oder Humor, verleugnet oder übersieht.

Arbeitsblatt zu den Werten

Prioritätsrang	Wert/Beschreibung	**Grad der Zufriedenheit** Skala von 1 bis 10 (10 = Höchstgrad)

Arbeitsblatt zu den Standards und Hindernissen

Wert	Grad: Bleibe ich dem Wert treu?	Standard (Wie bleibe ich dem Wert treu?)	Hindernis dafür, dem Wert treu bleiben zu können	Beschreibung des Hindernisses
1.				
2.				
3.				
4.				
5.				
6.				
7.				
8.				

Arbeitsblatt für wertebasierte Aktionspläne

Wert	Zur Verbesserung erforderliche Handlung	Bis wann?
1.		
2.		
3.		
4.		
5.		
6.		
7.		
8.		

Beispielliste: Werte

Die folgende Liste enthält Wörter oder Ausdrücke, die Werte beschreiben. Denken Sie daran, dass Sie zwei oder drei Werte miteinander kombinieren können, solange dabei keine wichtigen Unterscheidungen verloren gehen. »Ehrlichkeit/Integrität/Entscheidungsfreiheit« beispielsweise unterscheidet sich von »Ehrlichkeit/Integrität/Wahrhaftigkeit«.

- Humor
- Direktheit
- Partnerschaft
- Produktivität
- Dienst
- Beitrag
- Vortrefflichkeit
- Freier Geist
- Fokus
- Liebe
- Anerkennung
- Harmonie
- Leistung
- Ordentlichkeit
- Voranbringen des Handelns
- Ehrlichkeit
- Erfolg
- Genauigkeit
- Aufregung
- Keine Vorspiegelungen
- Begeisterung
- Tradition
- Bekannt sein
- Wachstum
- Ästhetik
- Beteiligung
- Performance
- Zusammenarbeit
- Gemeinschaft
- Persönliche Macht
- Entscheidungsfreiheit
- Verbundenheit
- Kameradschaft
- Heiterkeit
- Spiritualität
- Verleihung von Kraft
- Voller Selbstausdruck
- Integrität
- Kreativität
- Unabhängigkeit
- Wahrhaftigkeit
- Freude
- Schönheit
- Authentizität
- Risikobereitschaft
- Frieden
- Eleganz
- Vitalität
- Vertrauen

Kontinuierliche Betrachtung der Werte

Da die Werte eine so entscheidende Rolle dabei spielen, wie die Klienten ihr Leben ordnen und Entscheidungen treffen, ist es wichtig, sich diesen Bereich immer wieder anzusehen. Man kann die Werte durchaus vor und bei jedem Coaching-Anruf zurate ziehen – entweder, um dem Klienten bei einer Entscheidung zu helfen, oder um Handlungen zu klären und zu verstärken. »Welchem Wert würden Sie treu bleiben, wenn Sie diese oder jene Entscheidung treffen würden?« Wenn Ihre Klienten ihren Werten treu bleiben, passiert dreierlei: Sie heizen das Feuer der Motivation weiter an und verleihen ihren konkreten Handlungen und Aktivitäten Energie; sie graben ihrem inneren Schweinehund das Wasser ab, da auf Werten basierende Handlungen stärker sind als diejenigen Gründe, die der innere Schweinehund dafür anführt, nicht oder anders zu handeln; und sie gelangen zu einem erfüllten und erfüllenden Leben.

Weitere Methoden für das Coaching

Die folgenden Methoden erweitern Techniken und Kontexte, die in diesem Buch immer wieder erwähnt wurden. Aktive professionelle Coachs werden diese Listen während ihrer Tätigkeit immer wieder ergänzen.

Starke Fragen

Starke Fragen sind provokativ und lassen kein Ausweichen zu. Mit ihnen lädt der Coach den Klienten ein, sich seine Gedanken zu verdeutlichen, Handlungsimpulse zu gewinnen und sich auf Entdeckungsreise zu begeben. Wie die folgenden Beispiele zeigen, handelt es sich zumeist um offene Fragen. Dem Klienten eröffnen sich so neue Lernprozesse und Perspektiven.

Alternativen
Was würden Sie anders machen, wenn Sie es noch einmal machen könnten?
Was hätten Sie in dieser Situation getan?
Wie hätte man damit auch umgehen können?
Was würden Sie tun, wenn Sie alles machen könnten, was Sie wollen?
Zum Beispiel?

Blick in die Zukunft
Was könnte passieren?
Was ist, wenn es nicht so funktioniert, wie Sie es sich erhoffen?
Was ist, wenn das nicht funktioniert?
Was werden Sie tun, wenn das nichts bringt?
Wie sieht Ihre Alternative (Ersatzplan) aus?

Beginn der Sitzung
Wie geht es Ihnen?
Was ist seit unserem letzten Gespräch passiert?
Worüber würden Sie gern sprechen?
Was gibt es Neues?
Wie war Ihre Woche?

Beispiel
Können Sie mir ein Beispiel geben?
Zum Beispiel?
Wie würde das aussehen?
Womit könnte man das vergleichen?

Beurteilung
In welcher Hinsicht?
Ist das gut, schlecht oder irgendwo dazwischen? Inwiefern?
Wie passt das zu Ihren Plänen/Ihrer Lebensweise/Ihren Werten?

Was bedeutet das Ihrer Ansicht nach?
Wie schätzen Sie das ein?

Eingehendere Betrachtung
Können Sie mir das genauer erklären?
Würden Sie mir mehr darüber erzählen?
Was sonst noch?
Gibt es noch mehr?
Welche anderen Ideen haben Sie dazu?

Einschätzung
Was halten Sie davon?
Was ist Ihrer Ansicht nach das Beste?
Wie sieht das für Sie aus?
Wie sehen Sie das?
Was ist, wenn es nicht funktioniert?

Erforschung
Können wir uns das ein bisschen genauer ansehen?
Was halten Sie von einem Brainstorming zu dieser Idee?
Welche anderen Aspekte fallen Ihnen ein?
Sehen Sie noch eine andere Möglichkeit?
Welche Alternativen haben Sie?

Ergebnisse
Was wollen Sie?
Welches Ergebnis streben Sie an?
Was hätten Sie, wenn Sie es bekämen?
Woher werden Sie wissen, dass Sie es erreicht haben?
Wie würde es aussehen?

Geschichte
Wie kam es dazu?
Was führte zu …?
Was haben Sie bisher probiert?
Können Sie sich daran erinnern, wie es passierte?
Was halten Sie von all dem?

Handeln

Welche Handlungen werden Sie durchführen? Und dann?

Was werden Sie tun? Wann?

Ist jetzt die richtige Zeit gekommen, um zu handeln? Welche Handlungen sind angebracht?

Wohin gehen Sie von hier aus? Wann?

Wie sehen Ihre nächsten Schritte aus? Bis wann?

Integration

Was werden Sie daraus mitnehmen?

Wie erklären Sie sich das?

Was haben Sie daraus gelernt?

Wie können Sie das Gelernte vertiefen?

Wie würden Sie all das miteinander verbinden?

Klärung

Was meinen Sie?

Wie fühlt sich das an?

Was scheint Sie zu verwirren?

Können Sie mir mehr dazu sagen?

Was wollen Sie?

Lernen

Was würden Sie tun, wenn Ihr Leben davon abhinge, dass Sie handeln?

Was würden Sie tun, wenn Sie sich bei diesem Punkt ganz frei entscheiden könnten?

Was würden Sie tun, wenn das noch einmal passieren würde?

Was würden Sie tun, wenn wir ganz von vorne beginnen könnten?

Was würden Sie tun, wenn Sie das noch einmal machen müssten?

Möglichkeiten

Welche Möglichkeiten haben Sie?

Was würden Sie tun, wenn es nach Ihnen ginge?

Wie sehen die möglichen Lösungen aus?

Was wäre, wenn Sie es tun? Und wenn Sie es nicht tun?

Welche Möglichkeiten können Sie erschaffen?

Perspektive

Was wollen Sie über Ihr Leben sagen können, wenn Sie 95 sind?
Was würden Sie in fünf Jahren von dieser Sache halten?
Wie hängt diese Sache mit Ihrem Lebenszweck zusammen?
Wie wichtig ist das im größeren Zusammenhang Ihres Lebens?
Was folgt daraus?

Planung

Was wollen Sie in dieser Hinsicht unternehmen?
Wie sieht Ihre Vorgehensweise aus?
Welchen Plan brauchen Sie?
Wie könnten Sie die Situation Ihrer Ansicht nach verbessern?
Was wollen Sie nun also tun?

Ressourcen

Welche Ressourcen brauchen Sie, um sich entscheiden zu können?
Was wissen Sie im Augenblick darüber?
Wie könnten Sie mehr darüber herausfinden?
Welches Bild haben Sie im Augenblick von der Situation?
Welche Ressourcen stehen Ihnen zur Verfügung?

Resümee

Welche Schlussfolgerungen haben Sie gezogen?
Wie gut funktioniert das?
Wie würden Sie das beschreiben?
Worauf läuft all das Ihrer Ansicht nach hinaus?
Wie würden Sie Ihre bisherigen Bemühungen zusammenfassen?

Spaß als Gesichtspunkt

Was hat Ihnen an … Spaß gemacht?
Was war das Lustige an dieser Situation?
Wie können Sie dafür sorgen, dass es Ihnen Spaß macht?
Wie soll es sein?
Was würden Sie sagen, wenn Sie den Leuten beibringen sollen, Spaß zu haben?

Substanz

Was scheint das Problem zu sein?
Was scheint das Haupthindernis zu sein?
Was versperrt Ihnen den Weg?

Was ist an … am wichtigsten?
Was wollen Sie?

Umsetzung
Wie sieht Ihr Aktionsplan aus?
Was müssen Sie tun, um die Aufgabe erledigen zu können?
Welche Unterstützung brauchen Sie, um … zu schaffen?
Was werden Sie tun?
Wann werden Sie es tun?

Vorhersagen
Wie wird das alles sich Ihrer Meinung nach entwickeln?
Was wird Ihnen das bringen?
Wohin wird das führen?
Wie groß sind die Erfolgschancen?
Wie sieht Ihre Vorhersage aus?

Denkfragen

Denkfragen sind starke Fragen, die vor allem als Hausaufgabe zwischen den Coaching-Sitzungen benutzt werden – der Klient soll während der Woche über sie nachdenken. Statt nach der einen richtigen Antwort zu suchen, befindet er sich dann in einem Prozess der Selbstreflexion, der Entdeckung und des Lernens. Die folgende Liste ist natürlich nicht vollständig – aktive Coachs werden sie immer wieder ergänzen.

Denkfragen für den Anfang des Coachings

Was will ich?
Was bedeutet es, ein volles, reiches Leben zu haben?
Was nehme ich im Augenblick nur ungern hin?
Wo bin ich zurzeit nicht realistisch?
Was ist Integrität?
Wie gehe ich in der Regel vor?
Wie sieht es aus, wenn ich im Einklang mit meinen Werten lebe?
Was bedeutet es, Macht zu haben?
Was bedeutet es, präsent zu sein?
Was ist meine vorherrschende Stimmung? Ist das eine Gewohnheit?
Was ist eine Entscheidung? Was bedeutet es, sich zu entscheiden?
Wann gestatte ich es mir, mich nicht an das zu halten, was ich gesagt habe?
Was ist der Unterschied zwischen einem Wunsch und einem Ziel?
Bemühe ich mich im Augenblick, *nett* oder *aufrichtig* zu sein?
Was tue ich, um Gefühlen auszuweichen? (Alkohol, Essen, Arbeit?)
Auf was ist meine Aufmerksamkeit gerichtet? (Auf mich selbst, auf andere, meine Arbeit, Tagträume, meine Vision, Werte, Klagen?)

Was funktioniert?

Was treibt mich an?
Was klappt zurzeit?
Was befreit mich?
Was bedeutet es, Erfolg zu haben?
Wo bin ich zu hart zu mir?
Was ist passiert, wenn ich zu Hochform auflaufe?
Was ist mein Konzept, um ein Sieger zu werden?
Wo bin ich selbst die Lösung?

Zur Motivation

Wann kann ich nicht über mich lachen?

Was brauche ich, um meine Ziele zu erreichen?

Was ist der Unterschied zwischen »sich gut fühlen« und »erfüllt sein«?

Große Ziele sind zwingend, verschwommene Ziele werden vergessen – zu welchem Typ gehören meine Ziele?

Was baue ich? (Eine Kathedrale oder einen Steinklotz?)

Wer werde ich?

Was motiviert mich?

Was bedeutet es, sich nicht abschrecken zu lassen?

Wie will ich diese Woche sein?

Was bedeutet es, etwas zu erlauben oder zu verbieten?

Was bedeutet es, kreativ zu sein?

Welche starken Fragen kann ich mir jeden Morgen stellen?

Was bedeutet es, hartnäckig zu sein?

Was bedeutet es, leidenschaftlich zu sein?

Welche Vorbilder habe ich?

Was bedeutet es, Macht zu haben/widerstandsfähig zu sein/über große Ressourcen zu verfügen/anderen Kraft zu verleihen/entschlossen zu sein?

Welche Probleme haben die Leuten in meiner Umgebung?

Was bedeutet es, dass Worte und Handlungen aus dem Herzen kommen?

Inwiefern halte ich mich vom Leben fern?

Inwiefern trägt das, was ich im Augenblick mache, zu einem sinnvollen Leben bei?

Was bedeutet es, intuitiv zu sein?

Was bedeutet es, konzentriert zu sein?

Was bedeutet es, eine Führungspersönlichkeit zu sein?

Wenn der Klient feststeckt oder blockiert ist

Wo lüge ich mir etwas vor?

Wogegen wehre ich mich zurzeit?

Was würde ich jetzt tun, wenn ich in Hochform wäre?

Wo gebe ich meine Macht weg? Wem gebe ich sie? Wann?

Von welchen falschen Voraussetzungen gehe ich aus?

Was gebe ich vor (zu wissen oder nicht zu wissen)?

Womit muss ich aufhören?

Was stimmt nicht?

Was ist in dieser Situation erforderlich?

Was bedeutet es, außergewöhnlich zu sein?

Wofür werde ich diese Woche Beweise sammeln?
Was bedeutet es, etwas zu erzeugen oder zu verursachen?
Was *will* ich haben oder tun? Wie verhält es sich zu dem, was ich haben oder tun *muss?*
In welchen Situationen bin ich eher ein Jasager? Wann ein Neinsager?
Wo setze ich mir zu enge Grenzen?
Welche anderen Möglichkeiten gibt es?
Wo fühle ich mich zu wohl?
Was bedeutet es, sich auf die Angst zuzubewegen?
Was bedeutet es, sich in etwas »hineinzuknien«?
Wo verrate ich mich im Augenblick selbst?
Was kann ich sonst noch tun, um meinen Werten treu zu bleiben?
Welche Aufforderungen können bewirken, dass ich ins Handeln komme?
Wie interpretiere ich die momentane Situation?
Wo bin ich nicht zu Kompromissen bereit? Wo bin ich zu flexibel?
Was kostet mich das Folgende? __________
Wo gebe ich nicht alles?
Was halte ich zurzeit zurück?
Was will ich nicht aufs Spiel setzen?
Was bedeutet es, zu kapitulieren?
Wo leide ich im Augenblick?
Was wird mich befreien?
Von welchen Voraussetzungen gehe ich aus?
Welche Erwartungen habe ich?

Freude

Wie kann ich mich heute verwöhnen?
Was bedeutet es, dankbar zu sein?
Wen kann ich heute Morgen dazu bringen, zu lächeln?
Wie kann ich meine Batterien wieder aufladen?
Was ist Spaß?
Wie kann ich meine Reserven für Spaß/Muße/Gleichgewicht/Einfallsreichtum vergrößern?
Was kann ich machen, damit dies leicht wird?
Wen kann ich bei diesem Projekt mit ins Boot holen?
Was bedeutet es, sich zu amüsieren?
Was ist Anmut/Gelassenheit?
Was bringt mich zum Lachen?
Entscheide ich mich für das Leichte oder für das Schwere?

Wenn ich etwas auf jeden Fall tun will, wähle ich dann einen Weg, der Spaß bereitet – oder Schmerzen?
Was kann ich in meiner physischen Umgebung ändern, damit sie mir gut tut/mich entspannt/mir Kraft verleiht?
Was ist erfüllend, was fühlt sich gut an, und was schließe ich daraus?
Was ist Freude?
Welche Anerkennung kann ich mir heute geben?
Was ist Güte?
Was bedeutet es, sanft zu leben?
Was ist Überfluss?
Was kann ich tun, damit dies spielerisch und leicht wird?
Wie kann ich meine Vitalität verdoppeln?
Was sollte ich mir heute erlauben?
Wann werde ich mir heute eine Pause gönnen?
Was finde ich spannend?
Was bedeutet es, zutiefst beeindruckt zu sein?
Was bedeutet es, großzügig zu mir selbst zu sein?
Was bedeutet es, rücksichtsvoll zu sein?
Was bedeutet es, sanft zu mir selbst zu sein?
Was bedeutet es, etwas zu genießen?
Wofür bin ich heute dankbar?

Provokation
Was bereue ich, worüber ärgere ich mich?
Was will ich nicht ändern?
Wo könnte ich etwas leugnen?
Was übersehe ich im Augenblick?
Wo nehme ich zurzeit den Fuß vom Gas?
Vor welcher Entscheidung habe ich mich gedrückt?
Wo höre ich zu früh auf?
Welches Spiel ist mir zu groß?
Was habe ich tun wollen, dann aber doch nicht getan?
Was hindert mich daran, zu gewinnen?
Wo habe ich mich selbst/andere verleugnet?
Warum sollte mich das kümmern?
Wobei habe ich Recht?
Gegen welche Klage/Angst/schlechte Angewohnheit/Unannehmlichkeit kann ich heute etwas tun?
Wo verschlafe ich Möglichkeiten zur Weiterentwicklung?

Womit gebe ich mich im Augenblick zufrieden?
Was wird mir dieses Ziel bringen?
Wie sabotiere ich mich selbst?
Wie ist es, mein Gefühl des Misserfolgs/der Resignation/des »Ich kann nicht!« zu überwinden?
Wo verrate ich mich zurzeit selbst?
Wo bin ich zu Veränderungen bereit, wo nicht?
Welche Hindernisse sind für mich unüberwindlich?
Welchen Ruf habe ich?
Was erwarte ich von mir?
Was ist Anmut/Begeisterung/Wohlstand/Überfluss?
Was bedeutet es, proaktiv zu sein?
Was bedeutet es, zentriert/optimistisch/hilfsbereit/für alles offen zu sein?
Was bedeutet es, flexibel zu sein?
Was bedeutet es, mitleidsvoll zu sein?
Was ist Vollendung? Wo habe ich Vollendung noch nicht erreicht?
Was werde ich aufgeben müssen, wenn meine ganze Aufmerksamkeit darauf fokussiert ist, das erwünschte Ziel zu erreichen?
Warum führe ich diese Handlung durch?

Aufgaben
Verzeihen Sie sich jeden Tag einmal.
Zählen Sie, wie oft Sie Ihren inneren Schweinehund am Tag bemerken.
Lachen/lächeln Sie 25-mal am Tag.
Führen Sie 25 Dinge an, die Sie zum Lachen/Lächeln bringen.
Seien Sie dreimal am Tag 15 Minuten lang vollkommen konzentriert und präsent.
Schreiben Sie die fünf häufigsten Gespräche mit Ihrem inneren Schweinehund auf.
Was ist die heimtückischste Seite Ihres inneren Schweinehunds?
Schreiben Sie Ihre Rechtfertigungen auf.
Schreiben Sie Ihre Erwartungen auf.
Spielen Sie diese Woche ein größeres Spiel.
Tilgen Sie diese Woche ______ Wörter aus Ihrem Wortschatz.
Fügen Sie diese Woche ______ Wörter Ihrem Wortschatz hinzu.
Erledigen Sie morgens und nach dem Mittagessen immer zuerst diejenigen Dinge, die Ihnen besonders schwer fallen.
Sagen Sie jeden Tag ______-mal Nein.
Machen Sie jeden Tag ______ Fehler.
Gehen Sie diese Woche ______ Risiken ein.

Laden Sie diese Woche jeden Tag ______ Leute zu einer Tasse Kaffee ein.
Sagen Sie jeden Tag ______-mal: »Na und?«
Beantworten Sie bei jeder neuen Handlung die Frage: »Warum sollte mich das kümmern?«
Zählen Sie, wie oft Sie überzeugend sprechen.
Sprechen Sie diese Woche nur überzeugend und stark (nicht positiv, sondern *stark*).
Ertappen Sie sich beim Wachsen (dabei, wie Sie Fehler machen).
Sammeln Sie Beweise für eine neue Fähigkeit/Erfolge/Mitgefühl/proaktives Verhalten/Beharrlichkeit usw.
Entscheiden Sie sich in jedem Augenblick für das, was Sie haben.
Lachen Sie jeden Tag zweimal herzhaft.

Abschluss und Vollendung

Was bedeutet es, etwas abgeschlossen zu haben?
Was kommt als Nächstes?
Welches Terrain haben Sie erobert?
Wie weit sind Sie gekommen?
Welche tollen Entwicklungen haben Sie jetzt erreicht?
Wer sind Sie geworden?
Was haben Sie gebaut?
Aus welcher neuen Perspektive betrachten Sie Ihr Leben jetzt?
Was war erforderlich, um hierher zu gelangen?
Was haben Sie über sich selbst gelernt?
Was ist nötig, um das aufrechtzuerhalten?
Wo hatten Sie wahre Entwicklungsschübe?
Was wird Sie auf Kurs halten?
Was bedeutet es, von liebevoller Freundlichkeit erfüllt zu sein?
Was bedeutet es, ganz zu leben?
Was bedeutet es, tief zu lieben?
Welche Werte erfordern Ihre ständige Aufmerksamkeit?
Was müssen Sie weggeben?
Wie wird Ihr Beitrag zur Welt aussehen?
Wie mussten Sie sein, um hierher zu gelangen?
Woher werden Sie wissen, dass Sie um Hilfe bitten müssen?
Welche Anerkennung würden Sie sich gern zollen?

Strukturen

Durch Strukturen kann man dem Klienten zu Konzentration und zu Disziplin verhelfen. Ein Vermerk in seinem Terminkalender ist eine einfache Struktur (oder Eselsbrücke), um dem Gedächtnis auf die Sprünge zu helfen und den Klienten dazu zu bringen, eine gewünschte Handlung tatsächlich durchzuführen. Strukturen sollen es den Leuten ermöglichen, sich zu erinnern und im Hinblick auf das, was als wichtig betrachtet wird, zu handeln. Sie können jedoch nur dann funktionieren, wenn die Leute sie bemerken. Aber auch wenn sie nicht tun, was die Struktur anzeigt, wird ein – jedoch nicht so intensiver – Lernprozess angestoßen. Es gibt unzählige Strukturen, durch die man andere zum Handeln bringen kann. Wir führen hier einige der Hauptkategorien auf.

Grundstrukturen

Die folgenden Strukturen haben sich als wirksam erwiesen:

- Rufen Sie, wenn Sie dabei sind, eine bestimmte Aufgabe zu erledigen, jeden Tag die Voice-Mail Ihres Coachs oder Ihre eigene an.
- Tragen Sie ein Gummiband am Handgelenk, wenn Sie daran denken wollen, irgendetwas zu tun (zum Beispiel: tief atmen, überzeugend und stark sprechen, gerade sitzen, Klagen in Aufforderungen verwandeln oder etwas Positives zu jemandem sagen).
- Laden Sie einmal im Monat Leute zum Essen ein. So belohnen Sie sich für den Hausputz – oder Sie pflegen so Freundschaften.
- Suchen Sie sich einen Partner, mit dem Sie Sport treiben können.
- Legen Sie an dem Tag, an dem Sie mit einem Projekt anfangen, ganz bewusst einen Termin fest (zum Beispiel, dass Sie das fertige Projekt in zwei Wochen zu einer bestimmten Uhrzeit einem Ihrer Kollegen oder Freunde zeigen wollen).
- Vereinbaren Sie für zwei Monate wöchentliche Treffen mit einem Freund.
- Stellen Sie abends einen Stuhl vor die Tür, damit Sie am nächsten Tag daran denken, wichtige Unterlagen ins Büro mitzunehmen.
- Schicken Sie sich selbst eine E-Mail oder Voice-Mail mit der Aufforderung, eine bestimmte Aufgabe zu erledigen.
- Bitten Sie einen Freund, Ihnen jeden Monat zur Ermutigung eine Postkarte mit einem vorher festgelegten Text zu schicken.

Auch das Zählen ist eine Struktur. Wenn Sie Ihre Aufmerksamkeit auf eine bestimmte Verhaltensweise richten wollen – beispielsweise darauf, dass Ihr innerer Schweinehund auftaucht oder dass Sie anderen Anerkennung zollen –, sollten Sie einfach zählen, wie oft sie am Tag vorkommt. Diese Struktur fokussiert Sie darauf, das entsprechende Verhalten *bewusst* zu bemerken. Sie können auch viele andere Dinge zählen: wie viele Zigaretten Sie am Tag rauchen, wie viele Kalorien Sie zu sich nehmen, wie viele Anrufe bei der Kaltakquisition Sie machen, wie oft Sie sich entschuldigen ... Das Zählen erfordert nicht, dass Sie irgendetwas tun – außer, das Verhalten zu bemerken. Doch jedes Mal, wenn Sie es bemerken, wird es Ihnen bewusster.

Ein Talisman kann ebenfalls eine Struktur sein. Der Stofflöwe neben dem Telefon kann den Klienten daran erinnern, wie ein Löwe für ein bestimmtes Ziel zu kämpfen.

Eine der besten Strukturen ist der Coach selbst. Das Coaching ist eine von Verantwortlichkeit geprägte Beziehung und zugleich ein geistiger Raum, an dem die Klienten ganz und gar darauf konzentriert sind, zu lernen, zu handeln, sich in die gewünschte Richtung zu bewegen und sich zu entwickeln.

Zeitmanagement

Zu dieser Kategorie gehören alle Arten von Kalendern und Aufgabenlisten – auf Papier oder im Computer, fertig gekauft oder selbst gemacht, bis auf die Viertelstunden hinab ausgearbeitet oder nur als grober Überblick. Der Schlüssel zur Effektivität dieser Reminder liegt darin, dass sie zum Charakter des Klienten passen müssen. Viele glauben, es gebe nur einen richtigen Weg, doch das stimmt nicht. Trotz der enormen technologischen Weiterentwicklung, vom Bleistift bis zum Organizer, ist das geeignete System immer das, was bei Ihrem individuellen Klienten funktioniert.

Geldmanagement

Bei den meisten Leuten ist die Kontrolle der Kontoauszüge so ziemlich die einzige Struktur für das Management dieses doch so wichtigen Lebensbereichs. Andere Strukturen können Computerprogramme oder ein monatliches Budget sein, regelmäßige Gespräche über die finanziellen Angelegenheiten mit dem Ehe- oder Lebenspartner, das Führen eines Haushaltsbuchs oder die Inanspruchnahme eines professionellen Beraters. Diese Aufzählung ist bei weitem nicht vollständig – sie soll Ihnen nur ein Gefühl für die Vielfalt der Möglichkeiten vermitteln.

Benutzung der Sinne

Bei Klienten, die stark visuell ausgerichtet sind, dürften alle Strukturen funktionieren, die in ihrem täglichen Blickfeld auftauchen – zum Beispiel Aufkleber am Computer oder am Kühlschrank, Postkarten oder Ausschnitte aus Zeitschriften. Ein Zimmer in einer anderen Farbe zu streichen, um den Raum visuell zu verändern, kann eine wichtige neue Struktur sein. Der Klient kann auch einfach seinen Stuhl verrücken oder seine Sitzposition verstellen, sodass er die Welt aus einer anderen Perspektive betrachten muss. Alle Strukturen, die sie visuell ansprechen, dürften bei diesen Leuten stark und effektiv sein. Denken Sie darüber nach, wie Sie auch die anderen Sinne nutzen können: akustische Strukturen wie das Abspielen von Musik oder das Aufnehmen einer Kassette mit Bestätigungen – diese Anerkennungen spielen Sie sich dann selbst immer wieder vor … Ein bestimmter Geruch kann ebenfalls eine sehr starke Struktur sein – deshalb werden bei religiösen Zeremonien und Ritualen ja schon seit Jahrtausenden Düfte verwendet. Wie könnten Sie die Struktur des Geruchs kreativ im Leben Ihrer Klienten einsetzen?

Es ist unsere Intuition, die uns einige der effektivsten Strukturen gleichsam wie von selbst zur Verfügung stellt. Allerdings scheinen sie am Anfang manchmal gar keinen Sinn zu ergeben. Die Kerne von Wassermelonen auf das Fensterbrett in der Küche stellen … Eine Taschenlampe in der Handtasche bei sich tragen … Heute zwei Schuhe von unterschiedlicher Farbe anziehen … Strukturen funktionieren nicht zuletzt deshalb, weil sie uns aus dem üblichen Fluss des Denkens und Handelns reißen und unsere Aufmerksamkeit erregen. Je auffallender sie sind, desto eher werden sie uns Dinge bewusst machen, die wir ansonsten voraussetzungslos betreiben, ohne über sie nachzudenken. Aber nur was uns bewusst ist, können wir dann reflektieren und aktiv ändern.

Manche Coachs führen eine Kartei mit Strukturen, die sie bei ihren Klienten bereits verwendet haben. Das ist praktisch und eine gute Quelle für Anregungen, wenn das Coaching mit einem neuen Klienten beginnt. Es ist aber auch sehr effektiv, die Klienten ihre eigenen Strukturen entwickeln zu lassen; dann passen die Strukturen sogar noch besser zu ihnen.

Beispielliste: Techniken für das co-aktive Coaching

Agenda des Klienten halten
Anerkennung
Artikulieren, was passiert
Auf den Punkt kommen
Aufforderungen
Aus dem Weg räumen
Brainstorming
Denkfragen
Fokus halten
Handeln voranbringen
Herausforderungen
Intuition benutzen
Klären
Klienten um seine Zustimmung bitten
Meta-Perspektive
Metaphern
Motivieren
Reframing
Selbstmanagement
Starke Fragen
Strukturen
Tanz im Augenblick
Unterbrechen/Führung übernehmen
Verantwortlichkeit
Vertrauen aufbauen
Vertraulichkeit
Vision ergründen und einsetzen
Zielsetzung und Planung
Zuhören

Glossar

Agenda des Klienten: Die Agenda des Klienten umfasst dessen Lebenszweck, seine Vision, Werte und Ziele sowie die Prinzipien Erfüllung, Balance und Prozess – kurz: alles, was der Klient ist, sein will und tun will.

Agenda des Klienten halten: Die Agenda des Klienten halten bedeutet gleichzeitig eine philosophische Einstellung und eine Technik, die der Coach anwenden kann. Er wird dann unsichtbar, das heißt, er löst sich von seinen eigenen Ansichten, Urteilen und Antworten, um dem Klienten dabei zu helfen, der Erfüllung, der Balance und der Gestaltung des Lebensprozesses näher zu kommen; er lässt sich vom Klienten leiten, ohne die RICHTIGE Antwort zu kennen, ihm Lösungen zu präsentieren oder ihm zu sagen, was er tun soll. Das kann nur gelingen, wenn der Coach seine Aufmerksamkeit ganz auf den Klienten und dessen Agenda konzentriert – und nicht auf die Agenda, die er möglicherweise für den Klienten erstellt hat.

Anerkennung: Bei der Anerkennung geht es um das Ich des Klienten und darum, wie er sein musste, um so handeln zu können, wie er gehandelt hat, oder die Erkenntnis zu gewinnen, die er gewonnen hat. Der Coach fasst dabei sein tiefes Wissen über den Klienten in Worte.
»Ich weiß, dass Sie viel Mut gebraucht haben, um zu diesem Termin zu kommen, weil Sie mir heute ja von ein paar schwierigen Dingen erzählen mussten. Diesen Mut möchte ich anerkennen!«

Artikulieren, was passiert: Bei dieser Technik erzählen Sie Ihrem Klienten, was Sie ihn tun sehen; Sie wiederholen das, was er Ihnen gerade erzählt hat, oder spiegeln es für ihn wider.
»Sie arbeiten wirklich hart an diesem Projekt, und es ist frustrierend für Sie, dass Ihre Partner sich nicht auch so anstrengen.«

Auf den Punkt kommen: Mit dieser Technik ist gemeint, dass sich sowohl Coach als auch Klient kurz und bündig fassen und zum Wesentlichen vorstoßen. Dabei geht es auch darum, den Klienten dazu zu bringen, zum Wesentlichen zu kommen, statt lange und rein deskriptive Geschichten von sich zu geben.
»Als ich heute Morgen ins Büro kam, war ich entsetzt – in meinem Postfach lag ein rosafarbener Slip!«

Aufforderungen: Eine der stärksten Coaching-Techniken sind Aufforderungen an den Klienten. Sie beruhen auf seiner Agenda und sollen sein Handeln voranbringen. Eine Aufforderung besteht aus einer spezifischen Handlung, den Bedingungen, unter denen sie ausgeführt werden kann, und einem Termin, bis zu dem sie durchzuführen ist. Der Klient hat dann immer drei Möglichkeiten: »Ja« sagen, »Nein« sagen oder ein Gegenangebot machen.
»Werden Sie Ihre Telefonrechnung bis Freitag bezahlen?«

Aus dem Weg räumen: Diese Technik kann sowohl für die Klienten als auch für den Coach sehr nützlich sein. Manchmal sind Klienten so mit einer Situation oder einem inneren Zustand beschäftigt, dass ihre Fähigkeit, präsent zu sein oder zu handeln, beeinträchtigt wird. Dann kann der Coach ihnen helfen, indem er aktiv zuhört, während sie sich Luft machen oder beklagen. Durch das aktive Zuhören ermöglicht er es den Klienten, die Situation vorübergehend aus dem Weg zu räumen und sich auf den nächsten Schritt zu konzentrieren.
Ist der Coach selbst mit Angelegenheiten beschäftigt, die nichts mit dem Klienten zu tun haben, oder lässt er sich zu stark in die Interaktion mit ihm hineinziehen, kann er das ebenfalls aus dem Weg räumen – indem er mit einem Kollegen oder Freund darüber spricht, damit er bei der Coaching-Sitzung dann wieder ganz präsent ist.

Brainstorming: Durch diese Technik können Coach und Klient gemeinsam auf neue Ideen, Alternativen und Lösungsmöglichkeiten kommen. Die Vorschläge dürfen durchaus auch empörend oder utopisch sein – es handelt sich lediglich um eine kreative Übung zur Erweiterung der Möglichkeiten, die der Klient hat. Dabei müssen Coach und Klient für alle Vorschläge offen sein.

Denkfrage als Hausaufgabe: Darunter versteht man eine starke Frage, die der Coach am Ende der Sitzung stellt; sie soll den Lernprozess aufseiten des Klienten vertiefen und ihn zu weiterer Reflexion anregen. Der Klient soll bis zur nächsten Sitzung über diese Frage nachdenken, die gewöhnlich auf einer konkreten Situation beruht, mit der er sich gerade beschäftigt.
»Was nehmen Sie nur ungern hin?« – »Was bedeutet es, sich nicht abschrecken zu lassen?« – »Was ist eine Herausforderung?«

Feiern: Bei dieser Technik wird der Punkt gefeiert, an dem der Klient sich zurzeit in seinem Leben befindet. Sie soll ihm helfen, seine Erfolge und Misserfolge, Niederlagen und Siege mehr zu schätzen. Es handelt sich dabei nicht unbedingt um Jubel und Beifall, sondern es geht darum, dem Prozess des Klienten Aufmerksamkeit und Anerkennung zu widmen.
»Sie haben es diese Woche nicht geschafft, zehn potenzielle Neukunden anzurufen. Ich möchte Ihren Misserfolg feiern!« – »Hurra! Ich möchte Ihren Erfolg feiern – Sie haben ja einen neuen Kunden!«

Fokus halten: Wenn der Klient eine Richtung für sein Handeln festgelegt hat, ist es die Aufgabe des Coachs, ihn in der Spur und auf diesem Kurs zu halten. Oft werden die Klienten abgelenkt – durch Ereignisse in ihrem Leben, die Vielzahl anderer Möglichkeiten oder den inneren Schweinehund, der starke Gefühle hervorruft. Der Coach erinnert sie immer wieder an ihren Fokus und hilft ihnen, ihre Energie erneut in die Erreichung der angestrebten Ergebnisse und die Verfolgung der Lebensentscheidungen fließen zu lassen.

Gestaltung der Allianz: Wenn der Klient die Zusage macht, Energie in die Allianz mit dem Coach zu investieren, muss er die Verantwortung für seinen Part in dieser Beziehung übernehmen. Er muss sie so gestalten, dass sie seine Aktionen auf seine Ziele und seine Vision hin möglichst gut fördert. Das geschieht dadurch, dass er Aufforderungen an den Coach stellt und beide die praktische Gestaltung der Coaching-Beziehung festlegen und darüber sprechen, wie dem Klienten das Lernen und das Handeln erleichtert werden können.

Handeln voranbringen: Dabei werden alle anderen Coaching-Techniken benutzt; der Schwerpunkt liegt darauf, den Klienten zum Handeln zu bringen. Der Coach kann dazu eine Aufforderung, eine starke Frage oder das Auf-den-Punkt-Kommen verwenden, sodass während der Sitzung etwas geschafft wird. Das Voranbringen des Handelns kann dadurch erfolgen, dass der Coach dem Klienten den Fokus seines Ziels wieder ins Bewusstsein ruft, aber auch durch ein Reframing, sodass der Klient handeln kann, oder durch Anerkennung. Das stärkste Mittel ist jedoch die Aufforderung des Coachs bei der Coaching-Sitzung, etwas SOFORT ZU TUN. Der große Vorteil dieses Prozesses ist die unmittelbare Unterstützung; die Ausführung der Handlung kann sofort geleistet und dann gefeiert werden.

Herausforderung: Bei dieser Technik fordert der Coach die Klienten auf, weit über die Grenzen, die sie sich selbst gesetzt haben, hinauszugehen. Die Klienten reagieren dann oft mit einem Gegenangebot, das zwar unter dem des Coachs liegt, aber doch über das hinausgeht, was sie ohne jene Herausforderung gewagt hätten.
Ein Beispiel: Damit sein Geschäft wächst, muss ein Klient potenzielle Neukunden anrufen. Er glaubt, pro Tag nur einen schaffen zu können. Sie fordern ihn heraus: *»Ich fordere Sie dazu heraus, jeden Tag zehn solche Anrufe zu machen!«* Der Klient antwortet mit einem Gegenangebot: *»Ich werde sieben machen!«*

Innerer Schweinehund: Das Konzept des »inneren Schweinehunds« (die Autoren bezeichnen ihn als *Gremlin*, nach dem Titel eines Buchs von Richard Carson; Anmerkung der Übersetzerin) steht für eine Reihe von Denkprozessen und Gefühlen, die den Ist-Zustand in unserem Leben festhalten. Der innere Schweinehund scheint uns oft schützen zu wollen, doch in Wahrheit verhindert er, dass wir uns vorwärts bewegen und das bekommen, was wir im Leben wirklich wollen. Wie unser Verstand ist auch der innere Schweinehund immer bei uns; er ist weder gut noch schlecht, sondern einfach da. Er verliert jedoch seine Macht über uns, wenn wir ihn durchschauen können, in einer Situation unsere Optionen erkennen und dann bewusst entscheiden, was wir zu diesem Zeitpunkt wirklich wollen.

Intuition nutzen: Unsere Intuition ist ein direktes Erkennen, das nicht durch den Verstand behindert wird. Wenn der Coach seine Intuition einsetzt, ist das ein nicht linearer und nicht rationaler Prozess, der Risikobereitschaft erfordert. Die Informationen, die der Coach durch

seine Intuition erhält, werden für ihn selbst nicht immer einen Sinn ergeben, gewöhnlich aber sehr wertvoll für den Klienten sein.
»Ich habe da so eine Ahnung, dass …« – »Ich frage mich, ob …«

Klären: Wenn der Klient nicht in Worte fassen kann, was er will oder wohin er geht, klärt der Coach seine Erfahrung. Diese Technik ist besonders nützlich, wenn der Klient nur verschwommen spürt, was er will, oder verwirrt oder unsicher ist. Sie besteht in der synergetischen Anwendung von Methoden wie dem Hinterfragen, dem Reframing und dem Artikulieren und kann vor allem bei der Intake Session, also der Kennenlernsitzung, sehr hilfreich sein.

Klienten um seine Zustimmung bitten: Diese Technik ermöglicht es dem Klienten, dem Coach Zugang zu besonders intimen oder empfindlichen Bereichen seines Lebens zu gewähren. Der Coach darf gegebenenfalls auch Dinge sagen, die sonst als unhöflich gelten würden.
»Darf ich Ihnen erzählen, was ich sehe?« – »Sind Sie einverstanden, dass ich Sie zu diesem Punkt coache?« – »Darf ich Ihnen ungeschminkt die Wahrheit sagen?«

Lebensbalance: Die Lebensbalance ist dynamisch und ständig im Fluss. Der Klient bewegt sich entweder auf ein Gleichgewicht zu oder davon weg. Der Coach hat die Aufgabe, ihm die Bewegung zum Gleichgewicht hin so weit wie möglich zu erleichtern. Zu den Lebensbereichen, in denen ein Gleichgewicht erreicht werden muss, gehören im Allgemeinen: Beruf, Geld, die Beziehungen innerhalb der Familie und zu Freunden, Liebe, persönliches Wachstum, Unterhaltung und Erholung, Gesundheit und die physische Umgebung. Wird einem oder mehreren dieser Bereiche auf Kosten anderer zu viel Aufmerksamkeit gewidmet, gerät das Leben außer Balance; es wird unruhig und unausgeglichen.

Lebenszweck: Unser Lebenszweck ist der Grund für unsere Existenz. Was ist Ihre Bestimmung – wie sollen Sie sein, und was sollen Sie erschaffen? Das ist eine Seinsaussage, die Sie immer daran erinnert, wer Sie sind und was Sie in die Welt hineingeben. Wenn Sie Ihrem Zweck gemäß leben, empfinden Sie Ihr Leben als erfüllt, erfüllend, mühelos und befriedigend; wenn nicht, wird Ihnen Ihr Leben oft leer, mühsam und nicht erfüllt vorkommen.

Meta-Perspektive: Die Meta-Perspektive ist das große Bild. Der Coach zieht sich von den unmittelbaren Problemen des Klienten zurück und spiegelt das, was er aus der Klarheit dieser erweiterten Sicht heraus sieht, für den Klienten wider.

Metaphern: Metaphern werden eingesetzt, um einzelne Aspekte zu veranschaulichen und für den Klienten ein verbales Bild zu malen. *»Ihr Kopf ist wie ein Tischtennisball, er springt ständig zwischen den beiden Möglichkeiten hin und her.« – »Sie haben die Ziellinie fast erreicht – geben Sie noch einmal alles! Sie können das Rennen gewinnen!«*

Misserfolge: Misserfolge liegen vor, wenn der Klient Ziele oder Aktivitäten, auf die er sich verpflichtet hat, nicht erreicht. Sie werden oft damit verwechselt, dass der Klient Unrecht hat, sich unmoralisch verhält oder »schlecht« ist. Misserfolge bedeuten jedoch nur, dass man etwas, was man tun wollte, nicht geschafft hat. Sie bieten Gelegenheit zur Reflexion, zur Verbesserung und Veränderung.

Motivieren: Wenn der Klient an seinen Fähigkeiten zweifelt, sollte der Coach ihn wieder motivieren. Er kennt den Klienten ja genau und weiß, dass er zu viel mehr fähig ist, als er selbst glaubt. Wenn der Klient sich in einem Tal befindet, sollte der Coach auf dem nächsten Berg stehen, eine Fahne schwenken und rufen:
»Los doch! Sie können es schaffen!«

Planung und Zielsetzung: Der Coach hilft dem Klienten, in Worte zu fassen, in welche Richtung er gehen will, und überwacht seine Fortschritte aktiv. Unterstützung bei der Planung und beim Zeitmanagement kann für viele Klienten sehr nützlich sein, da sie die Techniken für diese Bereiche erst lernen müssen.

Reframing: Beim Reframing bietet der Coach dem Klienten eine neue Perspektive. Dabei benutzt er die ursprünglichen Fakten der Situation, interpretiert sie aber auf andere Weise.
Ein Beispiel: Eine Klientin hat gerade erfahren, dass ihr für eine hohe Position in einem sehr umkämpften Markt jemand anders vorgezogen wurde und sie selbst nur auf dem zweiten Platz gelandet ist. Sie ist enttäuscht und zweifelt an ihrem beruflichen Können. Ein Reframing der Situation wäre:

»Dass Sie bei einer so umkämpften Marktposition auf den zweiten Platz gekommen sind, zeigt, wie groß Ihr Fachwissen und Ihre Erfahrung sind.«

Selbstmanagement: Diese Technik bezieht sich auf die Fähigkeit des Coachs, sich so stark in den Dienst der Agenda des Klienten zu stellen, dass er unsichtbar wird. Er muss dann all seine Ansichten, Vorlieben, Urteile und Überzeugungen beiseite schieben, um nur über die Agenda des Klienten nachdenken und sie unterstützen zu können. Eine andere Facette des Selbstmanagements ist der Umgang mit dem inneren Schweinehund des Klienten. Der Coach kann den Klienten helfen, ihren inneren Schweinehund zu erkennen, und ihnen dann Tools an die Hand geben, durch die sie ihn in seine Schranken weisen können. Auch das Aus-dem-Weg-Räumen kann ein geeignetes Tool für das Selbstmanagement des Coachs oder der Klienten sein.

Starke Fragen: Starke Fragen rufen Klarheit, Handeln, Entdeckungen, Erkenntnisse oder Verpflichtungen hervor. Sie eröffnen neue Möglichkeiten, setzen innovative Lernprozesse in Gang oder ermöglichen eine klarere Sicht auf die Dinge. Starke Fragen sind offene Fragen, sie erlauben kein »Ja« oder »Nein« als Antwort, sondern bringen die Klienten dazu, sich ausführlich zu äußern. Der Coach leitet sie daraus ab, dass er die Agenda des Klienten hält, und fördert durch sie entweder dessen Handeln oder vertieft sein Lernen.
»Was wollen Sie?« – »Was kostet Sie das?«

Strukturen: Strukturen sollen den Klienten an seine Vision, seine Ziele, seinen Zweck oder an Handlungen, die er sofort durchführen muss, erinnern. Beispiele sind der Kalender, Botschaften auf der Voice-Mail – kurz: Eselsbrücken.

Tanz im Augenblick: Im Augenblick tanzen bedeutet, ganz bei Ihrem Klienten zu sein, seine Agenda zu halten, sich von ihm führen zu lassen und auf Ihre Intuition zu vertrauen. In diesem Augenblick sind Sie für alle Schritte offen, die Ihr Klient unternimmt, und bereit, in die von ihm vorgegebene Richtung zu gehen und seinen Bewegungen zu folgen.

Unterbrechen/Führung übernehmen: Hin und wieder wird der Coach einen Klienten, der einfach kein Ende findet oder sich etwas vormacht, unterbrechen müssen – mit einer unerfreulichen Wahrheit *(»Da machen Sie sich etwas vor!«)* oder einfach mit einer Feststellung, was passiert *(»Sie versuchen, sich vor diesem Punkt zu drücken!«)*. In unserer Gesellschaft gilt es ja als unhöflich, andere zu unterbrechen, doch das co-aktive Coaching betrachtet Unterbrechungen dieser Art als unmittelbare Möglichkeit, dem Klienten zu helfen, seine Situation ehrlich zu beurteilen und sich sofort mit ihr zu befassen.

Verantwortlichkeit: Der Coach muss den Klienten die Verantwortung für das, was sie tun wollen, übertragen und verlangen, dass sie ihm darüber Bericht erstatten. Dabei sind drei Fragen wichtig: *Was werden Sie tun? Bis wann? Wie werde ich das erfahren?* Die Verantwortlichkeit beinhaltet weder Vorwürfe noch Beurteilungen. Der Coach macht die Klienten vielmehr für ihre Vision oder innere Verpflichtung verantwortlich und fordert sie auf, ihn über die Ergebnisse der beabsichtigten Handlungen zu informieren. Gegebenenfalls müssen auch neue Handlungen, die der Klient durchführen soll, definiert werden.

Vertrauen aufbauen: Grundlagen der Coaching-Beziehung sind Zuverlässigkeit und Vertrauen. Um Vertrauen aufzubauen, sollten Sie Ihre Zuverlässigkeit unter Beweis stellen, Vertraulichkeit garantieren und wahren, stets die Wahrheit sagen, Ihren Klienten die Möglichkeit bieten, das zu verlangen, was sie wollen, und dem, was sie Ihnen erzählen, aktiv zuhören.

Vertraulichkeit: *Alles,* was der Klient seinem Coach erzählt, wird vertraulich behandelt. Das bedeutet, dass der Coach Informationen, die ein Klient ihm anvertraut, ohne dessen ausdrückliche Zustimmung *niemals an irgendjemanden* weitergibt. Vertraulichkeit ist das Gütezeichen des professionellen Coachs, sie bewirkt Zuverlässigkeit und Vertrauen und bildet die Grundlage der starken Beziehung zwischen Klient und Coach.

Vision: Die Vision des Klienten besteht aus einem mentalen Bild mit vielen Facetten sowie aus Zielen, die ihn persönlich bewegen und ihn zu denjenigen Handlungen führen und inspirieren, die dieses

Bild Realität werden lassen. Eine starke Vision ist sinnlich, aufregend, anziehend und erfüllt den Klienten ständig mit dem Wunsch, das Bild zu verwirklichen. Die Vision gibt ihm Orientierung und damit eine Richtung vor; sie kann seinem Leben einen Sinn geben.

Werte: Unsere Werte repräsentieren das, was wir im Augenblick sind. Sie sind Prinzipien, die uns in unserem Leben besonders wichtig sind. Oft werden die Werte mit moralischen Grundsätzen verwechselt; wir können sie uns jedoch nicht aussuchen, sondern sie liegen in uns.

Ziele: Ein Ziel ist ein Ergebnis, das der Klient erreichen möchte. Besonders hilfreich sind Ziele, wenn sie messbar und spezifisch sind, dem Klienten »gehören«, mit einer Frist verbunden sind, durch die die Zielerreichung terminiert wird, anderen mitgeteilt werden können (um Unterstützung und Verantwortlichkeit zu bekommen) und für den Klienten nicht zu leicht zu erreichen sind – die Zielerreichung darf dann aber auch nicht unmöglich sein.

Zuhören: Der Coach hört einem Klienten zu, um etwas über seine Vision, seine Werte und seinen Lebenszweck zu erfahren – nicht nur durch seine Worte, sondern auch durch sein Verhalten. Er versetzt sich dazu in die Situation des Klienten, fokussiert sich auf ihn und baut eine starke Beziehung zu ihm auf. Wichtig ist die Agenda des Klienten selbst, nicht die Agenda des Coachs für den Klienten. Beim co-aktiven Coaching wird es als erste Ebene bezeichnet, wenn Sie Ihren eigenen Gedanken, Beurteilungen und Ansichten über die Geschichte des Klienten zuhören; auf der zweiten Ebene hören Sie ihm zu, *um etwas zu erfahren*, und auf der dritten hören Sie *bewusst und allumfassend* zu.

Über die Autoren

Laura Whitworth hat bereits mit Hunderten von Unternehmern und Managern als Coach für das Berufs- und Privatleben gearbeitet. 1997 wurde sie im *Professional Coach Journal* als einer der zehn einflussreichsten Coachs bezeichnet. Als Mitbegründerin des *Coaches Training Institute* und Gründungsmitglied der *Personal and Professional Coaches Association* hat sie entscheidend dazu beigetragen, die Prinzipien und die Ethik des Coachings zu entwickeln und zu professionalisieren.

Henry Kimsey-House, seit 1981 Coach und Leiter von Workshops, ist als Mitbegründer des *Coaches Training Institute* für dessen Lehrpläne und das *Co-Active Leadership Program* verantwortlich. Er gilt weithin als großer Neuerer in den Bereichen Lernen durch Erfahrung und kreative Kursgestaltung.

Phil Sandahl kam nach 15 Jahren als freier Schriftsteller zum Coaching. Derzeit arbeitet er als Coach und Leiter von Workshops. Seine Klienten sind vor allem Freiberufler, vorwiegend aus den kreativen Bereichen.

Register

Das Coaches Training Institute

Professionelles Training seit 1992: Das *Coaches Training Institute* (CTI), die größte Non-Profit-Institution für das Training professioneller Coachs, hat seine Zentrale in San Rafael, Kalifornien, hält aber landesweit Kurse ab. Das CTI nimmt Studenten unabhängig von der Rasse, dem Geschlecht sowie der nationalen und ethnischen Herkunft an und gewährt ihnen Zugang zu all seinen Rechten, Privilegien und Programmen. Die Verwaltung des Instituts ist frei von jeder Form der Diskriminierung.

Das CTI verleiht *Continuing Education Units* (CEUs), und zwar auf der Grundlage von Trainingsprogrammen, die die Kriterien der *International Association for Continuing Education and Training* erfüllen und von einer Reihe professioneller Lizenzierungsgremien anerkannt werden.

Was am CTI einzigartig ist: Das CTI trainiert Coachs dazu, ihren eigenen, persönlichen Coaching-Stil zu entwickeln. Unsere einzigartige Lehrmethode, die Qualität und Befähigung unserer Kursleiter führen zu einer Lernumgebung, die individualisiertes Lernen, innovatives Denken und intuitive Interaktion fördert. Dabei sind wir den Coachs und dem in diesem Buch vorgestellten Coachingansatz verpflichtet. Natürlich bieten wir unseren Studenten einen fundierten theoretischen Hintergrund, doch der Schwerpunkt liegt auf dem Lernen durch die praktische Erfahrung. Durch Vorführungen, Übungen und Bewährung in der Praxis ermöglichen wir es unseren Absolventen, das volle Spektrum der effektiven Coaching-Techniken kennen zu lernen und zu entwickeln.

Zertifizierung: Das Zertifizierungsprogramm des CTI ist umfassend und streng. Nach erfolgreicher Absolvierung des Programms sowie der schriftlichen und mündlichen Prüfungen, die durch eine aus praktizierenden professionellen Coachs bestehende Kommission abgenommen werden, dürfen die Teilnehmer sich als *Certified Professional Personal Coach* (CPPC) bezeichnen.

Die Vision des CTI: Das *Coaches Training Institute* bietet den Absolventen ein professionelles Coaching-Training und Weiterbildung auf höchstem Qualitätsniveau. In unserer Vision beschreiben wir eine Welt, in der Menschen aus allen Kulturen, Berufen und Altersgruppen mit einem Coach arbeiten – sodass sie besser entscheiden können, was sie wollen, sich immer auf die Entwicklung und Verwirklichung ihrer eigenen Vision zubewegen und in ihrem Leben Erfüllung und Balance erreichen.

Kontakt:
The Coaches Training Institute
1879 Second Street
San Rafael, CA 94901
Internet: www.thecoaches.com
Telefon: 001-415-451-6000
E-Mail: CoachTrain@aol.com

GABAL **Storytelling**

Full Steam Ahead – volle Kraft voraus!
178 Seiten
ISBN 3-89749-427-2

Raus aus der Box!
226 Seiten
ISBN 3-89749-429-9

Networking, das sich auszahlt... jeden Tag!
178 Seiten
ISBN 3-89749-428-0

Serving Leaders
170 Seiten
ISBN 3-89749-459-0

Gardening
146 Seiten
ISBN 3-89749-460-4

Das Geheimnis
ca. 140 Seiten
ISBN 3-89749-509-0

Informationen über weitere Titel unseres Verlagsprogrammes erhalten Sie in Ihrer Buchhandlung, unter info@gabal-verlag.de oder im GABAL Shop.

www.gabal-verlag.de

nutzen bieten –
kunden gewinnen
144 Seiten
ISBN 3-89749-254-7

sie bekommen nicht, was sie verdienen, sondern was sie verhandeln
128 Seiten
ISBN 3-89749-177-X

busiquette –
korrektes verhalten im job
128 Seiten
ISBN 3-89749-289-X

business with
the japanese
128 Seiten
ISBN 3-89749-461-2

die 100%-
bewerbung
160 Seiten
ISBN 3-89749-462-0

Überzeugen ohne zu
argumentieren
128 Seiten
ISBN 3-89749-511-2

Persönlichkeitsmarketing
128 Seiten
ISBN 3-89749-510-4